Albert am Zehnhoff

Sylt

Helgoland, Amrum, Föhr
mit den Halligen, Pellworm und Nordstrand

Entdeckungsreisen
durch eine Landschaft zwischen Meer und Festlandküste

Leewer duad üs Slaw

DuMont Buchverlag Köln

Umschlagvorderseite: Dünenlandschaft auf Sylt
Umschlagrückseite: Kapitänshaus in Keitum
Vordere Umschlagklappe: Die Marienkrönung aus der Kirche von Hallig Gröde

Redaktion: Karin Thomas
© 1979 DuMont Buchverlag Köln
8. Auflage 1990
Alle Rechte vorbehalten
Satz: Boss-Druck, Kleve
Druck: Graphischer Großbetrieb Interdruck
Buchbinderische Verarbeitung: LVZ-Druckerei »Hermann Duncker«,
Leipzig – III/18/138

Printed in the German Democratic Republic ISBN 3-7701-1093-5

Landschaftsführer in der Reihe DuMont Dokumente

Zur schnellen Orientierung – die wichtigsten Orte und Landschaften der Nordfriesischen Inseln und Helgoland auf einen Blick:

(Auszug aus dem ausführlichen Ortsregister S. 312–317)

Vordere Umschlaginnenklappe: Die Nordfriesischen Inseln

Hintere Umschlaginnenklappe: Karte von Schleswig-Holstein aus dem 15. Jahrhundert

Für Anne-Marie, Myriam und Jérôme

Inhalt

Sylt

Viele Wege führen nach Sylt

Die Frage, wie man hinkommt, wenn man hin will, ist leicht zu beantworten: mit der Bundesbahn, mit dem Auto, per Schiff oder per Flugzeug – Helikopter eingeschlossen. Also, daran kann der Aufenthalt auf Sylt nicht scheitern. Schon eher, wenn man glaubt, zur Hochsaison könne man immer noch – irgendwo – wo? ein Zimmer bekommen. Da hat schon manch einer im Auto übernachten müssen. Und am nächsten Morgen heißt es dann erneut auf Zimmersuche gehen. Vielleicht hat doch noch irgend jemand auf eine Qualle getreten und ist mit entzündetem Fuß ein paar Tage früher abgereist. Glück muß der Mensch haben! Und nicht selten ist das ja nur eine Sache des Blickwinkels ...

Es wäre schade, wenn man mit der Mühe der Anreise auch noch die Sorge um ein schönes Ferienquartier verbinden müßte; eine sorglose Anreise ist auch etwas Schönes.

Der große Teil der Gäste kommt mit dem Auto. Zur Hauptsaison sähe man auf Sylt zwar lieber, wenn der Wagen auf dem Festland zurückbliebe; dann wären nämlich die Straßen auf der Insel nicht so furchtbar verstopft. Der Erholung wäre das bestimmt nicht abträglich. Ganz abgesehen davon hat man schon seine liebe Not, für sein Vehikel einen geeigneten Abstellplatz zu finden. Märsche sollen ja gesund sein, doch wäre es einer Überlegung wert, ob es angenehm ist, zusätzliche ›Wanderungen‹ zum Abstellplatz seiner Kutsche unternehmen zu müssen. Das tägliche Muß kann einem in den 14 Tagen oder drei Wochen ganz schön auf die Nerven fallen.

Sylt ist 38 km lang und hat eine Gesamtfläche von ca. 100 km². Selbst die entlegensten Punkte der Insel lassen sich mit Hilfe der öffentlichen Verkehrsmittel ohne Schwierigkeiten erreichen. Es soll allerdings Leute geben, die sich dennoch – ohne ihr eigenes Auto – so vorkommen, als hätten sie vergessen, Socken und Schuhe anzuziehen ...

Jenen Syltbesuchern, die noch im Zweifel sind – soll ich, soll ich nicht – sei mitgeteilt, daß auf dem Festland in den Orten Niebüll und Klanxbüll preiswerte Dauerparkplätze zur Verfügung stehen und daß man bei fast allen Tankstellen der Insel Fahrräder für Radwanderungen mieten kann.

Der bekannteste Weg führt auf Schienen durch das Wattenmeer zur Insel. Der Hindenburgdamm verbindet Sylt mit dem Festland über eine Strecke von rund 11

SYLT

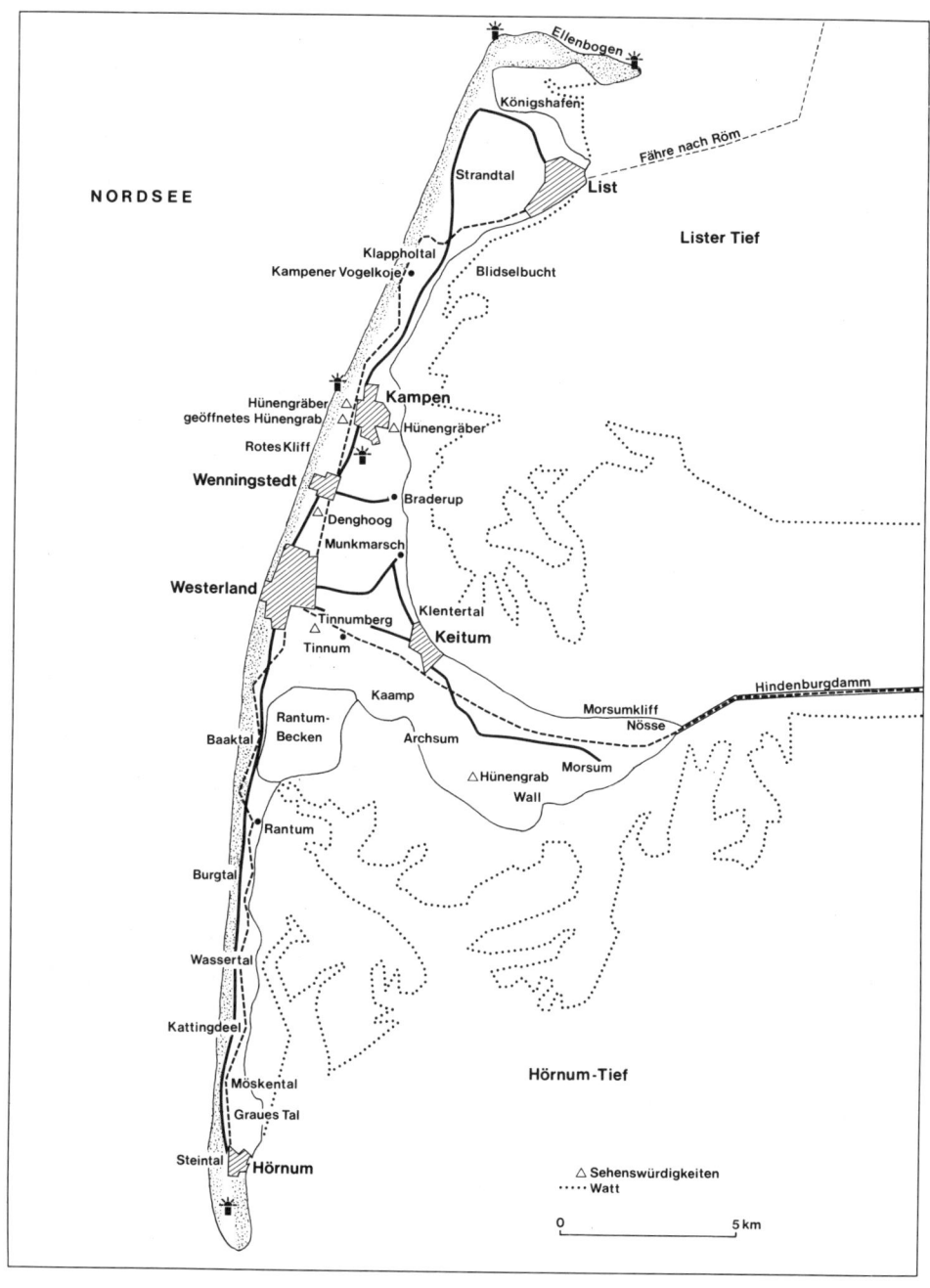

NORDSEE

Ellenbogen

Königshafen

Fähre nach Röm

Strandtal

List

Lister Tief

Klappholtal

Kampener Vogelkoje

Blidselbucht

Hünengräber
geöffnetes Hünengrab

Kampen

Hünengräber

Rotes Kliff

Wenningstedt

Braderup

Denghoog

Munkmarsch

Westerland

Klentertal

Tinnumberg

Keitum

Tinnum

Kaamp

Hindenburgdamm

Rantum-
Becken

Morsumkliff

Nösse

Baaktal

Archsum

Morsum

Hünengrab

Wall

Rantum

Burgtal

Wassertal

Kattingdeel

Hörnum-Tief

Möskental

Graues Tal

Steintal

Hörnum

△ Sehenswürdigkeiten
········· Watt

0   5 km

km Länge. Niebüll bzw. Westerland sind die Fixpunkte, zwischen denen der Autoreisezug hin- und herpendelt. Seinen Wagen kann man jedoch auch in Hamburg-Altona auf den Güterzug fahren. Zur Hauptsaison haben die Gäste aus den südlicheren Gefilden Deutschlands die Möglichkeit, ihr Auto in Stuttgart, Frankfurt oder Hannover und in den Zwischenhalten auf den Autoreisezug nach Westerland zu chauffieren. Natürlich kann man auch seinen Wohnwagen mitnehmen. –

Bei der Überfahrt von Niebüll nach Westerland fallen Kosten nur für das Auto bzw. für Auto plus Wohnwagen an. Die Mitreisenden, einschließlich Hunde, Katzen, Meerschweinchen etc. werden gratis befördert. Während der Überfahrt muß der Fahrer im Wagen bleiben, um notfalls die Fußbremse betätigen zu können. Es gibt nämlich Tage, an denen es vor lauter Wind ganz schön schüttelt und zieht. Und wer seine Koffer auf dem Autodach deponiert hat, der tut gut daran, nochmals zu überprüfen, ob die Plane noch genügend befestigt ist. Es wäre nicht das erste Mal, daß sich jemand in Westerland neu hätte einkleiden müssen ...

Die Fahrt, die ein Erlebnis ganz besonderer Art darstellt, dauert etwas mehr als eine halbe Stunde. Der Hindenburgdamm mißt am Fuße 50,34 m und liegt in der Dammkrone um nur 7,50 m über dem Meeresspiegel. Er ist längst zu einem Begriff und damit zu einem Bestandteil der Allgemeinbildung geworden. Man macht sich heute kaum noch Gedanken darüber, welch enorme Vorarbeiten zu leisten waren, um Sylt mit dem Festland zu verbinden. Mehr als eine halbe Million Autos werden Jahr für Jahr über den Damm transportiert, pro Tag sind es über 2000 Stück! 1988 waren es 735 000 Kraftfahrzeuge, die in beide Richtungen befördert wurden.

Was heute der Insel zugute kommt, war vor 1927 mehr als umstritten. Vom Dammbau wollten viele Sylter nichts wissen; es war ein Stück harte Arbeit, den Widerstand der Leute zu brechen und sie der modernen Technik aufgeschlossen zu machen. Am stärksten ereiferte man sich im Osten der Insel. Eine sehr anschauliche Kostprobe von den damaligen Schwierigkeiten gibt uns der Roman ›Dammbau‹, den Sylts bekannteste Schriftstellerin, die in Berlin geborene Margarete Boie, geschrieben hat. Die in Danzig aufgewachsene Wahl-Sylterin hat in ihrem Werk ein Stück wichtiger Zeitgeschichte festgehalten. Der thüringische Dichter Börries Freiherr von Münchhausen schrieb über diesen Roman: »Im Mittelpunkt des Romans steht ein gewaltiges technisches Werk, der Hindenburgdamm zwischen Festland und der Insel Sylt. Es handelt sich innerlich darum: Ist ein solches technisches Riesenwerk, das die Lebensbedingungen einer ganzen Landschaft völlig verändert, ein Segen oder ein Fluch? Der eigentliche Held des Buches ist Pastor Eschels aus Morsum, und er steht genau zwischen diesen beiden Polen: Er glaubt, daß der Damm ein Fluch und Untergang sein wird für die friesische Kultur des Dorfes, ja der Insel – aber er glaubt gleichzeitig doch an den Segen des Fortschritts, der Aufrüttelung seiner Landsleute. Das Buch ist äußerlich schlicht, anspruchslos, bescheiden, innen durchaus echt und wahrhaftig. Glücklich die Insel , die eine so vorzügliche Schilderin ihrer Landschaft, ihres Wetters, ihrer Menschen und ihrer Geschichte fand.«

So ganz Unrecht hatte der Roman-Pastor Eschels aus Morsum ja nicht. Mit der Einweihung des Dammes durch den Reichspräsidenten Hindenburg im Jahre 1927 war eine Entwicklung eingeleitet, die Sylt mit einem Mal aus seinem Dörnröschenschlaf herausriß. Was wäre die Insel heute ohne ihren berühmten Damm?

Er ist zwar nach Hindenburg benannt, die Initiative zu diesem Jahrhundertwerk stammte jedoch von einem anderen. Es war der Regierungs- und Baurat Dr. Pfeiffer aus Husum, der Geburtsstadt des großen Dichters Theodor Storm. Pfeiffer hatte eine schon länger in der Luft liegende Idee aufgegriffen, die der auf Sylt tätige Badearzt und Königlich Preussische Sanitätsrath Dr. Michael Marcus im letzten Drittel des 19. Jahrhunderts heftig propagiert hatte. Auch der Stationsvorstand von Niebüll, ein Herr Abraham, sei erwähnt. Immer wieder hat er den Versuch unternommen, den Dammbau seinen vorgesetzten Behörden schmackhaft zu machen. Es ist bekannt, daß er im Jahre 1908 eine diesbezügliche Eingabe in Berlin gemacht hat. Schon fünf Jahre später gab auch der Landtag seinen Segen zu dem Vorhaben. Bis 1917 sollte der Damm fertig sein. Der Erste Weltkrieg machte jedoch einen Strich durch den Beschluß. Erst nach dem Krieg – in den Jahren 1921 und 1922 – plante man erneut mit dem Ergebnis, daß die Arbeiten ein Jahr später tatsächlich in Angriff genommen wurden. Eine riesige Menge von Pfählen wurde im Abstand von 1 m bis 2 m und 1 m Höhe in den Wattboden getrieben. Zwischen die Pfähle fügte man Buschwerk, das dazu dienen sollte, die Sandmassen zusammenzuhalten, die später den festen Damm zu bilden hatten. Große Erfahrungen besaß man damals noch nicht, und so baute und experimentierte man ein wenig an den zerstörerischen Naturgewalten vorbei. Vor allem bei Sturmfluten – mochten sie auch von geringem Ausmaß sein – wurden immer wieder große Mengen des mühsam hineingeführten Erdreichs weggespült. Auf Baurat Pfeiffer und seine Leute muß der 30. August 1923 niederschmetternd gewirkt haben: Eine schwere Sturmflut schob ungeheure Wassermengen vor sich her, die bis 3 m über den normalen Hochwasserstand lagen. Das mit so viel Pioniergeist begonnene Werk war jetzt zu einem großen Teil von den unberechenbaren Fluten der Nordsee zerstört. Nun hieß es, neu planen, doch so, daß die enormen Kräfte des Meeres dem Deich nichts anhaben konnten!

Im Frühling des Jahres 1924 wurden die Arbeiten fortgesetzt. Man errichtete eine Spundwand, die man mit Hilfe von Pfahlreihen abstützte. Granitsteine wurden zur Füllung der Spundwand benutzt, deren Oberkante das normale Hochwasser um einen halben Meter überragte. Gewisse Schwierigkeiten ergaben sich im Verlauf der Arbeiten durch unvorhergesehene vom Untergrund her bedingte Gegebenheiten. Außerdem war man immer in Zeitdruck, da bestimmte Dammabschnitte zu den von der Natur diktierten Terminen fertiggestellt sein mußten. Stürme und Fluten lassen sich leider nicht bitten, höflicherweise erst ein paar Monate später aufzutreten ...

Maschinen konnte man damals nur in begrenztem Maße einsetzen. Ein großer Teil der Arbeiten wurde von der menschlichen Hand verrichtet; zeitweise waren bis zu 1500 Arbeiter beim Dammbau beschäftigt. Rund drei Millionen Kubikmeter Erde und 120000 Tonnen Granitsteine hatte man benötigt. Außerdem wurden ca. 200000 qm Fläche mit Basaltpflaster bedeckt. Wahrlich, eine große Leistung, und das alles für damals 18,5 Millionen Reichsmark. Der Bau des Dammes hatte eine Reihe Zeitgenossen zur Feder greifen lassen. Die anfänglichen Zweifel und schließlich auch die Freude über das gelungene Werk kommt gut zum Ausdruck in dem Gedicht des Husumer Felix Schmeisser. Die ›Nordfriesische Rundschau‹ hat es einst unter dem Titel veröffentlicht:

Der Sylter Damm

Was viele bezweifelt und wen'ge geglaubt,
Nun ist es doch geschafft:
Es zwang des Meeres Gezeitenstrom
Des Deutschen Geist und Kraft!
Das war ein Ringen, das war ein Kampf
Mit dem tückischen Blanken Hans.
Zwischen Klanxbüll-Deich und Morsum-Kliff,
Da gab es manch heißen Tanz!
Da gab's mit dem Meere manch Großkampftag
In Sturm und Wellengebraus,
Doch immer weiter schlugen den Damm
Sie in die Watten hinaus!
Und lief der Blanke Hans auch Sturm
Und bäumte sich wütend auf –
Sie wankten und sie wichen nicht,
Und das Werk nahm seinen Lauf!
Und nun steht es da, granitbeschwert,
Umbraust von der Wogen Schwall,
Und es rollten die Züge darüber hin
Zur Insel vom festen Wall.
Ja, wo nur der Wattenewer zog,
Durch Oster- und Westerley,
Pfeift heute durch Meereseinsamkeit
Polternd das Dampfroß vorbei!

In Frieslands Chronik ein Ruhmesblatt
Den Wackern vom Sylter Damm,
Die jahrelang trotzten hier Wogen und Wind
Und Sand und Schlick und Schlamm!
Und ein Dank ihm, der die Arbeit geschirmt,
Der darüber hielt seine Hand,
Und ein Gebet: Schütze weiter das Werk,
Daß alle Zeit es halt' Stand!
Und daß es einst grüne Köge durchzieh',
Wo heute das Meer noch brüllt,
Ein neues Nordfriesland, der Arbeit Preis,
Von der Wiedingharde bis Sylt!

Selbst jenseits der Staatsgrenzen des damaligen Deutschen Reiches sang man Loblieder auf das geglückte Unternehmen. So war z. B. in der ›Neuen Tondernschen Zeitung‹, einem Blatt, das im dänischen Tondern erscheint, das Gedicht eines Johannes Arp abgedruckt. Ein typisches Beispiel für die sogenannte ›Damm-Dichtung‹ sind auch Henning Hölks Verse, die in der Ausgabe der ›Sylter Zeitung‹ vom 1. Juni 1927 veröffentlicht wurden:

Es brausen die Wogen im Wattenmeer
Und branden in weißem Gischt;
Hart jagt der Nordweststurm sie vor sich her
Vom Königshafen vor List:
Will jede im Rennen die erste sein,
Zu schauen das Wunder im Watt;
Dort senkt man in tiefen Schlick Stein auf Stein
Mit Eifer bei Tag und bei Nacht.
Bald streckt sich von Küste zu Küste mit Macht
Ein Wall, eine Brücke, ein Damm.
Doch mancher Friese hat zweifelnd gedacht:
»Schaut sich ja wie Zwergenspiel an,
Hat mancher den Weg durch das Watt bezahlt
Mit Leib und mit Leben zugleich –
Nun will man trotzen der Fluten Gewalt
Mit Felsen und Schienengeleis – ?«
Beharrlichem Fleiße und kühnem Mut
Gelang es, zu fördern das Werk. –
Nun aber, Baumeister, seid auf der Hut,
Es nahet mit Sturmflut der Herbst!
Hei, brausten die Wogen im Wattenmeer,

Wie kochte und zischte der Gischt,
Wie jagt' der Nordweststurm sie vor sich her,
Die türmenden Fluten von List.
Es geistern Mondlichter über die Flut,
Am Himmel zerrissnes Gewölk;
Nun stürzt sich mit donnernder, grimmiger Wut
Die See gegen Damm und Gebälk:
»Es will uns ein winziges Menschengeschlecht
Versperren hier unsern Weg,
Den wir gezogen mit ewigem Recht
Jahrtausende, unentwegt!«
»Hinweg hier, Gerümpel, hier walten *wir* frei!«
So schäumen die Fluten vor Zorn,
»Kommt stürmend und peitschend alle herbei,
Ihr Reiter aus Nordmeeres Born;
Zerbrecht und zerspült dies Spielzeug im Nu
Und duldet nicht Widerstand.
Das Meer ist unser! Baut man es uns zu,
Wir tilgen Dämme und Land!«
Wohl rissen die Fluten in Nacht und Graus
Hinweg manches feste Gefüg',
Doch wie sie auch tobten mit Sturmesgebraus –
Verloren ging ihnen der Sieg. –
Den Sieg nun der sinnende Mensch gewann.
Gelungen ist heute das Werk:
Die Insel verbindet ein starker Damm
Mit dem Festland – der wogenden Welt. –
Nun donnert auf eisernem Schienenstrang
Der Bäderzug über das Meer;
Fern grollen die Wogen noch ihren Sang,
Berennen den Damm nicht mehr. –
Nun bist du, stolzestes Eiland, mein Sylt,
Verknüpft mit der Welt voller Plag';
Bewahre dein Friesentum, daß sich erfüllt
Dein Wahlspruch: »Lever duar üs Slav!«

Reichspräsident Hindenburg, nach dem der Damm benannt ist, hatte persönlich nichts mit dem Bau zu tun. Für viele war damals der einstige Generalfeldmarschall eine Symbolfigur für die Einheit des deutschen Volkes. Deshalb bat man ihn, die Patenschaft über das Bauwerk zu übernehmen. Auch den Damm selbst betrachtete man als eine Art einigendes Band zwischen dem politisch eng zusammengefügten Festland und dem eher für sich wirtschaftenden friesischen ›Außenposten‹ Sylt.

Nationale Vorstellungen von der Einheit des deutschen Volkes spiegeln sich auch in der Rede wider, die der damalige Genaraldirektor der Reichsbahn, Dr. Dorpmüller, anläßlich der Einweihung des Hindenburgdammes hielt:

»Gefügt aus Pfählen und Stämmen, die in deutschen Wäldern von Märkern und Ostpreußen geschlagen, aufgefüllt mit Boden, ins heimische Meer und seine Gestade durch seine Anwohner gebaggert, geschützt von Steinwerk, das am Rhein, im Odenwald und Harz gebrochen, belebt mit Schienensträngen, die das kernige Westfalen geschaffen, so steht das große Bauwerk nun vor uns allen als gemeinsame Tat deutscher Volksstämme zu Nutz und Frommen des schleswigschen Grenzvolkes.«

Mit der Einweihung des Dammes gehörten die einstigen Mühen und Gefahren, die man auf sich nehmen mußte, um zur Insel zu kommen, der Vergangenheit an. Bis dahin muß das Leben auf Sylt eine recht einsame Angelegenheit gewesen sein, so richtig geschaffen für Einsiedler und solche, die es werden wollten. Von der großen weiten Welt bekam man nicht viel mit. Das Leben nahm in dieser Abgeschiedenheit seinen geregelten Lauf.

Im 18. Jahrhundert war Keitum der Hauptort der Insel. Briefe vom Festland kamen per Postsegler, die anfangs nur unregelmäßig, später dann zweimal pro Woche zwischen Sylt und Hoyer verkehrten. Erst seit 1855 gibt es eine reguläre Post.

Schlimm war es zur Winterszeit, wenn die Verbindung zum Festland durch Treibeis schwer behindert war. Eisboote wurden eingesetzt, und es wird erzählt, daß es auf Sylt keine strapaziösere Arbeit gegeben habe, als auf solch einem Boot seinen Lebensunterhalt zu verdienen. Wenn die Eismassen auf der Nordsee gar zu gefährlich waren, mußten sogar noch Umwege in Kauf genommen werden. Dann führte der Weg zuerst zur Insel Röm und von dort nach Ballum. Der Keitumer Lehrer Christian Peter Hansen, einer der bekanntesten Volkskundler und Heimatforscher, gibt uns in seinem erstmals 1874 veröffentlichten Bericht des Eisbootfahrers Thomas Selmer aus Munkmarsch einen höchst anschaulichen Einblick in die Arbeit dieser umsichtigen, tapferen Leute:

»Mit einem Nordoststurm verlor ich mein großes Segelboot, welches ich am Schlepptau mit einem Postkutter führte, auf der Tour von Emmerleff nach Munkmarsch. Es glückte mir jedoch, das Boot mit zwei Ankerketten und Tauen ... zu befestigen, in der Vermutung, morgen das Boot wiederbekommen zu können. Der Winter nahm aber von der Stunde an mit heftigem Frost zu, so daß morgens das ganze Wattenmeer mit Eis bedeckt war und ich meine Tour, die Post zu befördern, über Nösse (Ostspitze Sylts) nach Wiedingharde wählen mußte ... Unterwegs entschloß ich mich, nicht nach Wiedingharde, sondern nach Emmerleff zu fahren, wo ich nur eine halbe Stunde nach Hoyer hatte, die Post zu holen, und morgen nach List zu fahren, um zugleich meines gestern verlorenen großen Bootes wieder habhaft zu werden. Nachmittags 4½ Uhr landete ich in Emmerleff nach einer sechsstündigen sehr beschwerlichen Fahrt über und zwischen den Eisschollen. Den 25. Januar morgens 3 Uhr mußten wir unser Boot wieder auf tieferes Wasser bringen, damit es nicht aufs Trockene kam. Der Wind war nachts auf Südost gegangen, nahm aber von 3 bis 6 Uhr heftig zu, verbunden mit Frost und Schneefall.

Indem nun der Wind so heftig wurde, ließen sich keine Segel auf dem kleinen Boot führen; wir nahmen also die Riemen zur Hand, zum Teil, um auch wegen des heftigen Frostes in Bewegung zu kommen und warm zu bleiben. Arbeiteten um 6 von Emmerleff weg, 6¾ Uhr waren wir nicht weit von Jordsand, wo wir das große Boot verloren hatten, konnten dasselbe aber nicht wiederfinden. Da der Wind stärker geworden war und die See hoch ging, nahm unser Boot viel Wasser über, welches sich aber sofort in Eis verwandelte, so daß sich weder Wasser noch Eis aus dem Boot werfen ließen; auch bekam das Boot an der Außenseite eine 6 bis 7 cm dicke Eisrinde. Auf diese Weise wurde es zu schwer, daß es sich nicht vor dem Wellenschlag bergen konnte oder zu riskieren war, daß das ganze Boot voll Wasser schlug und wir noch ertrinken könnten. – Da war ich genötigt, mit Wellen und Wind mehr nach Jordsand zu steuern, um vielleicht im Eis mit dem Boot besser fortkommen zu können. Leider war das Eis aber so stark, daß das Boot gleich darin festsitzen blieb ... Es blieb uns nur übrig, nach Jordsand zu arbeiten und dort zu landen. Um 8 Uhr begann die Arbeit, nach Jordsandsknock zu kommen; es war eine Strecke von 200 Schritt. Auf dieser Strecke wurde mit drei Mann von morgens 8 Uhr bis abends 7½ Uhr gearbeitet. Mit Segeln, Riemen oder Stöcken war nichts zu machen, es war 16 bis 20 Fuß Wassertiefe unter dem Eise.

Ich befahl meinen Leuten, je zwei Riemen zusammenzubinden; diese wurden nun an den Seiten des Bootes auf das Eis gelegt; ein Mann mußte sich auf die Riemen auf jeder Seite des Bootes stellen, dieses mit den Händen anfassen und fortzuziehen suchen. Ich nahm das Steuerruder und ein Fußbrett aus dem Boot, um darauf zu stehen, am Vordersteven und zog an diesem Ende des Bootes. Doch das Eis war nicht stark genug, um uns auf den Riemen und dem Fußbrett immer zu tragen, so daß dieselben sich zuweilen plötzlich senkten und wir bis an den Leib ins Wasser fielen und, weil der Frost so stark war, uns die Kleider und Stiefel fest froren. – Doch diese Art, das Boot zu schleppen, war das einzige Mittel, um vorwärts zu kommen. Wir mußten alle drei zu gleicher Zeit einen Ruck tun, um das Boot 3 – 4 Zoll vorwärts zu bringen. Endlich, um 7½ Uhr abends waren wir mit dem Boot auf Jordsandsknock, wo nur noch ein Fuß Wasser war. Hier mußte das Boot verlassen werden. Die Luft war trübe mit Schneefall; es ließ sich nichts von Jordsand sehen, auch kein Leuchtfeuer von Sylt, ich mußte also auf Kompaßrichtung die Hallig zu Fuß aufsuchen. Zwei Postbeutel und die Bootssegel wurden mitgenommen. Auf Jordsand angekommen, fanden wir die kleine, nur im Sommer von einem Hirten bewohnte Hütte halb voll Schnee, doch auch etwas altes nasses Stroh darin. Ich hatte noch 6 Stück Reibehölzer in meiner Westentasche ziemlich trocken erhalten, und es glückte mir, diese in Brand zu bringen sowie das vorrätige Stroh und etwas altes Holz; allein unser Proviant bestand nur aus ½ Pfund Brot und ½ Pfund Speck. Wir versuchten, unsere Kleider auszuziehen und selbige soviel wie möglich aufzutauen und zu trocknen; da aber kein Ofen da war, konnten wir das Feuer nur hinhalten, uns zu wärmen. Müde und schläfrig, wie wir waren, verbrannten wir unsere Strümpfe.

Mit Tagesanbruch hofften wir auf hellsichtiges Wetter, da wir die Tour nach dem Festlande zu Fuß zu machen beabsichtigten, weil wir nun zwei Boote bei Jordsand verloren hatten. Diese Tour zu Fuß ist keine lebensgefährliche; auch wenn trübe Luft oder Nebel ist, läßt sie sich sehr gut nach der Kompaßrichtung machen; bloß im selbigen Augenblick war sie nicht ohne Gefahr, weil auf den Watten zwischen Jordsand und dem Festlande mit dem Südostwinde sich viel Eis angesetzt hatte, so daß man statt 1½ Stunden 5 bis 6 Stunden zu gehen brauchte und die Flut uns leicht zuvorkommen konnte. Dies war es, was wir zu befürchten hatten. – Um 7½ Uhr morgens wurde die Fußtour angetreten, die beiden Postbeutel wurden mitgenommen. Eine halbe Stunde ging es hastigen Schrittes vorwärts. Ungefähr halbwegs nach dem Festlande mußten wir durch zwei Fuß tiefes Wasser waten. Als dieses überstanden war, kam Eis, in Berge zusammengeschobene Eisschollen, die wir manchmal auf Händen und Füßen überklettern mußten. Endlich kam die sogenannte Kohlbylei, eine Tiefe, wo wir bis über die Hüften durch das Wasser waten mußten. Um 11¼ Uhr vormittags landeten wir in Kohlby, woselbst sich auch sofort nach uns die Flut einstellte.«

Eisbootfahrten gab es bis in den Januar des Jahres 1923. Damals waren Teile des Dammes so weit gediehen, daß man die Post im Winter über die Baustelle zum Festland bzw. zur Insel bringen konnte.

Wer seinen Wagen nicht per Bahn von Niebüll aus nach Sylt transportieren lassen möchte, der muß schon ein Stück weiter gen Norden fahren, wenn er sein Gefährt auf die Insel mitnehmen will. Zwischen dem Hafen Havneby auf der dänischen Insel Röm und der Sylter Ortschaft List, Deutschlands nördlichster Gemeinde, besteht eine gern benutzte ganzjährige Fährverbindung. Ähnlich wie Sylt ist Röm durch einen Damm von 11 km Länge mit dem Festland verbunden; über den Damm führt eine sehr gut ausgebaute Autostraße.

Röm, mit seinen 99 qkm gleich groß wie die deutsche Nachbarinsel, war bis zum Jahre 1864 dänischer Besitz, ging jedoch im Krieg zwischen Dänemark und Preußen an Deutschland verloren. Zwei Jahre nach Beendigung des Ersten Weltkriegs kam die Insel Röm per Volksentscheid wieder zurück an Dänemark. Auch Röm, das nur von ca. 800 Menschen bewohnt wird, verfügt über ausgedehnte sehr schöne Sandstrände und weite Heideflächen. Es ist eigenartig, daß man hier so wenig Leute antrifft, obwohl die Landschaft mit ihren Dünenketten und Kiefernwäldchen und den saftig grünen Weideflächen zum Ferienmachen geradezu einlädt. Für dänische Urlauber allerdings liegt Röm ein bißchen am Ende der Welt. Gäbe es nicht die Insel

Fanö mit dem ebenso prächtigen Strand, so hätte sich Röm sicher schon viel früher ein Stück vom großen Touristenkuchen abschneiden können. Das hat sich erst in den letzten Jahren gebessert, als man damit begonnen hat, die Werbetrommel fleißig zu rühren.

Von Sylt aus ist Röm ein beliebtes Ausflugsziel, wobei vor allem der Kommandeurshof (Museum) mit seinem prachtvoll bemalten Alkoven von 1716 (Abb. 24) und die reich ausgestattete, doppelschiffige Kirche von Kirkeby (Farbtafel 37) einen Besuch lohnenswert machen. Die Kirche ist dem Hl. Clemens, dem Schutzpatron der Schiffer geweiht, und hier kann man im Kirchengestühl noch die mit den Namen der alten Seefahrer- und Bauernfamilien versehenen Platzschilder finden (Abb. 25).

Wer es gar nicht mehr erwarten kann, nach Sylt zu gelangen, dem bietet sich auch die Möglichkeit, auf dem Luftwege anzureisen. Während der Saison gibt es direkte Verbindungen mit Berlin und mit Hamburg, außerdem mit Düsseldorf, Wyk und St. Peter-Ording. Westerland verfügt über einen kleinen Flughafen, der im Sicht- und Blindanflug angeflogen werden kann; die Flugzeuge dürfen jedoch die Gewichtsklasse von LCN 38 nicht überschreiten. Der Flughafen Westerland, dessen Start- und Landebahnen 2115 und 1696 m lang sind, ist täglich von 8 bis 19 Uhr geöffnet.

Kampen – mondäner Mittelpunkt der Insel

Sechs Kilometer von Westerland entfernt liegt einer der bekanntesten und mondänsten Ferienorte Deutschlands. Kein Sommer vergeht, in dem nicht in einer ganzen Reihe von Illustrierten über Kampen berichtet – sprich kolportiert – würde. Denn für viele ist Kampen eine Art Weltanschauung und für manchen ein ›Sommer-Zustand‹, eine in den kühlen Norden verlegte Variante des mediterranen Leben-und-leben-lassens . . .

Dabei fragt der Gast, der zum ersten Mal den Boden Kampens betritt, worin wohl das Besondere dieses so hoch gerühmten Inselortes – pardon Nordseeheilbades – liegen soll. Kunstgegenstände und ähnliche Attraktionen – von lebenden Exemplaren einmal abgesehen – gibt es hier nicht zu bewundern. Die Galeristen mögen den Satz verzeihen, aber ihre Ausstellungen sind hier nicht gemeint. Sicher, für nicht wenige Besucher liegt der Reiz Kampens in der vermeintlichen Tuchfühlung mit Prominenz oder was sich – für ein paar Sommerwochen – dafür hält . . . Die wirklich bekannten Persönlichkeiten – ein Wort an die Neulinge in Kampen – sind nur sehr selten zu besichtigen.

Kampens wirkliche Reize liegen in der prächtigen Landschaft, in der wunderschönen Lage zwischen dem Wattenmeer und der offenen Nordsee (Farbtafel 2). Mit seinen Dünen und Wattwiesen, mit seinen weiten Heideflächen und den schmucken reetgedeckten Friesenhäusern ist Kampen wirklich einer der schönsten und beliebtesten Ferienorte unseres Landes. Nicht zuletzt ist die ständig steigende Zahl der Gäste Beweis genug: durchschnittlich verbucht Kampen mehr als 300 000 Übernachtungen im Jahr!

Zu Beginn des 17. Jahrhunderts standen in Kampen gerade sieben Häuser. Bei dem kargen Boden hatten die wenigen Bauern alle Mühe, ihre Familien mehr schlecht als recht durch die Tage zu bringen. Einen ersten Lichtblick, zumindest was die Finanzen betraf, brachte das Jahr 1856 mit sich, als sich in Kampen die ersten Badegäste blicken ließen. Die Kampener hatten offenbar schon damals eine gute Nase und ahnten, daß es für die kommenden Jahre nicht bei den wenigen Gästen bleiben würde. Eine Art früher Marktforschung? – Jedenfalls konnte man schon wenige Jahre vor der Jahrhundertwende ein eigenes Kurhaus errichten. Seit 1921 hat

Kampen!

Schäumende Rosse des Meeres,
Windstärke Nummer acht,
Ragendes Kliff, du hehres,
Halte trotzig die Wacht!

Daß nicht der donnernden Wogen
Hochaufspritzender Gischt
Komme ins Tal gezogen,
Werke des Fleißes verwischt!

Weiter laß schlafen die Hünen
Unter der Erde, die ruhn,
Schütze mit deinen Dünen
Menschliches Ringen und Tun.

Schirme mit deinen Rampen,
Sturmumwettertes Riff,
Perle der Insel, dich Kampen!
»Rotes«, hochragendes »Kliff«!

Anita Runze.

Aus dem Prospekt des Nordseebades Kampen von 1911

Kampen einen Kurverein. Eigentlich recht früh, wenn man andere bekannte Badeorte betrachtet! Zwei Jahre später verbuchte man mehr als 1200 Kurgäste, eine Zahl, von der viele Kur- und Badeorte damals nur träumen konnten.

Sehr viele Künstler, darunter viele Schriftsteller, haben sich schon früh nach Kampen hingezogen gefühlt, und das hat sich bis zum heutigen Tage nicht geändert. Manfred Wedemeyer hat in seiner ›Sylter Literaturgeschichte in einer Stunde‹ eine feinsinnige Betrachtung verfaßt. Von den ganz frühen Badegästen haben die Schüler des 1879 verstorbenen Keitumer Lehrers und Chronisten Christian Peter Hansen offenbar nicht allzuviel gehalten. In seinem Nachlaß findet sich die Niederschrift des folgenden mit unfreiwilliger Komik angereicherten Schüleraufsatzes aus dem Jahre 1860:

»Wenn die Fremden und die Badegäste hierher kommen, so machen sie hin und wieder Touren, beides nach den Listerdünen, so wie auch nach Hörnum. So manche

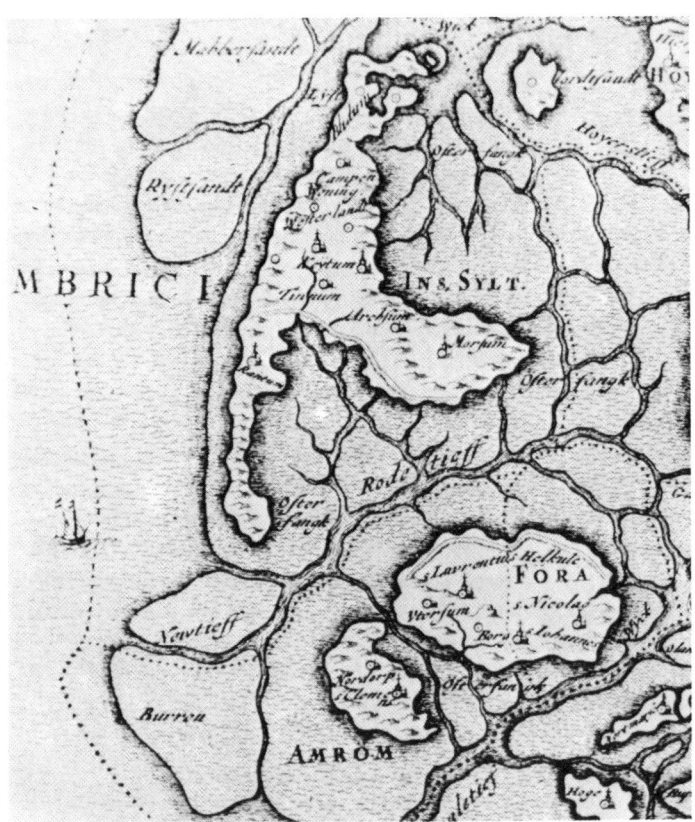

Sylt um 1650

Sylter sagen, das sind doch wahre Narren, das möchte ich nicht mitmachen. Die Badegäste aber rühmen das gewaltig, wenn sie dagewesen sind, weshalb mag das wohl
kommen? Viele Leute sagen, weil sie nichts anderes zu tun haben als umherzutrei-
ben, deshalb gehen sie dahin. Dieses ist aber nicht allein die Ursache, es steckt etwas
anderes in den Dünen: die edle, reine, wilde Natur, woran die Menschen nichts verändert haben. Die reine, frische Seeluft und das große Meer rings um den Dünen,
welches in anderen Stellen nicht so gefunden wird, und dann die weißen Dünen,
welche zusammen ein kleines Gebirge ausmachen. Alle Sagen, die dahin gehören,
sind auch sehr interessant, und dann die Brandung und die Schiffe, welche hin und
her segeln auf dem Meere, wenn es stürmt vielleicht an den Strand kommen oder
scheitern. Alle Greueltaten, Mord und Totschlag sind von Alters her immer passiert
in den Dünen. Alle schlechten Leute, welche von den anderen verstoßen werden,
flüchten immer in die Dünen, weil sie sich da besser verbergen können. Solches alles

macht den schönen Charakter der Dünen aus, weshalb die meisten Fremden hierher kommen, um dieses alles zu genießen.«

Der große Carl Zuckmayer, der die Jahreswende 1932/33 in Kampen zubrachte, hatte da eine wesentlich ausgewogenere Ansicht – wenn der Vergleich erlaubt ist. In seinen Memoiren ›Als wär's ein Stück von mir‹ kommt er auf die Silvesternacht in Kampen zu sprechen, »in der es so still war, daß man glaubte die Glocken vom Festland zu hören (aber es war nur die stille singende Luft!)« Damals entstand das kleine Gedicht:

> Das alte Jahr zu Ende geht,
> Das neue vor der Türe steht.
> Das mag ein gut Jahr werden!
> Der Nebel in der Heide stockt,
> Der Leuchtturm hinterm Nebel hockt
> Und hält die Wacht auf Erden.
>
> Es ruht das Meer, es schläft das Watt.
> Die Wildgans schläft, von Muscheln satt.
> Das Wachs tropft von den Lichtern.
> Wir trinken unsern Portwein still.
> Mag kommen, was da kommen will!
> Der Himmel helf den Dichtern!

Einer der Großen von Kampen war auch der inzwischen verstorbene Schriftsteller Ernst von Salomon. Einen Teil der Kriegsereignisse hat er auf Sylt miterlebt: »In jenem Schicksalsjahr 1939 herrschte Ostwind, ein glühender Wind, der ins Blut ging. Im Osten standen die Gewitterwände, dunkel, drohend. Die ganze Insel war in hektischer Erregung, die zu den ausgelassensten Formen der Lustbarkeit führten – ein Tanz auf dem Vulkan, der, jedermann schien es zu spüren, jeden Augenblick den Ausbruch fürchten ließ ... Tagsüber aber dröhnten die Motoren schneller Jagdflugzeuge, die auf dem Flugplatz Braderup zu Schießübungen aufstiegen und dann pausenlos über die Badestrände dahinjagten.«

Von Salomon war ein sehr guter Kenner Sylts und vor allem von Kampen. Er liebte den Badeort wegen der höchst angenehmen Atmosphäre, die er hier für seine Arbeit als Schriftsteller vorfand. In seinem bekannten Buch ›Deutschland deine Schleswig-Holsteiner‹ schrieb er: »Ich kannte die Insel von vielen Besuchen, ich war Jahre hindurch mehrere Wochen, ja Monate auf der Insel, nicht als Erholungsuchender wie die Badegäste, sondern weil ich die Erfahrung gemacht hatte, daß ich dort besonders angenehme Bedingungen fand, um intensiv zu arbeiten. Für die Einheimischen war ich natürlich ein Badegast, zahlte meine Kurtaxe und die überhöhten Preise für Unterkunft und Verpflegung und stieß mich durchaus nicht an der Qualifikation der Einheimischen, die, wenn sie sich untereinander beschimpften, den härtesten Ausdruck fanden in der Bemerkung: ›Du bischa so dumm as'n Boadegast!‹«

Auch andere berühmte Namen tauchen in Kampen auf. Im Jahre 1949 war der Schweizer Schriftsteller und Architekt Max Frisch hier. In seinem ›Tagebuch 1946-1949‹ hielt er folgende Gedanken fest: »Dieselbe Insel, bei Nebel und Regen ganz ins Spukhafte verdämmert, hat plötzlich etwas Antikisches. Eine Luft wie Glas: die Ferne ist fern, aber klar und genau, ungespenstisch, heiter und endlich. Das alles gibt es auch im Norden, die blaue Finsternis des Meeres, das Lichterlohe, daß wir nicht wissen, wohin mit dem Dank für unser Dasein.«

Der aus der Universitätsstadt Erlangen stammende Schriftsteller, Maler und Bildhauer Ernst Penzoldt, berühmt durch ›Die Powenzbande‹, einem Schelmenroman aus dem Landstreicher-und Kleinstadtmilieu, gerät für Kampen richtig ins Schwärmen. In seinen 1949 veröffentlichten ›Causerien‹ hat er für Kampen ein Riesenlob übrig: Die Geschichte der Menschheit habe ihren Ursprung in Kampen. Gott habe hier alles vorgefunden, was zur »Herstellung« des Menschen nötig sei. In seinem Aufsatz ›Die Insel‹ sagt er, Gott habe hier: »Sand und Lehm für die Gestalt, Wind genug für den Atem, die Sprache und die Seele, Feuchte genug für Tränen, Bläue genug für die Augen, Steine für das Herz in der Brust«.

Auch der Bremer bzw. Hamburger Verleger Ernst Rowohlt hatte eine nicht ganz »unenge« Verbindung zu Kampen. Der vorhin erwähnte Manfred Wedemeyer weiß da über eine eher lustige Begegnung zwischen dem Verleger und dem nicht minder berühmten aus Breslau stammenden Regisseur und Intendanten Boleslaw Barlog zu berichten. In den fünfziger Jahren traf Rowohlt mit Barlog zusammen, der darüber erzählt: »Wir trafen uns in Kampen und gewöhnten uns nach ein paar äußerst anregenden und fröhlichen Abenden sehr aneinander. Wir hatten, glaube ich, denselben Humor, das Herz saß uns beiden links, und wir liebten gewisse Annehmlichkeiten des Lebens gemeinsam. Nur in einem Punkte waren wir grundverschieden. Ernst Rowohlt kam über den sogenannten Textilstrand nie hinaus. Er saß immer züchtig mit einer Badehose angetan am Strand, mit einem an vier Ecken geknoteten Taschentuch als Sonnenschutz über seinem blanken Schädel und saß wie ein Buddha im Sande oder bis zum Halse im Wasser, wenn schwacher Wind das erlaubte. Das trug ihm von mir den Kosenamen ›Seehund‹ ein, und mit dieser Anrede traktierte ich ihn fortan, und mit ihr verzierte ich auch unseren Briefwechsel. Mich, der ich begeistert den Nacktbadestrand frequentierte, nannte er dagegen nur kurz und kernig ›altes Schwein‹. Es war aber das liebevollste Schimpfwort, das mir je an den Kopf geworfen wurde.« –

Womit wir bei einem speziellen Thema wären: FKK! – Hier scheiden sich die Geister. Allerdings sieht's so aus, als entschieden sich auf Sylt weit mehr Geister dafür als dagegen. Es ist ja nicht so, daß Kampen nur wegen der herrlichen Natur, der malerischen reetgedeckten Häuser oder etwa wegen seines besonders schönen Leuchtturms berühmt geworden wäre. Nicht wenige Zeitgenossen – auch wenn sie von Landkarten nur eine sehr geringe Ahnung haben, die Nordsee mit der Ostsee verwechseln und Kampen in die Lüneburger Heide verlegen – diese Zeitgenossen machen sich ihre Meinung recht einfach. Und die Bildreportagen mancher Illustrierten hauen fleißig in die gleiche Kerbe. –

Die Wogen können recht hoch schlagen, und nicht selten prallen die Ansichten über das Für und Wider ganz schön aufeinander. Wie gesagt: Kampen hat seinen weltweiten Ruf nicht zuletzt durch seine FKK-Strände erworben. Wenn man einen kurzen Blick auf die Kulturgeschichte wirft, so sieht man die ›nackten Tatsachen‹ in einem ganz anderen Licht. In der abendländischen Kulturgeschichte gibt es keinen roten Faden, an dem eine Badehose flatterte . . . Je nach Zeitumständen und Kultureinflüssen bestand ein sehr unterschiedliches Verhältnis zu den Badekleidern. Die alten Griechen betrieben ihren Sport . . . so wie Gott sie schuf, und auch im angeblich ach so finstern Mittelalter waren die Badesitten gar nicht nach dem Geschmack jener Leute, die selbst ihrem Hündchen am liebsten noch eine Hose verpassen würden.

Anläßlich seines fünfundfünfzigjährigen Jubiläums hat der Verkehrsverein von Kampen eine Schrift herausgegeben, in der auch ein Sylter Badearzt aus der Mitte des 19. Jahrhunderts, ein Dr. A. O. L. Jenner, zitiert wird: »Unter allen Umständen bade man ohne Kleider. Denn nicht nur hindern diese, auch wenn sie noch so dünn sind, die Wirkung des Wellenschlages, sondern sie vereiteln sehr leicht den Erfolg des ganzen Bades dadurch, daß sie den durch den Wellenschlag erwärmten Körper durch das Anschlagen der nassen Kleidung wieder durchkälten.«

Dr. Jenners Ansichten und Empfehlungen waren wohl in der damaligen Zeit ziemlich revolutionär – auch wenn sie von einem Arzt ausgesprochen wurden. Und noch viele Jahrzehnte gingen ins Land, bis Kampen einen öffentlichen Strandabschnitt freigab, der den hüllenlosen Badegästen vorbehalten war. Wie es heißt, habe man die ersten Nackten schon um die Zeit nach dem Ersten Weltkrieg gesichtet . . . Allerdings waren diese frühen Nackten nach den damals gültigen Gesetzen bereits mit einem Fuß im Gefängnis! Doch Kampens Gendarmen sollen meist beide Augen fest zugedrückt haben.

Wenn man einer Anekdote glauben will, so ist die aus Rantum stammende Ellen Mannis Sylts erste Nackte gewesen. In dem von Georg Quedens herausgegebenen reizenden Bändchen ›Sylt erzählt‹ wird darüber berichtet:

»Ohne Kleidung, wie in Urzeiten, wird heute in den im Volksmund ›Abessinien‹ genannten Strandbezirken gebadet. Das hat dazu beigetragen, die Insel Sylt bekanntzumachen. – Die erste ›Abessinierin‹ auf der Insel war aber kein Badegast, sondern eine Einwohnerin aus Rantum namens Ellen Mannis. Und das kam so: Am Strand waren Butterfässer angetrieben, und der Strandvogt hatte alle Hände voll zu tun, um die Fässer zu bergen, damit die Strandgänger keines fortholten. Aber Ellen

Mannis hatte ein Faß gefunden und war gerade dabei, ihre Beute in einem Dünenwinkel zu verstecken. Sie wollte sie im Schutz der Nacht heimholen. Da tauchte plötzlich in der Ferne der Rantumer Strandvogt auf, und nun war guter Rat teuer. Doch Ellen Mannis fand guten Rat! Sie zog sich rasch die Kleider aus und breitete diese über das Butterfaß. Der Strandvogt erblickte die Frau und schöpfte Verdacht. Doch als Ellen die letzte Hülle fallen ließ, traute er sich nicht näher. Er blieb sittsam in einiger Entfernung stehen und rief: ›Was treibst du da!?‹ – ›Ich nehme ein Sonnenbad und schüttle die Läuse aus meinen Kleidern!‹ Der Strandvogt zog sich zurück. Ellen konnte später ihr Butterfaß in Sicherheit bringen. Wollte ein Strandvogt heutzutage mit gleicher Schüchternheit sein Amt verwalten, brächte er es während der Sommermonate am Strand zu nichts.«

Kampen hat zwei FKK-Strandabschnitte. Hier wie auch am sogenannten ›Textilstrand‹ kann man unabhängig von Ebbe und Flut baden. Die Strände werden während der Monate Mai bis Ende September in der Zeit von 10 bis 17 Uhr von erfahrenen Rettungsschwimmern beaufsichtigt. Gefährlich ist das Baden im Bereich der Buhnen, die während des Hochwassers unterhalb des Wasserspiegels bleiben und deshalb nicht früh genug bemerkt werden können. Deshalb tut man gut daran, jene Strände, die außerhalb der beaufsichtigten Abschnitte liegen, während der Ebbe zu besichtigen, um unliebsame Überraschungen zu vermeiden. Das Baden im Bereich der Buhnen ist lebensgefährlich! In Kampen und natürlich auch in den anderen Orten der Insel tut man seitens der Kurverwaltung alles dafür, daß die Sicherheit am Strand gewährleistet ist. Mehr als 800 000 DM gibt man auf Sylt Jahr für Jahr allein für das Rettungswesen aus. Mehr als 70 hauptamtliche Rettungsschwimmer sind auf der Insel für die Sicherheit der Badegäste unter Vertrag, und alle haben sich zuvor speziellen Prüfungen unterziehen müssen, da die Strömungsverhältnisse um Sylt nicht so ohne weiteres mit anderen Orten an der Nordseeküste verglichen werden können. Auch die Rettungsschwimmer begeben sich natürlich nicht gern in unnötige Gefahren. Manche Badegäste halten nicht besonders viel von vernünftigen und notwendigen Vorschriften und stürzen sich auch dann noch in die Wellen, wenn bereits Gefahren drohen. Wenn ein Warnball hochgeht, so ist das Baden nur noch unter Aufsicht der Rettungsschwimmer erlaubt; zwei Bälle besagen Badeverbot.

In Kampen lassen sich unbeschwerte, schöne Tage verbringen. Seitens der Einwohnerschaft und der Ortsverwaltung war man schon sehr früh daran interessiert, den Charakter des Dorfes so zu belassen, wie das der nordfriesischen Insellandschaft entspricht. Nach dem Bebauungsstatut aus dem Jahre 1913, das noch heute in Kraft ist, dürfen keine Häuser mit einer Höhe über 8 m gebaut werden. Die weitflächige ländliche Streulage Kampens wird unterstrichen durch die Bestimmung, daß der Abstand von einem Haus zum nächsten 25 m betragen muß. Ein Gefühl der Enge kann so erst gar nicht aufkommen. –

Auffallend schön sind die prächtigen Hausdächer, die so ganz im nordischen Inselstil gehalten sind. Es besteht die Vorschrift, daß ein Dach nur mit Reet gedeckt werden darf. Eine Menge Halme wird zu Bündeln gelegt, die sehr eng zusammengeschoben und vernäht werden. Nicht selten erwecken die Häuser den Eindruck, als seien sie nicht gebaut, sondern gleichsam aus dem Boden gewachsen.

Und wie steht's mit der Brandgefahr? Es soll Gäste geben, die der Sache nicht ganz trauen und vor deren geistigem Auge bereits meterhohe Flammen aus den Pelzmützen der Häuser schießen. Nur keine Bange! Die Reetdächer sind gegen Brände besonders präpariert. Unter dem Reetdach kann man also getrost alle Viere von sich strecken.

Ein Reetdach ist nicht ganz billig. Man muß um einiges tiefer in die Tasche greifen als etwa bei einem Eternit- oder einem Ziegeldach. Doch das Auge will auch etwas haben. Leider gibt es nicht mehr viele Handwerker, die etwas von der Reetbedeckung verstehen. Als ein Produkt der Natur ist das Reetdach für die oft rauhen klimatischen Verhältnisse besonders gut geeignet. Während der Sommermonate hält es die Wärme ab, und zur Winterszeit – es kann ganz schön kalt werden auf Sylt – behält es die Wärme im Innern des Hauses zurück. Die Lebensdauer eines solchen Daches beträgt auf der Schattenseite um die 100 Jahre. Auf der Sonnenseite jedoch ist es dem Zahn der Zeit – eigentlich müßte man schon von einem ausgewachsenen Gebiß sprechen – wesentlich stärker ausgesetzt, läßt sich hier doch eine Lebensdauer von nur knapp 40 Jahren ansetzen. Was das Reet anbelangt, so ist Kampen zum Teil Selbstversorger: das Reet wird im Bereich der Kampener Vogelkoje geschnitten. Außerdem kommt es in Morsum und im Rantum-Becken vor, wird aber auch aus Dänemark, Ungarn und aus der Türkei importiert.

Auffallend sind die großen Dachflächen, die sich ziemlich steil in den Himmel recken. Die Außenwände der Häuser müssen vorschriftsgemäß aus Ziegelsteinen errichtet werden, und eine weitere Vorschrift besagt, daß ein Dach mindestens die doppelte Höhe der sichtbaren Mauer erreichen muß. Ein schönes Beispiel für das alte Kampen ist das ›Weiße Haus‹, ein Bauwerk aus dem Jahre 1763, und das ›Haus Ahrenshop‹, ebenfalls aus dem 18. Jahrhundert stammend. –

Im Jahre 1952 – damals kamen mehr als 6000 Gäste nach Kampen – wurde die Nordwestheide, eine zwischen Strand und Dorf gelegene Naturheide, angekauft. Das Gelände umfaßt zehn Hektar und stellt heute ein wunderschönes Naturschutzgebiet dar, das als solches einer Bebauung entzogen ist. Offenbar gab es in Kampen schon damals weitsichtige Leute, die für den Landschaftsschutz eintraten, und das zu einer Zeit, als man mit der Wiederankurbelung der Wirtschaft genügend Sorgen hatte! Einer möglichen Verschandelung der Gegend konnte man auf diese Weise schon früh zuvorkommen.

Kampens Wahrzeichen ist Sylts ältester Leuchtturm, der den Gast schon aus der Ferne grüßt. Das ›Rote-Kliff-Feuer‹ – so die offizielle Bezeichnung – mit seinen 62 m über dem Meeresspiegel gehört zu den größten Feuern im Nordseeraum. Es wurde im Jahre 1855 errichtet, ein Jahr, bevor die ersten Badegäste in Kampen eintrafen. Was die Dicke seiner Mauer anbelangt, so könnte es der Leuchtturm mit einem militärischen Festungswerk aufnehmen. Immerhin beträgt sie am Fuße des Turms 2 m; im Durchmesser sind es 8 m.

Wahrscheinlich war den Bewohnern Kampens die Bezeichnung ›Rotes-Kliff-Feuer‹ etwas zu umständlich. Man bedenke, daß es ja Friesen waren, die damals noch in der Mehrzahl den Ton angaben – falls einer kam ... Bei der sprichwörtlichen angeborenen Mundfaulheit und Gemütsruhe liegt die Vermutung nahe, daß man für drei läppische Wörter nicht gern sein Mundwerkzeug dreimal beanspruchen wollte. So nannte man das Ding kurz und bündig ›Christian‹, dies in Erinnerung an die vielen Christians, die im Laufe der Zeit das Königreich Dänemark regierten, zu dem auch Sylt bis zum Jahre 1866 gehörte.

Das gebündelte grelle Licht, das von einer 1000-Watt-Birne erzeugt wird, ist noch in einer Entfernung von mehr als 25 Seemeilen (sm) sichtbar. Aus dem Jahre 1912 stammt ein weiteres Feuer. Dieses Quermarkenfeuer befindet sich ungefähr 2,5 km nordwestlich vom ›Christian‹. Die Sichtweite beträgt nur ca. 14 sm, und auch in bezug auf die Turmhöhe von 10 m ist das Quermarkenfeuer im Vergleich zum ›Christian‹ bloß ein besserer Zwerg. Da es sich um ein feststehendes Feuer handelt, gibt es keinen Leuchtturmwärter; es hat nur eine untergeordnete Funktion. Bei Eintritt der Dunkelheit oder wenn Nebel aufkommt, leistet es seinen Dienst; bei Helligkeit erlischt es. –

Eine Naturschönheit besonderer Art stellt das Rote Kliff dar (Farbtafel 1). Es ist knapp 30 m hoch und erstreckt sich über rund 4 km. Das Rote Kliff steht unter Landschaftsschutz. Folgen wir hier kurz der Darstellung des Kieler Geographen Hans-Günther Wenk, der sich mit der Untersuchung der Ablagerungen der vorletzten Eiszeit, aus denen die vier Oberflächen der Insel-Geestkerne bestehen, beschäftigt hat. In seinem Aufsatz über die Natur- und Kulturlandschaft der Insel Sylt schreibt er: »Der Geschiebelehm, der die Oberfläche der vier Sylter Geestkerne bildet, wurde am Ende der vorletzten Eiszeit abgelagert. Am Steilhang des Roten Kliffs ... ist diese mächtige Lehmpackung am augenfälligsten aufgeschlossen. An Geschieben findet der Kundige hier Granite und Gneise aus Schweden, Rapakiwi von den Åland-Inseln (Finnland) sowie Rhombenporphyre aus dem südlichen Norwegen, ferner zahllose Windkanter verschiedenster Größen, an denen sich durch Windschliff, senkrecht zur vorherrschenden Windrichtung, Kanten gebildet haben. Zwischen Kliffrand und Kliffdüne ist an zahlreichen Stellen das mit einem Steinpflaster bedeckte Diluvialplateau aufgeschlossen. Der ursprüngliche graue Lehm des Roten Kliffs hat durch Eisenfärbung eine braune bis braunrötliche Färbung angenommen; daher kommt jener rötliche Ton, der dem Roten Kliff seinen Namen gegeben hat. ... und am Roten Kliff findet man geologische Aufschlüsse von sandiger Moräne, Schmelzwassersanden mit gebleichten Feldspäten und weißen Quarzkörnern, Kaolinsand, altinterglazialen (= zwischeneiszeitlichen) Meeresabsätzen und junginterglazialen Torfen (Tuul) sowie Braunkohlelagen im Kaolinsand . . .«. Am Kliffende kann man in der Heide (Richtung Kurhaus) eine restaurierte Ganggrabkammer entdecken, ein zweites Megalithdenkmal befindet sich unmittelbar nördlich des ehemaligen Kampener Bahnhofs.

In Kampen – natürlich gilt das ebenso für die anderen Orte der Insel – ist man sehr bemüht, den Badegast zufriedenzustellen. Man erläßt nicht gerne Verbote. Doch hin und wieder ist es nötig, darauf hinzuweisen, daß auch der Gast seinen Teil dazu beitragen muß, damit die Schönheit der Landschaft für spätere Generationen erhalten bleibt. Das gilt vor allem für die Naturschutzgebiete. Es ist nicht der Sinn der Übung, daß man überall durchläuft, ganz abgesehen davon, daß man sich an den harten Gräsern sehr unangenehm in die Füße schneiden kann. Darum ist es besser, wenn die Wege benutzt werden. Sämtliche Vehikel, Pferde eingeschlossen, sind im Naturschutzgebiet nicht zugelassen. Den Hund darf man mitführen, aber nur an der Leine. Besonders heikel sind die abbruchgefährdeten Ränder der Kliffs. Es wäre schade, wollte der Mensch unnötigerweise den zerstörenden Einfluß der Naturkräfte noch unterstützen! Auch Blumen sollte man in Ruhe lassen, denn Arnika, Dünenrose (Farbtafel 59), Lungenenzian (Farbtafel 55) und Stranddistel (Farbtafel 56) stehen inzwischen unter Naturschutz. Es lohnt sich aber sehr, der Dünen- und Heideflora hier größere Aufmerksamkeit zu schenken. Denn es gibt mehr zu entdecken als nur den bekannten Strandhafer (Abb. 1), die blaßrote Grasnelke (Farbtafel 52) und den beliebten Strandflieder (Farbtafel 58), der sich wie das Heidekraut sehr gut zum Trocknen eignet. Man sollte ihn jedoch nicht zu häufig pflücken, sonst ereilt ihn das gleiche Schicksal wie die Stranddistel, die man auf Sylt in größerer Fläche nur noch am Hörnumer Leuchtturm finden kann. Artenreicher als die Dünenflora ist die Heidebepflanzung. Typisch für sie sind vor allem die weiten Erika- oder Glockenheideflächen, in denen man auch den seltenen Lungenenzian, den Sonnentau und den Frauenflachs entdecken kann.

Ein lohnenswertes Ausflugsziel ist auch die Kampener Vogelkoje (Abb. 17). Das Gelände wurde schon in der Mitte des 18. Jahrhunderts angelegt. Heute jedoch ist die Vogelkoje nicht mehr in Betrieb. Hier wurden einst in großer Zahl Pfeif-, Stock-, Krick- und Spießenten gefangen. Die Aufzeichnungen in den Kojenbüchern besagen, daß es zwischen den Jahren 1767 und 1921 insgesamt 695 957 Stück gewesen sind. Bezogen jedoch auf das einzelne Jahr waren die Fänge sehr unterschiedlich. 1841 betrug der Fang z. B. mehr als 26 000 Tiere, elf Jahre später knapp 4000, und 1921 kam man nicht einmal auf 100 Tiere. Heute wächst in der Norderkoje, wie die Kampener Vogelkoje auch genannt wird, eine Vielzahl von Sträuchern und Bäumen, die man auf der waldarmen Insel sonst nur noch selten zu sehen bekommt. Seit Anfang 1986 wird die Anlage, durch die insgesamt 800 m lange Wanderwege führen, von der ›Söl'ring Foriining‹ (Sylter Verein) betreut, die mit der Gemeinde

Kampen, dem jetzigen Alleininhaber, einen Pachtvertrag bis Ende 2015 geschlossen hat.

Daß Kampen viele erstklassige Restaurants, vornehme Hotels und gemütliche Cafés hat, braucht nicht besonders gesagt zu werden. Viele von ihnen sind weit über die deutschen Landesgrenzen hinaus bekannt geworden. Genannt sei die ›Kupferkanne‹ mit excellenter Französischer Küche; sie ist schon architektonisch von besonderem Reiz, entstand sie doch zum Teil aus den Resten einer Geschützstellung und eines Bunkers. Erwähnenswert ist auch das ›Gogärtchen‹, ›Manne Pahl‹, ›Leuchtfeuer‹, ›Dorfkrug Rotes Kliff‹, ›Rauchfang‹, ›Village‹ sowie das ›Pony‹. Hier ließe sich noch eine ganze Litanei von sehr gediegenen, sehr empfehlenswerten, doch nicht gerade sehr billigen Lokalen aufzählen. – Ja, in Kampen kann man leben!

Im Seebad Westerland

Zum Eingewöhnen zunächst ein wenig Statistik über Westerland: 9400 Einwohner (1988), 17800 Gästebetten, knapp 30 Hotels, Hunderte von Privatquartieren und Fremdenheimen, jährlich eine Million Übernachtungen. Das ist Westerland! Nicht zu vergessen die Vielzahl von Ferienhäusern, Ferienwohnungen und gemütlichen Lokalen. Sylts ältestes Nordseeheilbad ist so rundum eine Stadt zum Baden, Bummeln, Kaffee-Trinken, Kuchen-Essen, Tanzen und ... und ... Hier kommt jeder auf seine Kosten. Westerland, das 1986 zwar sein 550jähriges Bestehen feierte, wurde erst 1905 das Stadtrecht verliehen.

Westerlands einstige Vorfahren waren Eidumer. Das alte Kirchdorf Eidum existiert jedoch heute nicht mehr; im Jahre 1436 ist die Ortschaft, die einst im Südwesten des heutigen Westerland lag, untergegangen. Flugsande und die unberechenbaren Wasser der Nordsee haben sie zerstört. Doch ein Friese gibt nicht auf: auf den bis dahin kaum besiedelten ›Westerlöön‹ gründete man neue Wohnsitze, aus denen sich im Laufe der Jahrhunderte die Stadt Westerland gebildet hat. Die Alte Dorfkirche beherbergt die Ausstattung der untergegangenen Eidumer Kirche, darunter einen prächtigen Marienaltar.

Die Inselstadt ist sehr vielgestaltig. Ob sie – im eigentlichen Sinn des Wortes – schön zu nennen ist, das kommt auf den Geschmack an. Nicht allen Badegästen gefallen die großen Gebäude des Neuen Kurzentrums, die, in unmittelbarer Nähe des Strandes gelegen, für viele Meter die Sicht auf das offene Meer verdecken. Sie haben 20 Etagen und sind mehr als 50 m hoch. Elegante Läden und Restaurants findet man hier ebenso wie auf Westerlands Flanierboulevard, der Friedrichstraße. Wer gern Schaufensteranlagen betrachtet und sich in dem Gedränge eines weltbekannten Seebades wohl fühlt, der ist hier am richtigen Ort. Alles, was das Herz begehrt, gibt es hier zu kaufen. Die Geschäfte auf Westerlands Renommierstraße können es mit denen jeder Großstadt aufnehmen. Zur Friedrichstraße gibt es eine Konkurrenz: Die Strandstraße, die parallel zu ihr verläuft, hat Ähnliches anzubieten.

Fast endlose Menschenmengen schieben sich in der Hauptsaison durch die Straßen. Und auch bei weniger schönem Wetter ist hier immer etwas los. Das ist ja das

Schöne an Westerland: auch bei Regen gibt es Möglichkeiten in Hülle und Fülle, den Ferientag ohne eine Spur von Langeweile zuzubringen. Dafür sorgen schon die vielen Cafés, die Kurveranstaltungen, die Sportmöglichkeiten und das Hallenbad.

Vor rund 130 Jahren hätte man sich kaum träumen lassen, daß Westerland einmal ein weltberühmter Badeort würde, ein Kurort, der es mit allen Konkurrenten bestens aufnehmen kann. So ist es nicht verwunderlich, daß Westerland von Enthusiasten gern als das ›Cannes des Nordens‹ bezeichnet wird.

Im Jahre 1701 gab es fast 100 Häuser, doppelt so viel wie zu Beginn des 17. Jahrhunderts. Ein wichtiger Mann war der Düneninspektor Broder Hansen Decker. Er veranlaßte die Bepflanzung der Dünen, deren Sande den Bewohnern von Westerland seit langem zu schaffen machten. Immer wieder deckten die feinen Sande die mühsam bepflanzten Äcker zu. Man war arm, lebte vom Fischfang und betrieb – sofern es die Bodenverhältnisse zuließen – ein wenig Ackerbau.

Wulf Manne Decker und der aus Hamburg-Altona stammende und auf Sylt tätige Arzt Dr. Ross waren die Wegbereiter des heutigen Weltbades. Die besten Voraussetzungen, die die Natur geben kann, waren vorhanden: »Ein großartiges Meer, ein Strand, meilenweit ausgebreitet wie der köstlichste Sammetteppich, die phantastische Dünenwelt, die hehre Schönheit der ganzen Insel.«

Doch aller Anfang ist schwer. 1857, zwei Jahre nach Eröffnung des Seebades Westerland, wurde eine Badeaktiengesellschaft ins Leben gerufen. Die Westerländer müssen es als Affront betrachtet haben, daß Dänemark, dem Sylt damals noch unterstand, die Konzession ablehnte. Die Selbständigkeit der Inselfriesen war der dänischen Regierung schon lange ein Dorn im Auge. Doch ließ man sich nicht entmutigen, und schon im nächsten Jahr wurde die Dünenhalle, Westerlands erstes Hotel, errichtet. Ein Jahr später verfügte man im Strandhotel über eine weitere Unterbringungsmöglichkeit für die allmählich in immer größeren Mengen eingetroffenen Badegäste. Es zeigte sich, daß Dr. Ross auf dem richtigen Wege war, als er anläßlich der Grundsteinlegung für Westerlands erstes Hotel sagte:

»Sicherlich wird Sylt in wenigen Jahren zu den gesuchtesten Nordseebädern zählen. Aber für die Bewohner wird, was wir heute beginnen, nicht ohne tiefe Bedeutung bleiben. Schlagt die Blätter eurer Geschichte auf, ihr werdet finden, daß zu keiner Zeit eure Scholle allein euch ernähren konnte. Früher bereicherte euch der Walfischfang, jetzt der Schiffsdienst. Wer aber vermag in die Zukunft zu schauen? Ob nicht, wie das eine aufhörte im Laufe der Zeiten, auch einmal das andere geschmälert werden kann? Deshalb erkennt es dankbar an, daß die gütige Natur eure Insel mit so herrlichen Eigenschaften zu einem Seebade ausgestattet und das offene Auge einiger unter euch diesen Fingerzeig der Natur benutzte. Im Verkehr mit den Badegästen ... wird euer Gesichtskreis sich erweitern ... Der gesunde Sinn aber ... wird euch leiten, von dem dargebotenen Neuen bloß das Gute zu behalten.«

Kurz vor der Jahrhundertwende wurde ein neues Kurhaus eingeweiht. Der Zustrom der Badegäste war inzwischen so stark geworden, daß sie das sommerliche Straßenbild von Westerland bestimmten. Die Bedeutung des eleganten Badeortes wurde auch durch die Auszeichnung unterstrichen, daß das Kurbad im Jahre 1897 ein Fernsprechnetz erhielt. Damit war Sylt die erste Nordseeinsel, die über ein Fernsprechkabel verfügte.

Heute ist es kaum noch zu glauben, daß es anno 1902 eine geradezu revolutionäre Tat war, ein Familienbad einzurichten. Junggesellen mußten aber auch jetzt noch draußen bleiben ... Bis dahin wurde streng getrennt gebadet: Männlein hier – Weiblein dort – und das in Sylt ... Natürlich ging diese unverschämte Neuerung nicht ohne großes Lamentieren über die Bühne, und nicht wenige Sylter bangten einmal wieder angesichts der Gefährdung heimatlicher Sitten, deren überregionale und allgemeingültige Verbindlichkeit jedoch von den ›bösen‹ Badegästen in Zweifel gezogen wurde. Bis jetzt hatten die Damen am separaten Damenstrand gebadet, während die Männer ihren eigenen Strandabschnitt besaßen. Sicher bedarf es keiner besonderen Erwähnung, daß die beiden Strände weit genug auseinander lagen. Offenbar war der Abstand von zwei Kilometern noch immer nicht groß genug, als daß nicht manche Zeitgenossen ihrer Phantasie dennoch freien Lauf gelassen hätten. In der lesenswerten Anekdotensammlung ›Sylt erzählt‹ gibt G. Quedens ein kurzes Gedicht wieder, das um die Jahrhundertwende in der Kurzeitung veröffentlicht wurde. Recht launig amüsiert sich da jemand über die Damen, die offenbar nicht nur an der Meeresbrandung interessiert waren:

> »Ach, wie ist der Herrenstrand
> hier in Sylt doch interessant!
> Selbst für Mägdelein und Frauen.
> Darf man wohl den Augen trauen!?
> wenn sie auf der Buhne lagern
> und die dicken und die magern
> Herrn der Schöpfung sich besehen,
> wenn sie in die Wellen gehen.
> Selbst durch Kneifer und Lorgnetten
> schaun die züchtig netten
> Dämchen ohne Scham und Zieren,
> denn sie kennen kein Genieren ...«

Sport wird auch in Westerland groß geschrieben. Natürlich steht das Baden und Schwimmen an erster Stelle. Gern besucht wird der FKK-Strand. Er ist knapp 2 km lang und bildet die südliche Verlängerung der ›Badehosen-Abteilung‹. Zutritt hat man mittels Kurkarte oder nach Lösen einer Tageskarte. Wie auch bei den anderen Nacktbadeständen Sylts ist es nicht nötig, Mitglied eines Naturistenclubs zu sein, um den Strandabschnitt betreten zu können. Allerdings ist es nicht gerade fair, hier herumzulaufen, ohne sich der allgemeinen ›Kleiderlosigkeit‹ anzuschließen. Es ist durchaus verständlich, wenn FKK-ler hin und wieder den berockten und behosten

Zeitgenossen gegenüber recht deutlich werden und diesen unmißverständlich klar machen, daß man die Meeresbrandung auch anderswo fotografieren kann ... wenn man will. Es wäre nicht zum ersten Mal vorgekommen, daß eine Kamera zurückbehalten oder in geöffnetem Zustand in den Sand eingebuddelt worden wäre ...

Es gibt praktisch keine Sportart, die man nicht in Westerland betreiben könnte, es sei denn, man habe sich etwa auf Rodeo oder Stierkampf spezialisiert. – Tennisplätze stehen in großer Zahl zur Verfügung; außerdem gibt es eine Tennishalle. Auch Minigolfplätze sind vorhanden. Wer hoch in die Lüfte steigen will, der kann auch das tun: im Segelflugzeug und im Propellerflugzeug. Die Flugschule Sylt offeriert die Ausbildung zum Privatpiloten, und wer sich sonstwie sportlich betätigen will und das auch durch ein schönes Abzeichen quittiert haben möchte, der kann zwischen Mai und Ende September – sonst nach Absprache – die Sportabzeichenprüfung ablegen.

Am Strandübergang Strandstraße liegt Westerlands Meerwasser-Wellenbad, das 1964 eingeweiht wurde. Die Wassertemperatur in dem 525 m² großen Becken beträgt 24 °C; das Meereswasser wird täglich frisch eingelassen, deshalb wird dem Wasser kein Chlor zugesetzt. Ein Vergnügen für sich ist das Brandungsbad. Eine Wellenmaschine erzeugt dabei in zwanzigminütigen Abständen Brandungswellen von 80 cm Höhe. Wenn es draußen kühl und windig ist, braucht man also nicht auf ein Bad im Meereswasser zu verzichten. Jeweils am Samstagnachmittag verwandelt sich das Wellenbad in ein Mini-FKK. Wer braun werden möchte, den Sonnenstrahlen jedoch nicht ganz traut, dem steht im Wellenbad das Solarium zur Verfügung.

Westerland ist als Heilbad bestens ausgerüstet. Für alles ist gesorgt. Die Kurmittel umfassen: Schlickbäder, Schlickpackungen, warme Seewasserbäder, Seewasser-Inhalationen, Kneippsche Hydrotherapie, Freiluftliegekuren, Atemgymnastik, Bindegewebsmassagen, medizinische Bäder und anderes mehr. An der Kurpromenade befindet sich die Trinkhalle. Zu bestimmten Stunden wird Meerwasser ausgeschenkt. Es soll zwar Getränke geben, die wesentlicher angenehmer schmecken ... dennoch, man trinkt das salzige Etwas ja für einen guten Zweck. Und wem es beim Gedanken an das Salzwasser noch immer den Magen kehrt, der probiere einmal die Variante mit Zusatz von Zitronengeschmack. – Großer Beliebtheit erfreut sich das Kurorchester. Auf Sylt gibt es nur in Westerland sowohl zur Vor- als auch zur Nachsaison Kurmusik (Abb. 14).

Besuchenswert ist das neben dem Wellenbad gelegene Aquarium. Hier gibt es lebende Seehunde und andere Meerestiere zu sehen. Eine Sehenswürdigkeit ganz anderer Art ist der Friedhof der Heimatlosen (Abb. 4). Immer wieder kam es vor, daß Leichen unbekannter Ertrunkener an den Strand von Sylt angespült wurden. Im Jahre 1855 regte der damalige Westerländer Strandvogt Wulf Hansen-Decker an, einen Friedhof für diese unbekannten Toten einzurichten.

1 Strandhafer-Windspiel ▷

2 Kirche St. Severin in Keitum (Sylt)

4 Der Heimatlosen-Friedhof in Westerland (Sylt)

3 Mittelteil des spätgotischen Schnitzaltars aus St. Severin

5 Alte Kapitänshäuser im winterlichen Keitum

6 ›Altfriesisches Haus‹ in Keitum

7   Wandbett mit ›Bettpfanne‹ und Kinderwiege im ›Altfriesischen Haus‹

8   Wattwiesen zwischen Keitum und Morsum ▷

9 Kirche zu St. Martin in Morsum

10 Romanischer Taufstein aus St. Martin

11 Kronleuchter aus St. Martin

12 Jungsteinzeitliche Grabkammer am Wattufer bei Archsum

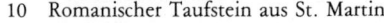

13   Sandstrand mit Brandung bei Westerland (Sylt)

14 Der Sturmbläser an der Westerländer Strandpromenade   15 Wanderdüne bei List (Sylt) ▷

16 Blick auf das Watt bei Munkmarsch (Sylt)

17 Windverbogene, entlaubte Birken in der Vogelkoje von Kampen (Sylt)

18 Krabbenkutter im Hörnumer Hafen (Sylt)

19   Fliesenbild aus dem Keitumer Haus des Kapitäns Jürgen Jens Lornsen

Vor allem in der Hochsaison ist es nicht leicht zu entscheiden, was man am Abend unternehmen könnte, so vielfältig ist das Angebot. Symphoniekonzerte wechseln ab mit Galaabenden, an denen bekannte Sängerinnen und Sänger aus der Schlagerbranche auftreten; Kabarettisten geben sich ein Stelldichein ... Es fehlt hier der Platz, um auf alle Zerstreuungen eingehen zu können. Große Auswahl an gediegenen Lokalen und Night-Clubs haben die Nachtbummler; insgesamt sind es allein in Westerland etwa 30 Lokale, die bis spät in die Nacht bzw. bis in den frühen Morgen geöffnet sind.

»Rien ne va plus!«, jedem Spielbankbesucher ist dieser Satz geläufig. Vom frühen Abend an ist das Kurhaus-Casino Ziel vieler Badegäste. Wie steht's doch in dem Prospekt? »Man spielt auf Sylt mit Bällen und Kugeln am Strand, im Wasser ... und ab 17 Uhr spielt man Roulette, Baccara und Blackjack in der Spielbank Westerland.« Der Werbespruch ist jedoch nicht so zu verstehen, daß man vom Strand stracks ins Casino marschieren sollte. Offiziell gibt es zwar keine speziellen Kleidervorschriften, aber einigermaßen feierlich sollte es doch zugehen. Bei der Vielfalt an Möglichkeiten, sein Geld zu verlieren, ist ein trauriges Schwarz ja durchaus angebracht ... Dennoch geht's im Casino von Westerland vergleichsweise harmlos zu, wenn man andere Spielbanken auf der Welt betrachtet, womit jedoch gewisse Gefahren nicht verniedlicht sein sollen.

Auch für das Casino in Westerland trifft der feinsinnige Satz zu: Die Bank gewinnt immer! 80 Prozent der Einnahmen erhält der Staat, der damit Sozialwerke unterstützt. Hier ein paar Hinweise zum Roulette-Spiel: Auf alle Chancen beträgt der Mindesteinsatz 5 DM. Höchsteinsätze sind: Pleine 70 DM, à Cheval 140 DM, Transversale pleine 220 DM, Carré 300 DM, Transversale simple 480 DM, Dutzende und Kolonnen 1200 DM und einfache Chancen 2400 DM. Bei einer Gewinnauszahlung wird auch der Einsatz zurückgezahlt. Eine volle Nummer (Pleine) ergibt das 35-fache, Cheval 17-fach, Transversale pleine elffach, Carré achtfach, die Nummern 0, 1, 2, 3 ergeben den achtfachen Einsatz, Transversale simple fünffach, eine Kolonne von zwölf Nummern zweifach, erstes, mittleres und letztes Dutzend zweifach, Pair oder Impair einfach, ebenso für Rot und Schwarz sowie Manque Nr. 1 bis 18 und Passe für die Nummern 19 bis 36. – Auch Anfänger werden von der Casinoleitung umworben. Es soll keiner sagen können, er habe nicht seinen Obulus zu den 80 Prozent der Spielbank-Einnahmen beitragen können ... Spielregeln gibt es gratis am Empfang!

Es soll Leute geben, denen das Spiel so gut gefällt, daß sie ernsthaft an einen Berufswechsel denken. Auch da weiß man mit Rat und Tat beizustehen. Seit 1949 nämlich unterhält die Spielbank Westerland eine eigene Schule, in der man sich zu dem sehr gut bezahlten Beruf eines Croupiers umschulen lassen kann.

Vom Ellenbogen zur Morsumer Odde

List

List, das aufstrebende Seebad an Sylts Nordspitze, ist Deutschlands nördlichste Gemeinde. In den letzten Jahren ist der Ort, in dem 2200 Menschen leben, immer beliebter geworden. Hier ist es noch nicht so überlaufen, wie in manch anderen Teilen der Insel. Ruhe und Beschaulichkeit sind hier noch in reichem Maße vorhanden.

Die erste Erwähnung der Siedlung stammt aus dem Jahre 1292. Doch ist damit nicht der heutige Ort gemeint, der seinen Ursprung einer dänischen Gründung verdankt. Das alte Listum haben die Wellen der Nordsee anno 1362 verschluckt. Viele Jahrhunderte lebte man von der Schafzucht und vom Fischfang. Von großer wirtschaftlicher Bedeutung war einst die Austernfischerei; 1608 wurde den Listern diesbezüglich vom dänischen König ein Monopol zugestanden.

Nach 1866, als List deutsch geworden war – bis dahin war es Teil des dänischen Territoriums und gehörte somit nicht zum viel umstrittenen Schleswig-Holstein – wuchs allmählich seine strategische Bedeutung. Lange bevor aus List ein beliebtes Familienbad wurde, interessierte sich das Militär für das ruhige Fischerdorf. Der Erste Weltkrieg bescherte List einen Luftschiffhafen; Zeppeline starteten von hier aus nach England ... Auch eine Fliegerschule fand in List ihren Standort. Ein berühmter Mann, dessen Name sehr eng mit List und der Sylter Fliegerei verbunden ist, war der 1977 verstorbene Flugpionier Wolfgang von Gronau. Von List aus startete er in den frühen vierziger Jahren in die Welt. Mit einem Dornier-Wal-Flugboot flog der spätere Lister Ehrenbürger im August 1930 über Island, Grönland und Labrador nach Chicago. Zwei Jahre später machte er List zum Ausgangspunkt für seinen für damalige Zeiten noch sehr riskanten Flug um die Welt, bei dem er Grönland, Kanada, Alaska, die Aleuten, Tokio, Hongkong, Batavia, Bombay und Athen anflog. Der Flug machte große Schlagzeilen. In der Ausgabe vom 25. November 1932 berichtete die ›Sylter Zeitung‹ über von Gronaus Ankunft:

»Nachdem die Rückkehr von Gronaus von seinem Weltflug nach List verschiedentlich verschoben werden mußte, traf Mittwoch mittag in Westerland die Nachricht ein, daß diese nunmehr am gleichen Tage nachmittags zwischen 16.00 und 17.00 Uhr erfolgen sollte. Die Dornierwerke hatten der Verkehrsfliegerschule List telegraphisch mitgeteilt, daß von Gronau 9.50 Uhr in Friedrichshafen zur letzten Etappe nach List gestartet sei. Da man im Zweifel war, ob eine Zwischenlandung, die ursprünglich in Dortmund geplant war, vorgenommen werden sollte, wurde drahtlose Verbindung mit dem Dornier-Wal zu erhalten versucht. Schließlich traf die Nachricht ein, daß er in Emden auf der Fahrt nach List gesichtet wurde. In aller Eile fanden sich eine Anzahl Personen auf dem hiesigen Kleinbahnhof ein, um mit dem fahrplanmäßigen Zuge, dessen Abfahrt um eine Stunde verschoben war, dem Empfang beizuwohnen. Es waren dafür größere Vorbereitungen getroffen worden, sie waren aber in der kurzen Zeit nicht mehr möglich, und so mußten die Feierlichkeiten auf den nächsten Tag verlegt werden. – Auch in List selbst war man, wahrscheinlich wegen des schlechten Wetters, von der plötzlichen Ankunft überrascht. Kaum waren die letzten Flaggen an den Fahnenmasten an der Ablaufbahn hochgezogen und einige Girlanden angebracht, als das Flugboot von Süden kommend gesichtet wurde. Nach einer Schleife um den Anfangs- und Endpunkt des Weltfluges wasserte das Boot, um dann in rascher Fahrt direkt auf die Wartenden zuzusteuern. Als die Landemannschaft die Haltetaue in Händen hielt, entstieg von Gronau dem Führersitz. In ein dreimaliges ›Hurra‹, das der Flugleiter der Verkehrsfliegerschule, Herr Scheuerlen, den Ankommenden darbrachte, stimmten die Anwesenden begeistert ein. Mit Blumensträußen im Arm . . . betrat Herr von Gronau die Plattform . . . Herr Bürgermeister Kapp wiederholte die Glückwünsche und gab der Freude Ausdruck, welche die Insel Sylt und insbesondere die Westerländer Bevölkerung über den nun beendeten Weltflug ihres Bürgers empfindet . . .« – Ein Gedenkstein am Lister Hafen erinnert an diesen berühmten Flug rund um den Erdball.

Im Jahre 1934 wurde List zum Garnisonsort. Spuren aus der Zeit der militärischen Nutzung während des Zweiten Weltkriegs finden sich noch heute. Damals wurde in List ein strategisch sehr wichtiger Seeflughafen eingerichtet. Die ziemlich tristen Reihenhäuser im Bereich des Hafens, in denen Soldaten untergebracht waren, stammen aus jener Zeit. Sie wollen sich so gar nicht einfügen in die sonst schöne Landschaft und wirken wie Fremdkörper. Sie haben wohl auch dazu beigetragen, daß List lange Jahre hindurch weniger als Feriendorf, denn als Hafenort von Bedeutung war.

Viel Leben kommt in den Hafen, wenn das Fährschiff von der Insel Röm festmacht. Wer nicht per Huckepack über den Hindenburgdamm nach Sylt gekommen ist, der rollt hier über die Anlegebrücke mit seinem Wagen auf die Insel. Für Gäste vom Festland ist der Fischereihafen besonders sehenswert, vor allem wenn die kleinen Fischerboote und Krabbenkutter ihren Fang an Land bringen (Farbtafel 11). Von historischer Bedeutung ist der Königshafen, der sich im Westen des Badeortes befindet. Im Jahre 1644 kam es in der zu Beginn des 18. Jahrhunderts versandeten Hafenbucht zu einer Seeschlacht, bei der ein schwedisch-holländischer Flottenverband mit den Schiffen des Dänenkönigs Christian IV. aneinander geriet. Es war die Zeit des Dreißigjährigen Krieges, als diese Seeschlacht stattfand. Sicher wäre Christian IV. besser beraten gewesen, wenn er sich aus den unseligen Kämpfen der damaligen Zeit herausgehalten hätte, zumal der Dänenkönig mit seinem Heer kaum Entscheidendes ausrichten konnte. Trotz übergroßer Schwierigkeiten im Gewerbeleben und chronischer Geldknappheit ließ sich Christian die Großmachtspolitik, die er sich in den Kopf gesetzt hatte, nicht ausreden. So war vorauszusehen, daß er im Krieg gegen Schweden (1643–1645) schließlich geschlagen wurde.

Auch aus dem Blickwinkel des Archäologen ist der Königshafen von List interessant. In grauer Vorzeit, als sich die Wasser der Nordsee noch nicht hierhin ergossen hatten, war das Gebiet bewohnt. Ausgrabungen aus der Zeit der Wikinger erbrachten Münzen, Scherben von Gefäßen und sogar Überreste einstiger Hausgrundrisse. Das Dänische war bis zum Jahre 1864 die Amtssprache von List. Die einst enge Verbindung zu Dänemark kommt bis zum heutigen Tage in einigen altererbten Rechten zum Ausdruck. Besonders deutlich wird das in den Besitzverhältnissen des sogenannten Ellenbogens, einem schmalen nach Osten weisenden Halbinsel-Bogen oberhalb der Ortschaft List. Dieses Listland – ein Gebiet von ca. 16 km² – ist seit rund 250 Jahren Eigentum zweier Familien. Diese prächtige Naturlandschaft mit ihren bis 35 m hohen Wanderdünen steht wie das ganze Gebiet um List unter Naturschutz (Abb. 15). Der Privatbesitz mit den beiden ca. 100 Jahre alten Leuchttürmen ist nur gegen Entrichtung einer separaten Gebühr begehbar, da hier die Lister Kurkarten nicht gültig sind. Die private Nutzung des Ellenbogens geht auf die Erbverfestung des Listlandes zurück, die die Festebauern zu Eigentümern des Geländes machte. Sie übten daher auch als Strandvogte die Strandaufsicht aus.

Im Bereich des Ellenbogens sind die Strömungsverhältnisse besonders tückisch; es ist verboten, hier zu baden. List hat an der dem offenen Meer zugewandten Westküste zwei große Strandabschnitte, deren südlicher den Freunden des Nacktbadens vorbehalten ist. Die Brandungswellen sind an diesen beiden Stränden besonders stark, wesentlich heftiger als etwa im Gebiet von Westerland, Wenningstedt oder Kampen. Harmlose Verhältnisse findet der Badegast an Lists Wattstrand an der Ostküste vor; Familien mit kleinen Kindern sei dieser Strand besonders empfohlen.

Die Biologische Anstalt Helgoland unterhält in List eine Art Filiale. In dieser Wattenmeerstation betreibt man marine Grundlagenforschung. Ein sehr wichtiger Teil der Arbeit besteht in Untersuchungen, die Aufschluß darüber geben sollen, inwieweit man das Meer als Nahrungsmittelquelle der Zukunft betrachten kann.

Neben der Biologischen Anstalt Helgoland gibt es seit 1983 auch die Biologische Station. In der von Prof. Dr. Herbert Bruns gegründeten und von ihm geleiteten Einrichtung (Station für Vogelbeobachtung und Naturschutz) befindet sich ein Wattenmeer-Informationszentrum, von dem aus regelmäßig naturkundliche Führungen zum Lister Koog und ins Watt vom Königshafen unternommen werden (siehe Seite 286).

Auf Sylt erzählt man den Kalauer, es gebe kein schlechtes Wetter, sondern nur unzweckmäßige Kleidung. Bekanntlich ist alles nur eine Frage des Standpunkts . . . Was das Wetter betrifft, so gibt es in der Wetterstation List eine gewisse Verbindung zu den Unwägbarkeiten, die ursächlich dafür zuständig sind, ob der Urlaub auf Sylt in sonniger oder – sagen wir's freundlich – in etwas feuchter Erinnerung bleibt. Als Bundesbehörde untersteht der Deutsche Wetterdienst mit seinen zwölf Wetter-

> *Die Litoralstation befaßt sich mit folgenden Arbeiten:*
>
> a) Systematische Bestandsaufnahme von Fauna und Flora des Wattenmeeres
> b) Entwicklungsgeschichte und Fortpflanzungsverhältnisse von pflanzlichem Meeresplankton
> c) Parasitische Erkrankungen bei Meeresfischen
> d) Auswirkungen extremer Temperaturen und Salzgehaltsschwankungen auf Meeresalgen der Gezeitenzone
> e) Beeinflussung von Meereslebewesen durch Küsten- und Meeresverschmutzung
> f) Art, Menge und Verwertung der Nahrung bei tierischem Plankton
> g) Methodische und biologische Grundlagen der Zucht von Meeresorganismen

ämtern dem Minister für Verkehr. Die Station List ist ein Teil des Wetteramtsbereichs Schleswig. Als nördlichste Station Deutschlands hat sie vor allem Bedeutung in der Früherkennung von heranziehenden nordatlantischen Tiefausläufern. Der für die Wettervorhersage zuständige Meteorologe kann aus den Angaben von List wichtige Schlüsse ziehen in bezug auf die Niederschlags- und Windentwicklung. Im Jahre 1948 wurde die Arbeit nach dem Krieg wieder aufgenommen, zuerst noch im alten Flakturm an der Listlandstraße. Heute steht der Wetterstation, die im Wechseldienst von vier Beamten betreut wird, ein neues Haus zur Verfügung. Alle Wettererscheinungen werden von hier aus beobachtet. Die Erkenntnisse werden von 4 Uhr früh bis abends um 22 Uhr stündlich per Fernschreiber an die Zentrale weitergeleitet.

Die Deutsche Gesellschaft zur Rettung Schiffbrüchiger hat in List einen Seenotrettungskreuzer stationiert. –

Zwischen Ellenbogen und List liegt die Vogelschutzinsel Uthörn, eine Sandbank, die vom Deutschen Bund für Vogelschutz unterhalten wird. Uthörn gehört wie das

Austernfischer

binnendeichs gelegene Seevogelschutzgebiet Lister Koog, das vom Bund für Lebensschutz betrieben wird, zum Nationalpark Schleswig-Holsteinisches Wattenmeer und darf nur mit Führer betreten werden. Hier brüten Küsten- und Zwergseeschwalben (Farbtafel 49), Austernfischer (Farbtafel 44), Rotschenkel (Farbtafel 50), Sandregenpfeifer, Säbelschwalbe, Brandgänse (Farbtafel 51), mehrere Möwenarten und zahlreiche weitere Vogelarten.

Das Seebad List ist bemüht, dem Badegast möglichst viel zu bieten. Dazu trägt auch das im Jahre 1977 eingeweihte ›Haus des Kurgasts‹ bei, das unter anderem auch die Kureinrichtungen enthält. Als Kurbad, das vom Tourismus noch nicht so stark überrollt ist wie manch andere Ortschaft auf Sylt, empfiehlt sich List bei folgenden Beschwerden: Überarbeitung, Katarrhe der Nase, der Nebenhöhlen, des Kehlkopfes, des Rachens, der Bronchien, bei Erkrankung der Luftwege und bei allergischen Krankheiten und Diathesen, außerdem bei Heuschnupfen, Skrofulose, Störungen des Kreislaufs, des Nervensystems und der Verdauungsorgane, ebenso bei chronischen Ekzemen, Drüsenstörungen und Schilddrüsenerkrankungen. – Den fürs Auge wohl ansprechendsten Ortsteil von List bildet das sogenannte ›Sonnenland‹. Dieses Siedlungsgebiet, südlich der Blidselbucht, besitzt viele Villen, die mit ihren reetgedeckten Hauben im Inselstil gehalten sind. Nicht allen Syltern paßt diese Erschließung, befindet sie sich doch inmitten des Lister Naturschutzgebietes.

Wenningstedt-Braderup

Über Kampen führt uns die Straße zum Familienbad Wenningstedt-Braderup. Bis Westerland sind es von hier nur 3 km. Auf den Ausläufern von Sylts schönstem Steilufer, dem Roten Kliff gelegen, hat Wenningstedt mit dem zum Wattenmeer ausgerichteten Ortsteil Braderup ein ganz anderes Aussehen als etwa List. Böse Zungen bezeichnen Wenningstedt gern als Vorort von Westerland, oder wenn es ganz schlimm kommt, als Vorort von Kampen, das von hier nur 2 km entfernt liegt. Natürlich wollen die Wenningstedter nicht im Schatten der beiden Renommierbäder stehen. Verständlich – das hat Wenningstedt auch gar nicht nötig. Als ruhiges Familienbad mit wenig Trubel hat es noch ein wenig von der Beschaulichkeit vergangener Badeseligkeit in die heutige Zeit hinüberretten können.

Wenningstedt-Braderup hat ca. 1500 Einwohner; etwa das Dreifache steht an Gästebetten zur Verfügung. Ungefähr ein Sechstel aller auf Sylt getätigten Übernachtungen entfällt auf diesen schönen Badeort am Roten Kliff (Farbtafel 10). Immer wieder drohen Teile der Steilwand abzubrechen, und bisher haben die erodierenden Urgewalten der wilden Natur letztlich noch immer den Sieg davongetragen ... So attraktiv das Rote Kliff für den Fremdenverkehr sein mag, so groß sind Schwierigkeiten und Sorgen, die man mit ihm hat.

Auch Wenningstedt blickt auf eine lange Geschichte zurück, obwohl der Ort – abgesehen von Braderup – einen ganz modernen Eindruck erweckt. Vor 1000 Jahren besaß Wenningstedt sogar einmal einen Fischerhafen. Damals verlief die Küste anders als heute. Das alte Wenningstedt befand sich etwa 2 km westlich von seiner heutigen Lage. Doch ist der alte Ort im Jahre 1362 den Fluten zum Opfer gefallen.

Zwei sagenhafte Gestalten aus der frühen angelsächsischen Geschichte werden gern mit Wenningstedt in Beziehung gebracht. Hengist und Horsa, die beiden Angelsachsen und Führer der ersten angelsächsischen Scharen, sollen im Jahre 449 von Wenningstedt aus zu ihrem ›Unternehmen Engelland‹ aufgebrochen sein. Andere Berichte behaupten, die beiden hätten von der Halbinsel Jütland nach dem Südosten der Britischen Insel, der früheren Insel Thanet an der Ostspitze von Kent, übergesetzt, und es habe nicht lange gedauert, bis Horsa bereits nach kurzem Kampf mit den Verteidigern umgekommen sei. Hengist und Horsa, beide Namen beziehen sich auf das Roß, dem späteren Wappentier von Kent. Es ist mehr als zweifelhaft, ob es die beiden überhaupt gegeben hat. Wenn es dennoch zutreffen sollte, so ist zumindest die Zeitangabe, das Jahr 449, falsch, da die Angelsachsen zu dieser Zeit bereits die Herrschaft übernommen hatten.

Die Heidelandschaft um Wenningstedt-Braderup ist wie geschaffen für die Entstehung einer großen Zahl von Märchen und Sagen. Bekannt ist die Sage um die ›Onnerers'ken‹, die Unterirdischen, die in der weiten Heide ihr Unwesen trieben. Die Unterirdischen waren Zwerge, die schon vor der Ankunft der Friesen die Insel Sylt bevölkerten. Als die blonden Recken, diese stämmigen Neusiedler erschienen, konnten sich die Zwerge natürlich nicht zur Wehr setzen. Was blieb ihnen da anders übrig, als sich zu verstecken und Zuflucht zu suchen in den Höhlen und Hügeln der Heide. Nur hier fühlten sie sich sicher, hier konnte man sie wenigstens nicht so schnell entdecken, trugen sie doch immer ein rotes Jäckchen und ein rotes Hütchen. Doch Rache ist süß, dachten sie bei sich, und obwohl sie recht fröhlich schienen, verbrachten sie dennoch den größten Teil des Tages mit der Überlegung, wie sie die Friesen ärgern und sich an ihnen rächen könnten. Das Zwergenvolk hatte auch einen Zwergenkönig. König Finn wollte nicht sein ganzes Leben lang als zweite Garnitur dastehen. Deshalb heiratete er eines schönen Tages die Tochter eines Inselfriesen. Doch als die beiden auch noch ein Kind bekamen, da wurde es den Friesen zuviel. Man beschloß, den Palast des Königs, den man in dem Reisehoog zwischen Kampen und Braderup vermutete, zu zerstören und sein kleines Volk umzubringen. Um den König und die Zwerge aus ihren Schlupflöchern zu vertreiben, warfen sie tote Hunde und Katzen in die Höhlen. Die Rechnung ging auf: König Finn rüstete zum Kampf. Doch bevor der Kampf ausbrechen konnte, waren die Friesen bereits im Bilde. Unter Anführung ihres Königs Bröns griffen sie die kleinen Leute an. Die Zwerge holten sich die Pukleute zu Hilfe, die aber jämmerlich versagten. In ihrer Not überraschten die Zwerge ihre großen Widersacher im Schlaf und krochen den Friesen unter die Kleider und stachen viele von ihnen tot. Die anderen ergriffen die Flucht, wurden aber von ihren Frauen aufgehalten, die rot vor Zorn waren über die Feigheit ihrer Männer. Die Frauen hatten in großen Töpfen Grütze mitgebracht, die sie den

Friesen-Wappen

Männern bringen wollten. Statt dessen griffen nun die Frauen das Volk der Zwerge an, stülpten ihnen voller Wut die Töpfe mit der heißen Grütze über die Köpfe, so daß sie tot umfielen. Jetzt waren nur noch wenige Zwerge am Leben, und die konnten den Friesen nicht mehr gefährlich werden. Mit den Grütetöpfen aber hatte es seine besondere Bewandtnis: der Grütztopf wurde später in das Wappen der Friesen aufgenommen. Wenn man jedoch in der offiziellen Heraldik nachforscht, stellt sich die Geschichte des Friesenwappens weniger romantisch dar. Danach entstammt das Wappen dem 19. Jahrhundert und war Kampfemblem gegen die Dänen, wobei die einzelnen Bildsymbole ungeklärt sind.

Wenningstedt-Braderup, das im Jahre 1927 zur Gemeinde erhoben wurde, hat keine besonders sehenswerten Kunstschätze. Auch von der Kapelle von 1914 läßt sich nichts anderes sagen, es sei denn, man wolle auf ein Altar-Leuchterpaar verweisen, das aus dem 16. Jahrhundert stammt.

Berühmt jedoch ist der prähistorische Fundort ›Denghoog‹, ein Hügelgrab mit Ganggrab aus dem dritten Jahrtausend vor Christus. Unter den vielen Inselhünengräbern von Sylt ist dies das wichtigste. Es ist eines der bedeutendsten im Norden Europas. Das Grab wurde im Jahre 1868 geöffnet. Knochenreste kamen zum Vorschein sowie insgesamt 74 Objekte, darunter Schmuckgegenstände, Werkzeuge und Waffen. Das Grab, dessen Beigaben sich heute im Landesmuseum in Schleswig befinden, kann man besichtigen. Die Kammer ist 5 m lang und 3 m breit; zur Anlage gehört auch ein 6 m langer Gang. 12 Tragsteine halten drei gewaltige Decksteine. Die technische Bewältigung dieser Anlage läßt sich bis heute nicht erklären. Die Bezeichnung ›Denghoog‹ leitet sich von dem Wort ›Thinghügel‹ ab. Früher wurde hier Recht gesprochen.

Ganz anders als in Wenningstedt sieht es im Ortsteil Braderup aus. Das gemütliche Bauerndorf hat es verstanden, seinen altüberlieferten friesischen Charakter zu erhalten.

Keitum

Keitum gilt als Deutschlands schönstes Friesendorf. Der lobenden Bezeichnungen gibt es noch mehr. So wird die 2000-Seelen-Gemeinde auch als ›Perle des Wattenmeeres‹ und ›Grünes Herz der Insel‹ besungen. Gerade in Keitum wird sichtbar, wie ungeheuer vielfältig die Insel ist. Das schöne Dorf macht mit seinem sehr reichen Baumbestand den Eindruck, als läge es gar nicht auf Sylt, sondern irgendwo auf dem Festland (Abb. 5).

Die erste urkundliche Erwähnung Keitums finden wir im Jahre 1440. Funde jedoch haben bewiesen, daß der Ort bereits zu einem viel früheren Zeitpunkt vorhanden war. Noch heute sieht man den gepflegten schmucken Häusern an, daß hier nicht irgendwer gewohnt hat (Umschlagrückseite). Als man noch auf Walfang ging oder sich als Kapitän in den Diensten holländischer und dänischer Reeder und Hamburger Kaufleute verdingte, haben viele das Glück beim Schopfe gepackt und sind als reiche Leute nach Sylt zurückgekehrt. Dann war genügend Geld vorhanden. Man baute sich ein schönes Haus und konnte in aller Gemütsruhe seinen Lebensabend verbringen. Im Jahre 1613 gab es mehr als 30 Bauernhäuser in dem späteren Kapitänsdorf, wo man alle Ehre einlegte, sein Haus so schön wie möglich herauszuputzen und einzurichten.

Viele Jahrhunderte war Keitum der Hauptort der Insel und zugleich Sylts wichtigster Hafen. Doch die Zeiten einstiger politischer und wirtschaftlicher Größe sind vorbei, und der früher bedeutende Hafen ist heute längst verschlickt. Der Hafen im Ortsteil Munkmarsch dient jetzt nur noch als Sport- und Yachthafen. Aus Keitum stammte Schleswig-Holsteins glückloser Nationalheld, der spätere Landvogt Uwe Jens Lornsen. Er war angetreten, die Freiheit der Friesen gegenüber den dänischen Herren zu verteidigen. Seine Mitbürger hatte er zwar zu begeistern vermocht, doch zum Mitmachen fehlte ihnen der Mut. Seine bekannte Streitschrift ›Über das Verfassungswerk in Schleswig-Holstein‹ aus dem Jahre 1830 hatte Lornsen große Popularität beschert. Doch für die Verwirklichung seiner politischen Ideen war die Zeit noch

nicht reif genug. Da er sich von jenen, denen er helfen wollte, verlassen fühlte, ging er enttäuscht von Sylt weg, zog nach Südamerika und später dann in die Schweiz. 1838 beendete Lornsen sein Leben durch Selbstmord, seine Leiche fand man in Pressey am Genfer See.

Mindestens ebenso bekannt ist ein anderer berühmter Mann, der viele Jahre seines Lebens in Keitum zugebracht hat, Sylts Chronist Christian Peter Hansen, der am 18. August 1803 in Westerland geboren wurde. Ihm verdanken wir eine Vielzahl von Aufsätzen, die sich mit der Geschichte, der Kultur und dem Brauchtum auf Sylt beschäftigen. Sein Hauptwerk, die ›Chronik der Friesischen Uthlande‹ machte ihn in

Aufriß des ›Altfriesischen Hauses‹ in Keitum

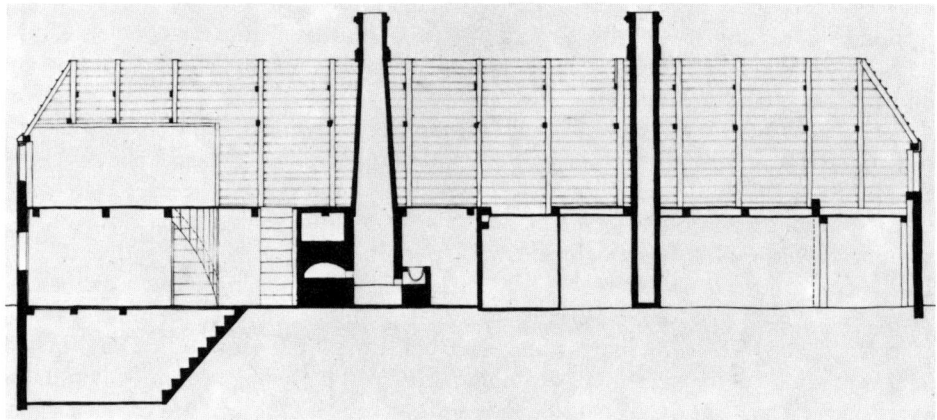

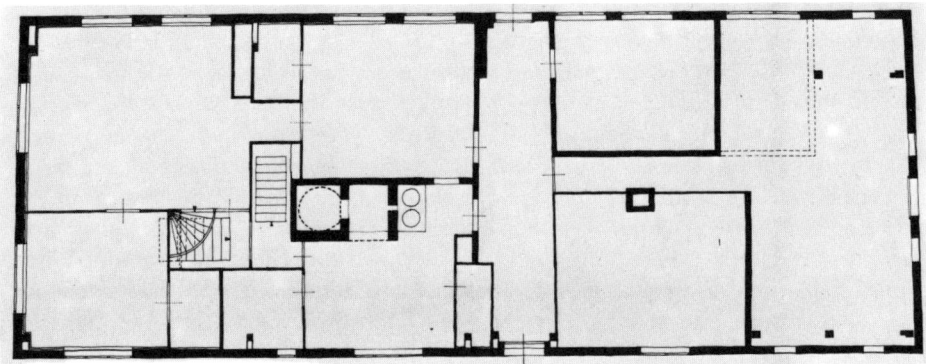
Grundriß des ›Altfriesischen Hauses‹

ganz Norddeutschland bekannt. Bei der enormen Arbeit, die der Chronist und Schulmeister sich aufgeladen hatte, war es ihm wohl oft nicht leicht gefallen, trotz dauernder Querelen seitens der Schulbehörden durchzuhalten. Jemanden, der sich wie Hansen in seinen Schriften exponierte, wollte man nicht gewähren lassen. Dazu war der Neid viel zu groß.

Der einstige Wohnsitz Hansens ist heute ein höchst interessantes Museum. Im ›Altfriesischen Haus‹ in Keitum zeigt sich die urgemütliche Wohnkultur vergangener Zeiten (Abb. 6). Einrichtungsgegenstände aus dem 18. und 19. Jahrhundert, wie sie in vielen alten Häusern Sylts vorkamen, sind hier zu sehen (Abb. 7). Das ›Altfriesische Haus‹ stammt aus dem Jahre 1739 und wurde 1784 umgebaut. Das Dach ist mit Reet gedeckt, das Haus selbst aus Backstein errichtet.

Hünengräberfunde im Sylter Heimatmuseum

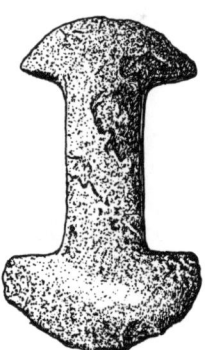

Keitum kann noch andere schöne alte Häuser vorweisen, so etwa das ›Haus Boysen‹ von 1735 oder das nach einem Brand wieder neu aufgebaute Haus Mangelsen, in dem Uwe Jens Lornsen geboren wurde. Auch das ›Haus Siewertsen‹ von 1786 hat fast musealen Charakter, ist doch die alte Ausstattung nahezu vollständig erhalten. Verwiesen sei auf das ›Sylter Heimatmuseum‹. Funde aus mehr als 400 Hünengräbern sind hier ausgestellt, außerdem viele Dinge, die noch zurückreichen in die glorreiche Zeit des Walfangs und der Handelsschiffahrt. Große Beachtung finden die wunderschönen Trachten, wie sie früher auf Sylt getragen wurden. Neben einer großen Zahl weiterer Ausstellungsobjekte ist hier auch eine Lornsen-Sammlung untergebracht. Heimatmuseum und Altfriesisches Haus gehören der Söl'ring Foriining, einer Gesellschaft, die sich um das friesische Kulturgut auf Sylt sehr verdient gemacht hat. Auch wer nur als Gast auf Sylt weilt, kann Mitglied des Vereins werden und auf seine Weise dazu beitragen, daß auch in Zukunft das syltfriesische Brauchtum nicht in Vergessenheit gerät. –

Flintfunde aus Hünengräbern im Sylter Heimatmuseum

Eine der schönsten Inselkirchen steht in Sylt. Die alte Seefahrerkirche St. Severin, einst dem Apostel der Noriker geweiht, ist ein spätromanischer Bau aus dem frühen 13. Jahrhundert (Abb. 2). Das gut erhaltene Gotteshaus kann seinen Wehrcharakter nicht verleugnen. Der Sockel ist aus Granitstein, die oberen Partien wurden aus

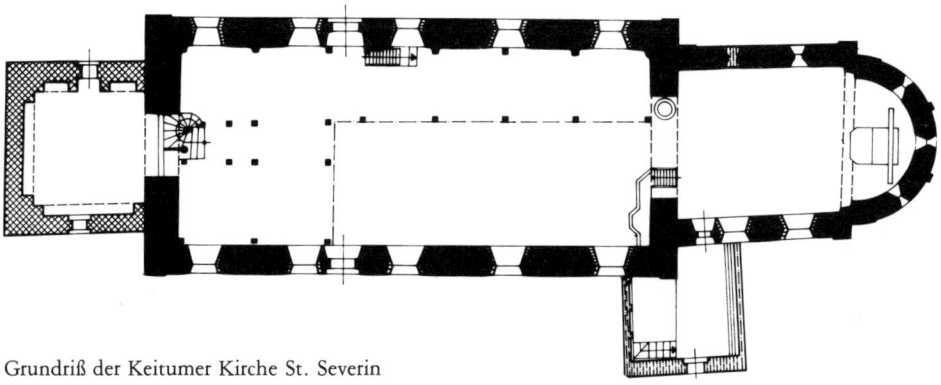

Grundriß der Keitumer Kirche St. Severin

Romanischer Taufstein aus St. Severin

Back- und Tuffsteinen errichtet. Sehenswert ist der prächtige Altar (Abb. 3); die spätgotische Schnitzarbeit stammt aus dem 15. Jahrhundert. Von 1580 ist die Renaissance-Kanzel, die mit ihrer großen Fläche den rechten Teil der vorderen Innenwand ausfüllt. Der Taufstein (Farbtafel 5) mit den vier Sockellöwen ist romanisch, wahrscheinlich aus dem Ende des 12. Jahrhunderts. Das Ornamentband auf dem Granitbecken dürfte irischen Ursprungs sein, die gleiche Musterung findet sich übrigens auch im Dekor bretonischer alter Kirchen und Kultgeräte sowie im Wappen der Bretagne. Die eigentliche Quelle dieser Zeichnung ist in heidnischen Kulten zu suchen, die von irischen Mönchen christlich umgedeutet wurden. Die Orgel von St. Severin ist wegen ihrer Klangfülle berühmt; sie ist eine Arbeit aus dem Jahre 1787. Einer Sage nach sollen Ing und Dung Turm und Glocke gestiftet haben, und die beiden Findlinge im Mauerwerk des Turms seien ihre Grabsteine. Der Friedhof ist wie auch viele alte Sylter Hausanlagen mit einer Feldsteinmauer umschlossen.

Erwähnt sei das sehr schöne Pastorat von 1624, das im Jahre 1717 einen Umbau erfuhr. Das eingeschossige Backsteingebäude mit den großen Fenstern – sie wurden zur Zeit des Umbaus eingesetzt – hat ein Reetdach. –

Wer etwas für schöne Andenken übrig hat und gut auf die mit kleinen buntbemalten Muscheln besetzten Kästchen und was es sonst noch in dieser Geschmacksrichtung zu kaufen gibt, verzichten kann, der findet in den Handwebereien und den Keramikwerkstätten eine ganze Menge hübscher Dinge, die ihren Wert als handwerkliches Produkt beibehalten (Farbtafel 63). Auch in Keitum wird die Feinschmeckerküche für alle Arten von Nordsee-Meeresfrüchten groß geschrieben. Erwähnt sei vor allem der ›Fisch-Fiete‹, dessen lukullische Fischgerichte sich einen legendären Ruf erworben haben. In der Hauptsaison dürfte es jedoch schwer sein, ohne Vorbestellung einen Tisch ›ergattern‹ zu können. In ›Nielsen's Kaffeegarten‹ lohnt es sich, die hauseigenen Backspezialitäten und das berühmte friesische Kaffeegetränk ›Pharisäer‹ zu probieren.

Im Gegensatz zu Sylts klassischen Badeorten ist Keitum, das mit Morsum, Tinnum, Archsum und Munkmarsch die Gemeinde Sylt-Ost bildet, ein Luftkurort. Bei Flut kann man am Grünen Kliff zwar baden, doch ziehen es viele Gäste vor, das sehr schön gelegene und beheizte Meeresschwimmbad zu besuchen.

Tinnum

Der Familienkurort Tinnum, zwischen Marsch und Geest, Wattenmeer und offener See gelegen, hat 2500 Einwohner. Von Keitum nach Tinnum sind es nur wenige Wegminuten, und auch Westerland ist nach ein paar Schritten erreicht. Ähnlich wie in Keitum tritt auch hier der friesische Dorfcharakter stark hervor. Obwohl erstmals 1440 erwähnt, ist anzunehmen, daß die Gründung von Tinnum bereits mehr als zwei Jahrhunderte zuvor stattgefunden hat. Jahrhunderte hindurch waren Schafzucht und Wollverarbeitung die wichtigsten Erwerbsquellen der Bevölkerung. Tausende von Schafen wurden noch 1850 gehalten. Es ist überliefert, daß man im Jahre 1843 mehr als 7000 Jacken und fast 3000 Paar Strümpfe, die in Tinnum hergestellt wurden, nach Hamburg exportierte.

Ein kunstgeschichtlich interessantes Haus ist die alte Landvogtei, das ›Haus Olsson‹ aus dem Jahre 1649; es ist das älteste Haus auf Sylt. Zehn Tage lang residierte hier Uwe Jens Lornsen als Sylter Landvogt, bevor er aus politischen Gründen seines Amtes enthoben wurde.

Das ›Haus Hansen‹ ist ebenfalls ein Beispiel für den schönen friesischen Hausstil. Das Bauwerk wurde 1784 errichtet und hat eine stilvolle Haustür aus dem Spätbarock.

Tinnums bedeutendstes Bauwerk aber ist die sagenumwobene Tinnumburg. Sie liegt etwa einen Kilometer westlich der Ortschaft und ist eine der bedeutendsten Denkmale des nördlichen Europas. Die ehemalige Burg – auch ›Borig‹ genannt – wurde im 9./10. Jahrhundert errichtet und diente den Friesen wahrscheinlich als Fluchtburg. Der Ringwall ist 7 m hoch, sein Durchmesser beträgt etwa 100 × 120 m. Man nimmt an, daß es auf Sylt drei solcher Ringwälle gegeben hat, die alle der Verteidigung dienten. Im Norden von Tinnum befindet sich der einstige Thinghügel, wo man sich versammelte und zu Gerichtsverhandlungen zusammen kam. – Kinder werden ihre Freude im ›Vogel- und Wildparadies‹ haben, hier können die Kleinen auf dem Esel oder auf einem Pony reiten.

Archsum

Auch Archsum hatte eine Burg, die aus der selben Zeit stammt wie jene von Tinnum. Es ist zu vermuten, daß auch dieser Ort älter ist, als dies der ersten urkundlichen Erwähnung aus dem Jahre 1440 entspricht. Der 300-Seelen-Luftkurort ist noch heute sehr stark von der friesischen Kultur geprägt; drei Viertel der Bevölkerung spricht oder versteht die friesische Sprache.

Durch die Archsumer Wattwiesen mit ihrer reichen Vogelwelt und Salzwasserflora kann man reizvolle, stille Wanderungen unternehmen, wobei ein Abstecher zur jungsteinzeitlichen Grabkammer ›Modjes Keller‹ besonders lohnt (Abb. 12). Dieses in den Deich einbezogene Megalithgrab besteht aus drei Trägerpaaren und drei Decksteinen.

Morsum

Malerische Friesengehöfte bestimmen das Bild von Morsum. Hier hat Sylt noch Platz; die Ostspitze der Insel ist noch nicht ausverkauft! Wer Ruhe sucht, ist hier bestens aufgehoben (Abb. 8). Wie auch die anderen Gemeindeteile von Sylt-Ost, so ist Morsum vorwiegend Luftkurort. Hier geht alles seinen geregelten Gang. Morsum setzt sich aus verschiedenen Weilern zusammen. Dazu gehören: Groß-Morsum, Klein-Morsum, Wall, Schellinghörn, Osterende und Nösse, wo sich eine ganze Gruppe bronze- und wikingerzeitlicher Grabhügel befindet. Eine Einheit ist jedoch nicht zu erkennen, da die einzelnen Teile durch Heideland und Felder von einander getrennt sind. Morsum verkörpert in geradezu beispielhafter Weise den Charakter der ländlichen Streusiedlung.

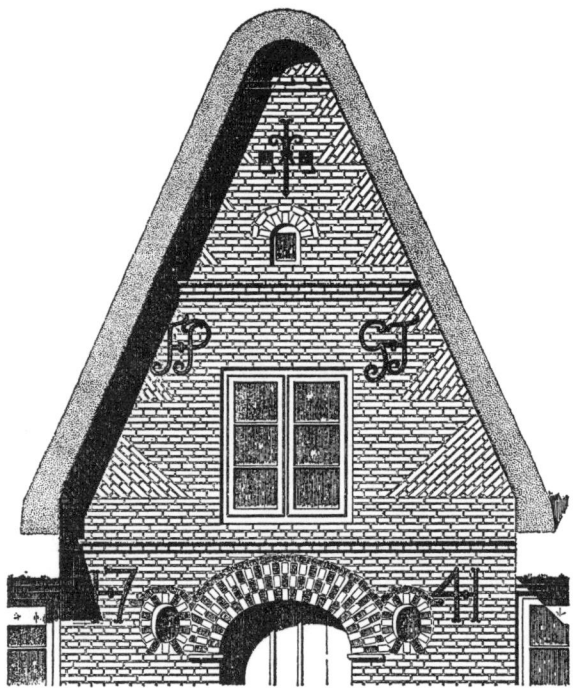

Zwerchgiebel eines Morsumer Hauses von 1741

Glockenturm von St. Martin

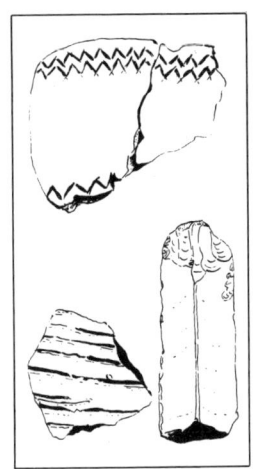

Tonscherben und Flintklinge aus
dem Morsum-Kliff

Morsum hat heute um die 1200 Einwohner; bis zu Beginn des 18. Jahrhunderts war die Ortschaft mit ihren 140 Häusern Sylts größte Gemeinde. –

In Klein-Morsum befindet sich das ›Haus Thiessen‹. Der aus Backsteinen errichtete Langbau stammt aus der Mitte des 18. Jahrhunderts. Morsums bedeutendstes Bauwerk jedoch ist die Kirche St. Martin (Abb. 9). Der spätromanische Bau aus dem beginnenden 13. Jahrhundert hat im Innern eine interessante Holzbalkendecke. Sehr schön ist die Kanzel; die Arbeit aus dem Jahre 1698 zeigt wertvolle Holzschnitzereien. Dargestellt sind die Geburt Christi, die Taufe, Kreuzigung, Auferstehung und Himmelfahrt. Neben prachtvollen Kronleuchtern (Abb. 11) und einem pokalförmigen, spätromanischen Taufstein aus Gotland (Abb. 10) ist vor allem der holzgeschnitzte, spätgotische Flügelaltar zu erwähnen (Farbtafel 3), dessen Mittelschrein den Gnadenstuhl zwischen den beiden Standfiguren St. Mauritius und St. Severin zeigt, während in den Flügeln jeweils sechs Apostelfiguren dargestellt sind.

Für den Naturfreund interessant ist das Morsum-Kliff (Farbtafel 29). Es ist an der Nordseite der Sylter Ostspitze gelegen und steht seit dem Jahre 1923 unter Naturschutz. Wenn das Wetter schön ist, kann man bis nach Föhr und Amrum, ja sogar bis zum Festland hinübersehen. Selbst die Insel Röm wird im Dunst sichtbar. Vom Jungtertiär bis zur Eiszeit läßt sich hier die erdgeschichtliche Entwicklung ablesen. Ungeheurer Druck während der Saale-Eiszeit hat zur Entstehung dieses für Deutschland einmaligen Kliffs geführt; 90 Atmosphären Druck waren nötig, um dies zu vollbringen. –

Eine große Zahl von Versteinerungen wurden im Kliff gefunden, darunter auch solche von Tieren, die längst ausgestorben sind, ebenso Tonscherben und Flintklingen aus der Jungsteinzeit.

Vom Rantum-Becken nach Hörnum

An Sylts schmalster Stelle liegt das Seebad Rantum. Das ziemlich exklusive Dorf wird gern als ›Klein-Kampen‹ bezeichnet, ein Ausdruck, der auf den ersten Blick durchaus schmeichelhaft scheint.Ob die Rantumer das auch so sehen, ist jedoch eine andere Frage. Denn auch in Düsseldorf ist man nicht unbedingt erbaut von dem freundlichgemeinten Übernamen ›Klein-Paris‹. Jeder Ort und jede Stadt hat typische Merkmale, und es tut nicht immer gut, so etwas auf andere zu übertragen; die Gefahr einer Verfälschung ist doch zu groß! Düsseldorf ist Düsseldorf, Rantum ist Rantum, basta!

Rantum liegt zwar nur 7 km südlich von Westerland; doch beide Badeorte trennen Welten. – Wer Ruhe sucht, der findet sie in Rantum. Einladende, gemütliche Restaurants gibt es genug. Das laute und fröhliche Nachtleben findet anderswo statt; in Rantum ist die Nacht zum Schlafen da. Die Ur-Rantumer hatten es offenbar mit den Gottheiten. Der Name ›Rantum‹ deutet auf Ran, die Göttin des Seetodes, der man hier eine Art Heim geben wollte, allerdings immer in der Hoffnung, sie würde es nicht in Anspruch nehmen, da sie ja sonst Rantum hätte mit in den Tod ziehen müssen. So ganz konnten es die Rantumer jedoch nicht verhindern: Ran hat mehrmals zugeschlagen. In der nordischen Mythologie ist Ran eine bekannte Gestalt. Ihr Mann, der Dämon des Weltmeeres, Aegir, kommt in der Dichtung als Symbol des ruhigen Meeres vor und steht mit den Göttern auf gutem Fuß. Bei ihnen geht er ein und aus, während sich seine Gattin Ran auf die Lauer legt und nach Seefahrern und Schiffen Ausschau hält, um alle ins Verderben zu führen.

Rantum muß schon im hohen Mittelalter existent gewesen sein, wahrscheinlich ist es jedoch noch älteren Datums. Die erste urkundliche Erwähnung findet sich im ›Jordbog‹, einem Grundbuch aus dem Jahre 1440. Wie gesagt, die ganz frühen Rantumer haben mit der Göttin keine besonders guten Erfahrungen gemacht.

»Angriff ist die beste Verteidigung«, hatte man sich gesagt und den Ort kurzerhand der übermächtigen Widersacherin geweiht. Diese Art von Vorwärtsstrategie hat kaum geholfen: immer wieder hat die Nordsee Teile der Landschaft an sich gerissen. Die Richtigkeit der Gleichsetzung von Nordsee mit ›Mordsee‹ wird in Rantum besonders deutlich vor Augen geführt. Und wenn es mal ausnahmsweise nicht das

Wasser war, dann hat der feine Flugsand der Dünen seinen Teil dazu getan, die Häuser mit seinen Sandmassen zu bedrohen oder sogar zuzudecken. Bisher ist das hübsche Rantum leider immer nur zweiter Sieger bei diesen ungleichen Kämpfen geblieben . . .

Überhaupt die Dünen! Sie sehen so friedlich aus, und an schönen Sommertagen, wenn der Himmel blau ist und nur sanfte Winde von der See herüberwehen, würde man kaum glauben wollen, welches Unheil sie bereits angerichtet haben. – Bei Rantum ist Sylt nur etwa 800 m breit; die Dünen haben hier noch ein besonders imponierendes Aussehen, und nicht selten kommt man sich vor wie auf einem fremden Planeten. Etwa 40 Prozent der Insel Sylt sind mit Dünen bedeckt. Auf den mageren Sandboden der Geest entfallen 30 Prozent, ein weiteres Drittel umfaßt die fruchtbaren Gebiete des Marschlandes, die zum großen Teil den Friesen-Dörfern Archsum und Tinnum zugute kommen.

Rantum hat 460 Einwohner. Mehr als 2000 Gästebetten – in Privatquartieren und in Hotels – haben mit dazu beigetragen, daß viele Badegäste das Dorf gern zu ihrem Ferienort wählen und Jahr für Jahr wiederkommen. An Sylts sehr bekömmlichen Touristenkuchen hat Rantum heute einen Anteil von 7 Prozent. In der Zahl der Übernachtungen liegt es damit vor Keitum mit 5 Prozent und kommt sogleich hinter List und Kampen, die beide je 10 Prozent der Badegäste-Übernachtungen auf sich vereinen. –

Ein für die Inselgeschichte bekannter Rantumer war Lorens Petersen de Hahn. 1668 wurde er hier geboren, im Jahre 1747 verstarb er in Westerland. Man erzählte sich von ihm, schon in früher Jugend sei er mit seinem Vater auf Heringsfang gefahren. Damals stand Sylt noch unter der Dänenherrschaft. Eines Tages erschienen dänische Werber auf der Insel, die erfahrene und tüchtige Leute für die dänische Flotte suchten. Die männlichen Sylter waren nämlich nicht nur bei holländischen und anderen Reedern gesuchte Seeleute, die rasch Offiziersränge auf den Walfang- und Kauffahrteischiffen bekleideten. Auch das dänische Militär interessierte sich für die an Wind und Wellen gewöhnten Insulaner und suchten sie durch mancherlei Zugeständnisse für den Dienst in der Dänen-Flotte zu gewinnen. Es wird berichtet, daß zu dieser frühen Arbeitnehmerzeit sogar eine Invalidenkasse bestanden habe. In einer königlichen Verordnung wurde dazu in etwas seltsamen Tönen bestimmt: »Diejenigen, so in Unseren Diensten gequetscht werden möchten, sollen nach Unseren Seeartikeln und Gutbefinden Unserer Admiralität desfalls bezahlt werden. Wenn aber einige, ohne ein Glied zu verlieren, dergestalt gequetscht werden sollten, daß sie ihr Brod nicht verdienen können, sollten sie aus unserer Quetschhauscasse jährliche Gnadengelder Zeit ihres Lebens zu genießen haben.«

Die Arbeit in der königlich-dänischen Flotte sagte jedoch vielen Leuten nicht zu. Mit einer frühen Variante von Kriegsdienstverweigerung hatte dies jedoch nichts zu tun. Vielmehr war es der vergleichsweise geringe Sold, den der König zu zahlen bereit war. Alles war fest geregelt – da gab es nicht viel zu handeln . . . Anders jedoch im sogenannten ›freien Gewerbe‹ der Seeschiffahrt. Nicht wenige Kommandeure hatten es zu einem stattlichen Vermögen gebracht. Es war also verständlich, wenn die Entscheidung der Sylter Fahrensleute erfolgreich für den Walfang und die Kauffahrtei ausfiel. – Lorens Petersen de Hahn und sein Vater bildeten darin keine Ausnahme. Vor den dänischen Werbern fühlten sich die beiden nicht mehr sicher und flohen deshalb auf die Insel Helgoland, wo sich das Problem nicht mehr stellte. Den Übernamen ›de Hahn‹ soll er erhalten haben, weil er die Laute des Hahns – der Taschenwecker war damals noch nicht erfunden – so gut und so laut imitieren konnte, daß die Leute bei seinem ›Hahnenschrei‹ aus den Betten gefallen sind. Später wurde Lorens Petersen auf Sylt zum Strandinspektor ernannt, ein Amt, das 1713 als Oberaufsichtsinstanz über die Sylter Strandvögte eingerichtet wurde. Erst im Jahre 1803 gab es eine für ganz Sylt verbindliche Strandordnung, die jedoch zum Teil in den späteren Jahrzehnten geändert bzw. modifiziert wurde.

Der Strandvogt hatte dafür zu sorgen, daß bezüglich des Strandgutes die Gesetze eingehalten wurden. Hin und wieder hat er auch Anzeige erstatten müssen, wenn sich z. B. jemand an fremdem Eigentum vergriffen hatte. Ebenso hatte er die wenig angenehme Aufgabe, Tote zu bergen, die das Meer an den Strand spülte. Seit 1713 war dann der Strandinspektor für den Schutz der Dünen zuständig. Als Lorens Petersen

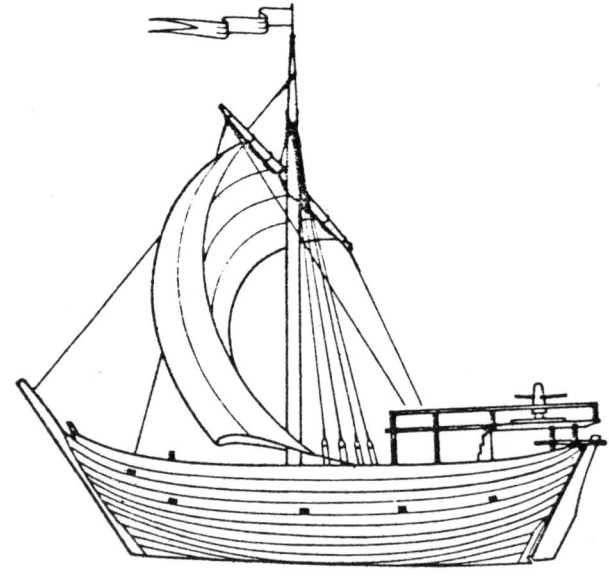

Hansekogge

de Hahn im Jahre 1737 zum Strand- und Dünenvogt gemacht wurde, hat man ihm unter anderem folgende Aufgaben übertragen:

»Übrigens soll er die Aufsicht auf die Sanddünen haben und zwar also, daß das Vieh an den Orten, wo es nach seinen Eid und Gewissen schädlich zu seyn befindet abgehalten, auch nicht verstatten, daß ohne seine Einwilligung etwas von den Halmen von den Unterthanen und Einwohnern von den Sanddünen ausgerauft oder abgeschnitten, besonders vielmehr veranstalten, daß in den kahlen Sanddünen zur rechten Zeit mit Halm bepflanzt und sonsten mit Graben und Erdwällen ... der Sandstaub gehemmet, und selbige vorgebeuget werde.«

An Rantums beaufsichtigten Stränden kann man unabhängig von Ebbe und Flut baden; dazu gehören die beiden 3 km langen FKK-Strände mit den vielsagenden Namen ›Samoa‹ und ›Sansibar‹.

Im ›Haus des Kurgasts‹ gibt es neben einem Saal für Veranstaltungen und einem Leseraum auch einen Meerwasserausschank. Doch Meerwasser dürfte nicht unbedingt dazu geeignet sein, sich ein Sylter Gericht so richtig munden zu lassen. In ganz frühen Zeiten, als die alten Römer noch jung waren, mag man da weniger wählerisch gewesen sein. Damals war Gerstengrütze das wichtigste Nahrungsmittel auf Sylt. Dazu gab es ab und zu ein Stückchen Käse. Mit dem Fischfang und der aufkommenden Schafzucht gestaltete sich der Speisezettel ein wenig interessanter. Das Fleisch von Schafen und Ziegen wurde auf vielfältige Weise zubereitet; mit den wenigen Zutaten, die man hatte, gingen die Frauen sehr phantasievoll um. Denn als Seefahrer, die weite Teile der Erde bereisten, kamen viele Männer schon früh mit wertvollen Gewürzen in Berührung, mit denen man die Speisen um einige Nuancen bereicherte. Später gesellte sich Hühner- und Wildentenfleisch hinzu; die Enten fing man zu Tausenden in den Vogelkojen. – Aus den gemahlenen Früchten des Swanen- oder Mannagrases bereitete man ebenfalls Gerichte. Bis ins 18. Jahrhundert hinein war diese mit Milch angerührte und mit Rübenzucker oder Honig gesüßte Grütze auf Sylt weit verbreitet. Verschiedene wildwachsende Beerenarten, wie Holunder und Krähenbeeren wurden ebenso in den Speisezettel integriert. Die altüberlieferte Auswahl von Sylter Speisen ist nicht gerade überwältigend; einer durch und durch echten ›Sylter kulinarischen Woche‹ wäre heute wohl nur ein mäßiger Erfolg beschieden. Betrachtet man dagegen heute zur Hauptsaison die Speisekarten der Sylter Restaurants, so weiß man bei der Reichhaltigkeit des Angebots kaum noch, was man wählen soll, es sei denn, der Blick ins Portemonnaie zwingt zum abrupten Abbruch des Gangs durch die kulinarischen Genüsse, weil es nur noch zu einem Hamburger und einem Schluck Meerwasser reicht!

Einen für Kirchen im allgemeinen unüblichen Werdegang hat die katholische Kapelle ›Stella Maris‹ in Rantum. Ursprünglich diente der Bau als Turnhalle, später auch als Kegelbahn. Es hat nicht viel dazu gefehlt, daß man als nächstes Pferde einquartiert hätte, doch zog man eine Verwendung als Kapelle vor. Sicher gäbe es sonst auch nicht die beiden bleiverglasten Giebelfenster, zwei interessante Arbeiten des

Maastrichter Kunstschmieds Kemmerling und des aus dem niederländischen Vaals stammenden Malers Griesenbrock aus dem Jahre 1976. –

Noch ein kleiner Hinweis: Auch zu Hause kann man sich wie auf Sylt fühlen. In Rantum gibt es eine Firma, welche original Sylter Strandkörbe herstellt. –

Das Rantum-Becken, zum Marschland hin durch einen Deich, gegen das Wattenmeer durch einen Damm geschützt, ist eines der größten Vogelschutzgebiete Deutschlands. Im Gegensatz zu vielen anderen Schutzlandschaften dieser Art ist das Becken von Rantum erst über Umwege entstanden. Ursprünglich war es nämlich ein militärisch genutzter Seeflughafen, von dem im Zusammenhang mit den Entmilitarisierungsmaßnahmen große Teile nach 1945 trocken gelegt wurden.

Die Pflanzenwelt ist heute sehr üppig; vor allem gedeiht sie in jenen Teilen des Beckens, deren Versumpfung durch die hierhin geleiteten, mechanisch vorgeklärten Abwässer von Westerland entstanden ist.

Küstenseeschwalbe

Glockenheide

Im Laufe der Jahre hat sich hier eine Sumpflandschaft gebildet, die gern von verschiedenen Singvogel- und Rallenarten, von der Rohrdommel und den Rohrweihen bewohnt wird. Im Rantum-Becken mit einer Fläche von 560 ha leben zur Zeit mehr als 50 Vogelarten. Zahlreich sind die Wiesenvögel vertreten; unter anderem gibt es hier Kampfläufer, Rotschenkel (Farbtafel 50) und Kiebitze. Außerdem leben hier Höckerschwäne, Enten (Farbtafel 48) und Seeschwalben (Farbtafel 49). Besonders glücklich ist man über den Seeregenpfeifer, der mit seinen ca. 100 Paaren im Rantum-Becken die größte Seeregenpfeifer-Kolonie Deutschlands bildet. Das Tier wurde sogar zum Wappenvogel des Schutzgebietes gekürt! In mehr als 2000 Paaren sind die Lachmöwen vertreten, eine enorme Zahl, wenn man bedenkt, daß es 1960 hier nur elf Paare gab. –

Im Jahre 1957 wurde das Rantum-Becken nach mancherlei Querelen mit anderweitig Interessierten zum Vogelschutzgebiet und schließlich sogar zum Europareservat erklärt und ist heute das größte und artenreichste Seevogelschutzgebiet an der deutschen Küste.

Das Reservat darf nur mit einem Vogelwart betreten werden. Die Betreuung des Gebietes liegt in den Händen des Vereins Jordsand. Zum Rantumer Vogelschutzgebiet gehört die Helgoländer Trichterreuse, eine Stelle zur Vogelberingung; dies ist zugleich eine Außenstelle der ›Vogelwarte Helgoland‹. – Das Rantum-Becken ist, wie gesagt, noch ziemlich jungen Datums. Wäre es anders, so wären wir sicher auch in der Südost-Ecke der Insel Sylt auf Ferdinand Avenarius gestoßen, einen Mann, dem der Naturschutz auf Sylt viele Anregungen zu verdanken hat. Im Jahre 1856 wurde Avenarius als jüngster von vier Söhnen in Berlin geboren und starb 1923 in Kampen. Sein Grab befindet sich auf dem Friedhof von Keitum. Avenarius, dessen Mutter Cäcilie Geyer die Halbschwester des großen Komponisten Richard Wagner war, gehörte zu den berühmtesten und erfolgreichsten Schriftstellern seiner Zeit und hatte es vor allem als Herausgeber des von ihm begründeten und 1887 erstmals erschienenen ›Kunstwart‹ zu hohem Ansehen gebracht. Dem bedeutenden Naturfreund Ferdinand Avenarius, Kampens erstem Ehrenbürger, war die Erhaltung der prächtigen Naturlandschaft von Sylt ein äußerst wichtiges Anliegen. Die innige Verbundenheit des Schriftstellers mit der eigentümlichen Insellandschaft kommt in seinem Gedicht ›Heidefrieden‹ besonders stark zum Ausdruck:

> Still durch die Heide hinzugehn,
> ich liebe es, und in das Land zu sehn,
> wenn fern die Sonne untergeht
> und Farbenduft herüberweht.
>
> Wie es sich wohlig rings erwärmt,
> von Wolkenschatten überschwärmt,
> indes am hohen Himmel zieht
> hinwandernd eines Vogels Lied.
>
> Dann schweigt es still – und alles schweigt,
> und leis der Abend niedersteigt,
> bis auf der Heide fern und nah
> nur webt der Duft der Erika,
>
> bis nur der Leuchttürm' wechselnd Licht
> noch sternengleich das Dunkel bricht,
> bis übers Wattenmeer in Ruh
> sich blinzeln ihre Grüße zu.

An der Südspitze der Insel – am Horn von Sylt – liegt, eingebettet zwischen Dünen, Watt und Meer, das Familienbad Hörnum (Farbtafel 28). Der beschauliche 870-Seelen-Ort ist zugleich Fischereihafen (Abb. 18) und Ausgangshafen für Schiffsfahrten nach Helgoland, Föhr und Amrun, zu den Seehundsbänken und zu den Halligen. Hörnum bietet alles, was die Ferien erholsam werden läßt, und dazu gehört für viele Urlauber vor allem unbedinge Ruhe . . . ein Nachtleben findet hier nur in sehr gedämpfter Form statt.

Wer gern badet und wandert, kommt in Hörnum voll auf seine Kosten. Als Seebad existiert der Ort erst seit dem Jahre 1946. Wie List, so hat auch Hörnum eine intensive militärische Vergangenheit, die noch in den alten Kasernenbauten hindurchschimmert; das alte Militärlager Puan Klent datiert aus den Tagen des Ersten Weltkriegs. Auch im Zweiten Weltkrieg waren diese Bauten zusammen mit dem Hörnumer Seefliegerhorst und dem Rantumer Seeflughafen von militärischer Bedeutung.

Bei Puan Klent befindet sich die Loran-Station, die seit 1989 vom Wasser- und Schiffahrtsamt Tönning betrieben wird. Der fast 200 m hohe Sendeturm mit einer Reichweite von ca. 4000 km ist für die Navigation von Schiffen und Flugzeugen sehr wichtig. Heute geht es in Hörnum friedlich zu; die einstige militärische Nutzung des jetzigen Familienseebades mit seinen fast 3000 Gästebetten ist längt Geschichte.

Vorbei sind auch die Zeiten, da Hörnum noch als Schlupfwinkel der See- und Strandräuber galt. Klaus Störtebeker, der sagenumwobene Pirat, soll sich nicht selten an Sylts Südküste aufgehalten haben, sozusagen zwecks geschäftlicher Transaktionen. Es wäre übertrieben zu behaupten, der breite Sandstrand lade geradezu zum Plündern ein; immerhin bot er sehr gute Möglichkeiten, die geplünderten Güter zu verstecken. – Ein markanter Punkt des Seebades ist der Leuchtturm. Im Jahre 1907 wurde der schwere Koloß in Dienst gestellt. In ihrem Innern enthält diese deutsche Wertarbeit mehr als 90 Tonnen Gußeisen. 54 m ist der Leuchtturm hoch. Mit seinen 750 000 Candela ist er das stärkste Hauptfeuer an der deutschen Nordseeküste.

Hörnumer Leuchtturm

Vor seiner Haustür hat Hörnum prächtige Sandstrände; im südlichen Abschnitt gibt es einen etwa 600 m langen FKK-Strand. Wer gern in die Sauna geht, hat auch dazu Gelegenheit. Strandsaunen stehen den Badegästen als ständige Kureinrichtung auch an den FKK-Stränden von Wenningstedt, Rantum und List zur Verfügung.

An Sylts südlichstem Strand ist besondere Vorsicht geboten. Vor allem gilt dies für den Bereich des Vortrapp-Tiefs. Hier ist das Baden verboten, weil die starke Unterströmung eine zu große Gefahrenquelle darstellt. Man tut also gut daran, nur dort zu baden, wo der Strand beaufsichtigt wird.

In Hörnum gibt es ein sehenswertes Informationszentrum, in dem sich jeder naturkundlich Interessierte umschauen sollte. Sehr eindringlich und gar nicht schulmeisterlich wird der Besucher vertraut gemacht mit der eigentümlichen und oft noch urtümlichen Welt der Insel, der Watten und des Meeres.

Hörnum ist ein Seebad für ruhige Leute oder solche, die es wieder werden wollen. Im ›Haus des Kurgastes‹ kann man seiner Gesundheit viel Gutes angedeihen lassen. Hörnum hat ein anderes Publikum als etwa Kampen oder Westerland. Wer gern für sich ist, hat hier noch Gelegenheit dazu. Kein Wunder, daß viele Badegäste ihre Ferien Jahr für Jahr in Hörnum verbringen!

Das Wattenmeer

Umgeben vom Wattenmeer liegen die nordfriesischen Geestinseln Sylt, Amrum und Föhr in jener großen Schlick- und Sandfläche, die sich vor der dänischen, deutschen und niederländischen Küste in einer Breite zwischen 10 km bis 20 km erstreckt. Im Jahre 1927 hat der Wissenschaftler Dr. Kändler von der Fischereibiologischen Anstalt in Hamburg ausgerechnet, . . . »daß die Gesamtfläche des nordfriesischen Wattenmeeres zwischen der dänischen Grenze und dem 54° 34' nördlicher Breite, d. h. südlich bis zur Höhe von Hooge, ungefähr 1100 km² beträgt. Hiervon laufen bei Ebbe trocken 725 km² = 65,9 Prozent; und von Wasser bedeckt bleiben 375 km² = 34,1 Prozent. Die Austernbänke nehmen hiervon allein 18 km² = 1,6 Prozent ein.«
   Große Unterschiede zeigt das zeitliche Eintreten von Ebbe und Flut. Zwischen dem Weststrand von Sylt z. B. und Munkmarsch-Loch – Sylt ist hier nur ca. 4 km breit – beträgt der Zeitunterschied zwischen Höchster Flut und Tiefster Ebbe zwei Stunden! Große Bedeutung kommt der Landgewinnung und dem Küstenschutz zu; mit wissenschaftlicher Genauigkeit geht man hier vor. Als Abteilung des ›Amtes für Land- und Wasserwirtschaft‹ sei die für die Untersuchung des Wattenmeeres bedeutende Wattenforschungsstelle in Husum erwähnt. In seinem Werk ›Die Nordfriesischen Inseln‹ faßt H. Koehn die Aufgaben der Forschungsstelle in folgender Weise zusammen: »Eine Vermessungsabteilung führt nivellietische Vermessungen des Strandes, der Watten und der Sände, Tiefenvermessungen der Priele und Vermessungen der Kulturspuren aus. Zum Aufgabenbereich der geologischen Abteilung gehören folgende Vorhaben: Sammlung sämtlicher Bohrungen in den Marschen und Watten im Bohrarchiv ›Westküste‹; praktische Bauberatung für Gründungsaufgaben in den Marschen; allgemeine erdgeschichtliche Untersuchungen an der Küste; Untersuchung über die Versandung der Eider; Untersuchungen über das tiefere Grundwasser Nordfrieslands (Versalzungsgefahr). Die biologische, bodenkundliche Abteilung richtet ihr Augenmerk auf die nachstehenden Arbeiten und Forschungen: Förderung der Verlandung durch biologisch begründete Methoden; pflanzensoziologische Kartierung; Untersuchungen an Salzpflanzen; biologische Ansaaten der Deiche und Dämme; Einwirkung des salzhaltigen Grundwassers auf die praktische Nutzung der Wiesen und Weiden; bodenkundliche Untersuchungen im Anwachs der Küste als Vorarbeit für die Bedeichung neuer Gebiete.«

Auch bei Flut ist das Watt nur von wenigen Metern Meereswasser bedeckt. Bei Fahrten zu den Inseln muß man darauf Rücksicht nehmen. Im Pendelverkehr zwischen Festland und Inseln benutzen Schiffe die natürlichen Priele oder die ausgebaggerten Rinnen, damit genügend Tiefgang vorhanden ist. Die Fahrpläne der Pendelschiffe sind insofern nicht ›exakt‹, da es notwendig ist, die Fahrzeiten nach den Wasserständen einzurichten. Dieser Moment jedoch verändert sich: von einem Tag zum anderen verspätet er sich um etwa 50 Minuten. Deshalb ist auch die landläufige Vorstellung nicht richtig, daß Ebbe und Flut alle sechs Stunden aufeinander folgen. In Wirklichkeit gibt es in 24 Stunden und 50 Minuten zweimal Flut und zweimal Ebbe. Die 50-minütige Verspätung rührt daher, daß die Erde vom Mond in derselben Richtung umkreist wird, wie sich die Erde um ihre eigene Achse dreht. Dabei ist der Mond nach jeder Umdrehung um die Zeitdifferenz von ca. 50 Minuten weitergerückt.

Beträgt der ›Tidenhub‹, der Wasserstandsunterschied zwischen Niedrigwasser und Hochwasser, im Bereich der deutschen Nordseeküste um 1,70 m bis 3,50 m, so steigt sie im Ärmelkanal, jener Meeresenge zwischen Frankreich und England, stellenweise sogar bis 10 m an. Ein noch höherer Wasserstand ergibt sich bei Flut im Bereich der Fundy-Bucht, zwischen Neubraunschweig und Neuschottland in Kanada; 12 m bis 15 m werden hier erreicht . . .

Der Besucher der Friesischen Inseln wird das Wattenmeer mit seiner Vielzahl an Schnecken, Muscheln, Krebsen und Würmern – nicht zu vergessen die große Zahl von Vögeln, die sich hier tummeln – als Bereicherung seines Ferienaufenthaltes betrachten. In der Schiffahrt jedoch denkt man da anders. Hier gilt das Watt als Raum voller Gefahren und Tücken. Zur Sicherung der Wasserwege sind die Hauptfahrrinnen durch Seezeichen – wie hohe Holzgerüste, Baken genannt, Stangen und Tonnen (Bojen) – markiert. Die Zufahrtswege zu den Häfen, die an großen Flüssen liegen, sind zudem noch durch sogenannte Feuerschiffe gekennzeichnet und abgesichert. Bei starkem Nebel sind die Seezeichen oft nicht mehr zu sehen. Dann ruht die Schiffahrt, um sich nicht dem Risiko auszuliefern, auf Sandbänke oder auf das Watt aufzulaufen. Mit den heutigen technischen Möglichkeiten ist diese Gefahr zwar verringert, aber doch nicht aufgehoben. Auch in unseren Tagen kann sich die 1865 gegründete Deutsche Gesellschaft zur Rettung Schiffbrüchiger nicht über Einsatzmangel beklagen; Tausenden von Menschen haben die mutigen, See-erfahrenen Männer der Seenot-Rettungskreuzer das Leben gerettet!

Für den Einsatz im Wattenmeer gibt es spezielle Boote, sogenannte ›Wattenfahrer‹, wie Kuffen, Evern, Schmacken, Schniggen und Tjalken. Diesen Fahrzeugen ist gemeinsam, daß sie vorn und hinten breit sind und nicht mehr als 2 m Tiefgang im Wasser haben. So können sie bei Ebbe auf dem Sand aufsetzen ohne umzukippen; bei Flut setzen sie dann ihre Fahrt wieder fort.

Bei Ebbe ist das Watt Tummelplatz vieler Seevögel, die hier ihre Nahrung suchen. Im sehr fetten Boden der Watten leben ungeheure Individuenmassen an Würmern, größeren und kleineren Krustentieren und Muscheln. Das Watt gehört zu den eigentümlichsten Natur-›Landschaften‹ unserer Erde. Die Watten finden sich nur Flachküsten vorgelagert. Entstanden sind sie durch Sandablagerungen, oft angereichert von Fluß-Sedimenten.

Das scheinbar ruhige und auf den ersten Blick vielleicht ein wenig eintönig erscheinende Watt ist in Wirklichkeit voller Leben (siehe dazu auch Kapitel ›Wattwanderung‹, S. 241 ff.). Um nur ein Beispiel zu geben: der Pierwurm, ein 10 bis 20 cm langes, mit Borsten und Kiemen ausgestattetes Lebewesen, hat eine Siedlungsdichte bis zu 50 Exemplaren pro Quadratmeter. Unter einem Quadratkilometer Wattboden leben zwischen 40 und 50 Millionen dieser Würmer . . . Für die Entstehung des Lebens auf dem festen Land ist das Meer von großer entwicklungsgeschichtlicher Bedeutung, stammt doch alles Leben aus dem Wasser. Nicht nur Pflanzen, niedere und höhere Tiere, auch wir Menschen haben Teil an dieser Entwicklung und tragen in unserem Blut noch Merkmale jenes weit zurückliegenden Ursprungs. Der bekannte amerikanische Meeresbiologe William Cromie faßt diese Erkenntnis in seinem 1962 erschienenen Buch ›Exploring the Secrets of the Sea‹ mit folgenden Worten zusammen: »Meereswasser und Blut sind einander erstaunlich ähnlich. Die Körperflüssigkeiten von Quallen und Krebsen, von Haien, Fischen, Fröschen, Hunden und Menschen enthalten die gleichen Salze in fast den gleichen Mischungsverhältnissen wie das Wasser der See. Einige wirbellose Tiere des Meeres, die Seesterne zum Beispiel, können ihr ›Blut‹ sogar vorübergehend durch Meerwasser ersetzen. Mit anderen Worten: Unser Blut und die Körpersäfte der Tiere sind nicht mehr und nicht weniger als verändertes Seewasser. Weil alle Geschöpfe aus dem Meer stammen und entfernt miteinander verwandt sind, sollte das eigentlich nicht überraschen. Als das Leben entstand, hatte das Meer einen Salzgehalt von etwa 1 Prozent, und dieses Wasser drang in die Körper und den Stoffwechsel der ersten Organismen ein. Über die Hunderte von Jahrmillionen der Entwicklung hinweg, die in höchst unterschiedliche Richtungen führte, hat sich dieser Gehalt an Salzen und anderen Stoffen nicht verändert.«

Eine besondere Attraktion der Watten ist die Vogelwelt, die man hier in Ruhe beobachten kann. Die wichtigsten Tiere seien hier erwähnt: Lach- und Silbermöwen, Seeschwalben (Farbtafel 49), Austernfischer (Farbtafel 44), Regenpfeifer (Farbtafel 46), Brandgänse (Farbtafel 51), Ringelgänse, Eiderenten (Farbtafel 48), Wildenten und Wildgänse, Brachvögel (Farbtafel 47), Strandläufer, Rotschenkel (Farbtafel 50), Pfuhlschnepfen, Uferschnepfe und Säbelschnäbler.

Helgoland

Aus der Geschichte der Insel

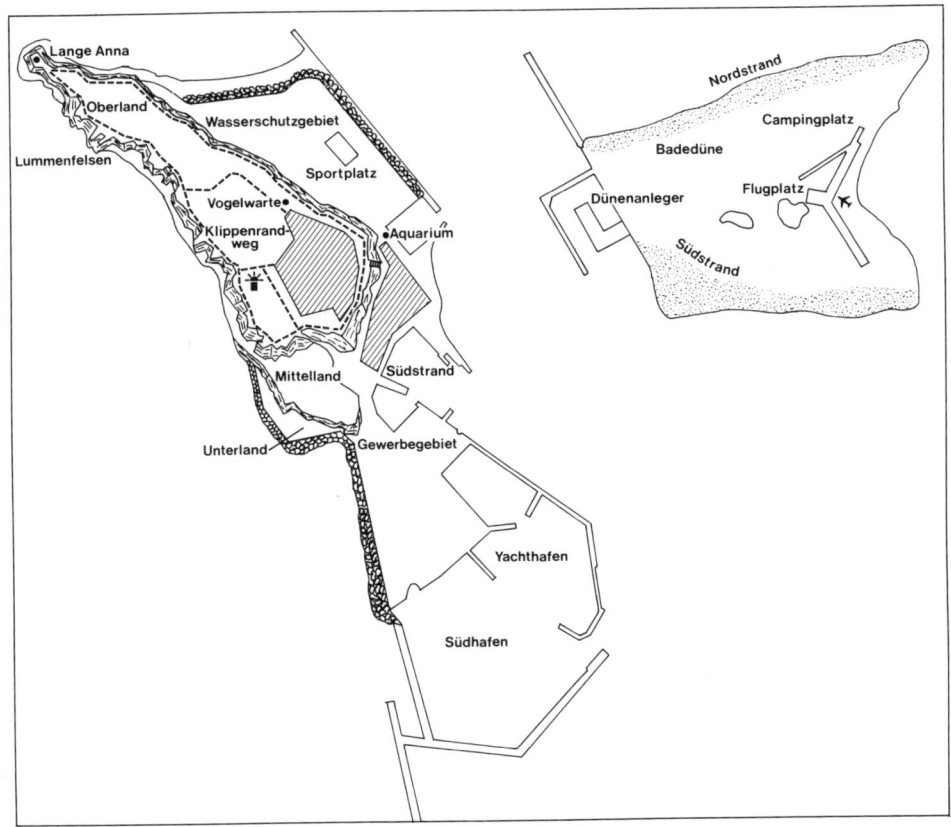

Lange Anna
Oberland
Wasserschutzgebiet
Lummenfelsen
Sportplatz
Vogelwarte
Klippenrand-
weg
Aquarium
Mittelland
Südstrand
Unterland
Gewerbegebiet
Yachthafen
Südhafen

Nordstrand
Campingplatz
Badedüne
Flugplatz
Dünenanleger
Südstrand

Schon lange, bevor das weiße Seebäderschiff die stolze Ferieninsel Helgoland erreicht, erkennt man am Horizont die rote Klippe. Mehr als 50 m ragt der rote Sandstein aus der Nordsee empor. Helgoland liegt nicht in der Kette der Friesischen Inseln; bis zur Elbe- und Wesermündung sind es je 70 km; die Nachbarinsel Borkum ist 100 km und die Nordspitze von Sylt ist ebenfalls 100 km entfernt. Bis Cuxhaven sind es ca. 60 und bis Hamburg etwa 150 km. Unser Schiff kann nicht direkt am Quai festmachen. Kleine Boote nehmen uns auf und bringen uns zur Insel. Das ist ganz lustig, und man tut gut daran, das Ölzeug schon auf dem Schiff überzuziehen.

Die Seekarte zeigt uns, daß der Meeresboden, der Helgoland umgibt, sehr wenig ausgeglichen ist. Die Tiefen sind ganz unterschiedlich, und deshalb kann das Gebiet für einen unkundigen Bootsführer große Gefahren mit sich bringen. Das Meeresgebiet, das der Insel unmittelbar vorgelagert ist, hat große Sandmengen. Hier betragen die Tiefen oft nicht einmal 1 m. Man muß schon einige Kilometer vor die Felseninsel fahren, um Tiefen von 20 m und mehr feststellen zu können. In Inselnähe werden selbst solche tiefen Stellen noch von Sandbänken begleitet. –

Nach den prähistorischen Funden zu urteilen, ist Helgoland bereits in der Stein- und Bronzezeit besiedelt worden. Auf alten Karten wurde die Insel als ›Heiligland‹ bezeichnet, ein Name, der bis ins 18. Jahrhundert üblich war. Es ist nicht auszuschließen, daß ›Heiligland‹ auf das friesische Heiligtum ›Frosetisland‹ hinweist. Diese Vermutung stützt sich darauf, daß ein Bischof Willibrod von Utrecht auf einer Schiffsreise anno 692 nach einem gewissen ›Frosetisland‹ getrieben wurde und dort einige Taufen vornahm. Ebenfalls ungewiß ist es, ob sich die Quellen in König Waldemars ›Erdbuch‹ aus dem Jahre 1231, worin von einem ›Haelghaelandes‹ die Rede ist, auf unser Helgoland beziehen. Die Forschung nimmt vielfach an, es handle sich dabei vielmehr um die Halligen und um andere Inseln. –

Die erste sichere schriftliche Darstellung stammt aus dem Jahre 1050, als die Insel durch den Chronisten Adam von Bremen beschrieben wurde.

Immerhin ergibt sich aus der Quelle von 1231, daß Helgoland zu dieser Zeit zu Dänemark gehörte. Im 14. und 15. Jahrhundert war die Insel über längere Zeit hinweg von Bremen, Stade und Hamburg besetzt. Die Ursache für das eigenmächtige Handeln lag in der seltsamen Art der Bereicherung, wie sie ein dänischer Ritter auf Helgoland betrieb. Damals diente nämlich die Insel den Hamburger Kaufleuten als Zufluchtsort für ihre Schiffe, wenn es auf dem Meer ungemütlich wurde. Dieser Ritter jedoch freute sich ungeheuer über unverhofft hereinbrechende Stürme, gab ihm das doch Gelegenheit, die Kaufleute zu schröpfen und die Schiffsladungen zu beschlagnahmen ... Als sich die Hamburger daraufhin beim Dänenkönig Waldemar IV. beschwerten und diese Beschwerde erfolglos blieb, griffen die Kaufleute zur Selbsthilfe und besetzten Helgoland, wobei ihnen die Nachbarstädte zu Hilfe eilten.

Doch damit war noch lange keine Ruhe auf der Insel eingekehrt; schließlich war Seeräuber-Zeit, und die gaben bekanntlich nicht so schnell auf ... Die berüchtigte Räuberbande der ›Likedeeler‹ unter Claus Störtebeker und dessen Spießgesellen Gödeke Michael wurde 1401 von der Hanseatischen Flotte unter Führung des Simon von Utrecht angegriffen und besiegt. Man brachte Störtebeker nach Hamburg, wo er geköpft wurde. Doch immer wieder versuchten die Seeräuber, auf der Insel Fuß zu fassen, und so gelang es ihnen schließlich im Jahre 1545, die Insel Helgoland vorübergehend besetzt zu halten. –

Von 1490 bis 1714 stand die Insel unter Holsteinischer Herrschaft und gehörte den Herzögen von Schleswig. Als dann Schleswig-Holstein zum ersten Mal geteilt wurde, kam Helgoland an die Herzöge von Holstein-Gottorp; zugleich wurde die Kirche der Insel dem Bischof von Schleswig abgabepflichtig. Den Helgoländern ging es zu dieser Zeit sehr schlecht. Besser wurde es erst, als man ihnen das Vorrecht des Lotsendienstes zugestand. Außerdem erhielten sie das sogenannte ›Bergerecht‹, das ihnen das Auffischen von Treibgut gestattete. Nur war es mit der Gewährung dieses Zugeständnisses oft nicht allzuweit her: es kam vor, daß man dem Recht ein bißchen auf die Sprünge verhalf und den Schiffen absichtlich falsche Blinkzeichen gab. Für den Rest sorgten dann schon die Sandbänke ... Bezeichnend für diese wenig freundliche Handlungsweise ist der Stoß-Seufzer: »Gott, schenke uns einen gesegneten Strand!« –

Eine Vorstufe des Leuchtturms wurde im Jahre 1630 eingerichtet; dieser ›Leuchtturm‹ war ein offenes Steinkohlenfeuer, das im Volksmund ›Blüse‹ genannt wurde. Von Unterbrechungen einmal abgesehen, war diese ›Blüse‹ bis 1803 in Gebrauch.

Heringsfang bei Helgoland

79

Von großer wirtschaftlicher Bedeutung für Helgoland waren die Jahre zwischen 1425 und 1530; diese Zeit brachte den größten Heringsfang. Wie wichtig dieser Fang gewesen sein mußte, erkennt man an der Tatsache, daß Hansestädte wie Bremen und Hamburg Filialen auf Helgoland errichteten. Auf Grund der Quellen läßt sich sagen, daß um 1520 rund 350 Fischer dem Heringsfang nachgingen. Doch – wo du auch bist, der Steuervogt ist schon da! – Jedenfalls witterten die Herzöge von Schleswig eine gute Einnahmequelle und stellten Forderungen an die Kaufleute. Das paßte diesen natürlich nicht, und so kam es dann im Jahre 1497 zu offenen Auseinandersetzungen zwischen den beiden Parteien, wobei die Bremer Kaufleute dafür sorgten, daß bei den Häusern der Herzöge kein Stein auf dem anderen blieb!

Das Jahr 1484 brachte für Helgoland die erste schriftliche Niederlegung der Landesgesetze. Die Streitigkeiten zwischen Herzögen und Kaufleuten führten zu einem immer stärkeren Abgleiten der Regierungsgewalt aus den Händen der Obrigkeit. Schließlich meldeten 1684 die Dänen wieder ihre alten Ansprüche auf die Insel an. Sie eroberten Helgoland, konnten es jedoch nur fünf Jahre lang halten. 1689 waren die Herzöge von Schleswig wieder am Zuge. Doch die Dänen ließen nicht locker: es gelang ihnen, von 1714 bis 1807 die Insel fest in ihren Händen zu halten. Der Angriff im Jahre 1714 war von Glücksstadt aus erfolgt. Auch weiterhin brachte der Heringsfang einen gewissen Wohlstand; Schiffahrt und Handel blühten. Helgoland, das bis dahin mit der heutigen Düne verbunden war, wurde am Jahresende von 1720 bei einer Sturmflut in zwei Teile geteilt, als der Steinwall zwischen den beiden Inselteilen im Meer versank. Zuvor – im Jahre 1711 – war schon einmal ein Stück der Insel untergegangen; damals war das ›Witte Kliff‹ verloren gegangen.

Die Engländer beendeten 1807 die Herrschaft der Dänen; bis zum Jahre 1890 waren sie nun die Herren von Helgoland. Damit begann für die Insel eine zweite Blütezeit, und der wirtschaftliche Aufschwung aus der Zeit der Heringsfischerei wurde um ein Vielfaches übertroffen. Der Grund dafür lag in der Verordnung des in der Seeschlacht bei Trafalgar gerade geschlagenen Napoleon, die Küstenstädte von Hamburg bis Neapel für sämtliche Warenlieferungen durch englische Schiffe zu sperren. Doch davon war Helgoland nicht betroffen, da es ja englisches Hoheitsgebiet war. Die günstige Lage zur Küste aber machte die Insel in kürzester Frist zum Tummelplatz für Agenten, Schmuggler und andere zwielichtige Zeitgenossen. Die Helgoländer jedoch profitierten von dem regen Warenumschlag auf ihrer Insel.

Aus Gibraltar war eine Garnison angerückt, und so ging die Besetzung der Insel durch die Engländer ohne große Komplikationen vor sich; die Völker waren vom Treiben Napoleons genug in Bann gezogen. Im ›Kieler Friedensschluß‹ von 1814 ließ sich England die Insel von Dänemark übereignen. Doch die schöne Zeit des leichten Geldverdienens dauerte für die Inselbewohner nicht lange an. Als Napoleon auf die Insel St. Helena im Atlantischen Ozean verbannt war, fiel Helgoland wieder

1 Das Rote Kliff bei Kampen ▷

3 Altarbild in der Kirche von Morsum (Sylt)

4 Detail des Altars aus der Alten Kirche von Pellworm

5 Taufstein in der Kirche St. Severin von Keitum
(Sylt)

6 Tabernakeltür in der Kirche St. Clemens von
Nebel (Amrum)

◁ 2 In der Kampener Heide (Sylt)

7　Kirchenraum von Hallig Gröde

9　Nordsee-Brandung　▷

8　Fething auf der Ketelswarft von Hallig Langeneß

10 Strand bei Wenningstedt (Sylt)

11 Der Hafen von List (Sylt)

12 Der Hafen von Wyk auf Föhr

13 Junge Silbermöwen auf einer Salzwiese zwischen Strandflieder

15 Das Stak ›Karkjaars Wüf‹ im Abendlicht (Helgoland) [

14 Gestrandetes Wrack zwischen Amrum und Föhr

16 Das Unterland mit Bäderflotte (Helgoland)

18 Friesenhaus auf Süderoog mit dem Heckbild des gestrandeten Schiffes ›Ulpiano‹

17 Hafen und Hummerbuden auf Helgoland

20 Gestrandete Wurzelmundqualle

21 Schwimmkrabbe

22 Seesterne

23 Wellhornschnecke

24 Einsiedlerkrebs

25 Muschelschalen am Strand

◁ 19 Abend im Wattenmeer　　　　　　　　　26 Die Westerwarft auf Hallig Hooge ▷

32 Blick auf Wittdün
und Kniepsandbank

33 Die Norddorfer Marsch
(Amrum)

34 Heidelandschaft mit Feldmark
(Amrum)

35 Krabbenkutter im Seezeichenhafen (Amrum)   36 Windmühle in Nebel (Amrum)

37 Die Kirche St. Clemens auf Röm

38 Aufgang zur Kirche von Warft Hallig Oland

39 Friesenhaus in Norddorf (Amrum)

40 Windverbogene Bäume auf Pellworm

42 Aufziehendes Gewitter an der Nordsee

41 Reeternte auf Pellworm

43 Heringsmöwe mit Jungen

44 Austernfischer

45 Uferschnepfe

46 Goldregenpfeifer

47 Großer Brachvogel

48 Eiderenten

49 Küstenseeschwalbe

50 Rotschenkel

51 Brandgänse

52 Strandgrasnelke

53 Salzschuppenmiere

54 Strandplatterbse

55 Lungenenzian

56 Stranddistel

57 Moosbeere

58 Strandflieder
59 Dünenrose
60 Meersalat

61 Ofenplatte von Hallig Hooge

62 Fliesenbild einer Halligstube auf Hooge

63 Im Hof einer Keitumer Handweberei (Sylt)

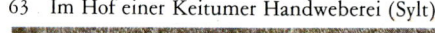

64 Festliche Stube auf Pellworm im bäuerlichen Rokoko ▷

65 Lahnungen am Wattufer bei Amrum

66 Sandwatt an der Nordspitze von Amrum

in die altgewohnte Armut zurück. Diese rückläufige Konjunktur, die der Blütezeit des Schmuggels, der ›Smucheltid‹, wie die Helgoländer in ihrer friesischen Sprache sagen, folgte, dauerte bis 1826, dem Jahr nämlich, als J. A. Siemens ›sein‹ Seebad eröffnete. Ganz langsam kam die Wirtschaft wieder in Schwung; unter der Herrschaft Englands erhielt die Insel zwischen 1867 und 1890 sogar eigene Briefmarkenserien. –

Seit 1890 ist Helgoland deutsch. Kaiser Wilhelm I. hielt es für strategisch besser, die Nordseeinsel zu besitzen als die weitentfernten Länder Afrikas Somaliland und Wituland. Einschließlich der deutschen Niederlassungen auf der Insel Sansibar wurden diese Gebiete im ›Helgoland-Vertrag‹ von 1890 mit England gegen die Insel Helgoland ausgetauscht. In der ›Correspondence respecting the Anglo-German Agreement relative to Africa and Helgoland‹ vom 1. Juli 1890 wurde zwischen dem Deutschen Reich und dem British Empire folgendes vereinbart:

1. Vorbehaltlich der Zustimmung des britischen Parlaments wird die Souveränität über die Insel Helgoland nebst deren Zubehörungen von Ihrer Britischen Majestät an Se. Majestät den Deutschen Kaiser abgegeben.
2. Die Deutsche Regierung wird den aus dem abgetretenen Gebiet herstammenden Personen die Befugnis gewähren, vermöge einer vor dem 1. Januar 1892 von ihnen selbst oder bei minderjährigen Kindern von deren Eltern oder Vormündern abzugebenden Erklärung die britische Staatsangehörigkeit zu wählen.
3. Die aus dem abgetretenen Gebiet herstammenden Personen und ihre vor dem Tage der Unterzeichnung dieser Übereinkunft geborenen Kinder bleiben von der Erfüllung der Wehrpflicht im Kriegsheer und in der Flotte in Deutschland befreit.
4. Die zur Zeit bestehenden heimischen Gesetze und Gewohnheiten bleiben, so weit es möglich ist, unverändert fortbestehen.
5. Die Deutsche Regierung verpflichtet sich, bis zum 1. Januar 1910 den zur Zeit auf dem abgetretenen Gebiet in Geltung befindlichen Zolltarif nicht zu erhöhen.
6. Alle Vermögensrechte, welche Privatpersonen oder bestehende Korporationen der britischen Regierung gegenüber in Helgoland erworben haben, bleiben aufrecht erhalten; die ihnen entsprechenden Verpflichtungen gehen auf Se. Majestät den Deutschen Kaiser über. Unter dem Ausdruck »Vermögensrechte« ist das Signalrecht des Lloyd einbegriffen.
7. Die Rechte der britischen Fischer, bei jeder Witterung zu ankern, Lebensmittel und Wasser einzunehmen, Reparaturen zu machen, die Waren von einem Schiff auf das andere zu laden, Fische zu verkaufen, zu landen und Netze zu trocknen, bleiben unberührt.

Berlin, den 1. Juli 1890   von Caprivi   Edward B. Malet   R. Krauel   H. Percy Anderson

Am 9. August 1890 war es dann soweit. Der Britische Gouverneur Sir Arthur Barkly übergab Helgoland offiziell an den deutschen Staatsminister von Bötticher. Offensichtlich sahen die deutschen Neubürger recht rosig in die Zukunft. Die Helgoländer Chronik weiß darüber zu berichten:

»... und diese freudige Bewegung ist keine nur äußerliche, sie erstreckt sich auch auf das ganze Empfinden der Bevölkerung. Dieser Gedanke sprach sich auch bei dem feierlichen Abschiede aus, den die Einwohnerschaft von dem scheidenden Gouverneur Barkly nahm. Ein Comitee von Bürgern Helgolands überreichte ihm eine

Adresse und dankte dem bisherigen höchsten Beamten für das herzliche Wohlwollen, das er der Insel und ihren Bewohnern während seiner Amtsführung stets gezeigt habe. Darauf erwiderte Herr Barkly, er könne Helgoland nur Glück dazu wünschen, daß es jetzt in deutschen Besitz käme, denn die Abtretung an das Deutsche Reich, zu dem die Insel geographisch und ihrem Bewohnerstamm nach gehöre, würde ihr ohne Zweifel zum Heil und Vortheil gereichen. – Der Abend gehörte der Verbrüderung mit den angekommenen deutschen Gästen, aber auch manch trautes Wort wurde zum Abschied der abziehenden Besatzung und den Beamten geweiht, welchen bisher die Sicherung und Verwaltung der Insel anvertraut war ...«

Bereits einen Tag später erschien dann Kaiser Wilhelm II. persönlich auf der Insel, um Helgoland feierlich in Besitz zu nehmen. Doch lassen wir hier nochmals kurz die Helgoländer Chronik zu Wort kommen. In der dazumal ziemlich pathetischen Sprache des obersten Deutschen klang das so: »...Indem ich aber schon jetzt für mich und meine Nachfolger feierlich und für alle Zeiten von Helgoland und dessen Zubehörungen Besitz ergreife, vertraue ich dem bewährten Sinne aller Helgoländer, die von jetzt an Deutsche sein wollen, daß sie mir und dem Vaterlande in unverbrüchlicher Treue zugethan sein werden. Dagegen sichere ich Euch, sowie Euren Rechten meinen Schutz und meine Fürsorge zu. Ich werde dafür Sorge tragen, daß Recht und Gerechtigkeit unter Euch unparteiisch gepflegt werden und Eure heimischen Gesetze und Gewohnheiten soweit möglich unverändert fortbestehen ...«

Und im Kommentar zu diesem Tag der Kaiser-Proklamation fährt die Helgoländer Chronik in überschwenglichen Tönen fort: »... Was die höchste patriotische Begeisterung erwartet, was die kühnste Phantasie zu träumen kaum gewagt hatte, herrlich ist es heute in Erfüllung gegangen. Das über Nacht deutsch gewordene Helgoland hat seinen Kaiser empfangen. Auf der sagenumwobenen Felseninsel hielt er mit seiner Marine unter dem freien Himmelsgewölbe einen Festgottesdienst, an dem alle Bewohner der Insel und die zur Feier herbeigeeilten Gäste theilnehmen konnten, und ergriff dann nochmals selbst feierlich Besitz von dem altdeutschen Eiland im Deutschen Meer, das so lange unter wechselnder fremder Herrschaft gestanden hat. Sein strahlendes Banner und die unbefleckte Kriegsflagge des Deutschen Reiches ließ er entfalten, jauchzend hat ihm dabei jeder Mund und jedes Herz zugejubelt, und der mächtige Schall der Geschütze sprach das Amen dazu ...«

Offenbar hatte man dennoch Schlimmes erwartet, denn der Kommentar ergänzt: »Bemerken wir hier gleich die Thatsache, daß trotz des bedeutenden Andrangs der Menschenmassen – es mögen an 12 000 Personen an beiden Feiertagen auf Helgoland Quartier resp. Verpflegung erhalten haben – die Ordnung in den Hotels und den Privathäusern eine musterhafte war und keineswegs die vorher geargwöhnte Vertheuerung des Unterhaltes sich geltend machte ...«

Über den günstigen Gebietstausch waren die Briten sehr froh, zumal bereits seit 1830 immer wieder Stimmen laut geworden waren, die Insel möglichst rasch los zu werden. Hätte man aber gewußt, daß auf Helgoland nun die Kaiserliche Marine recht aktiv würde – wer weiß, ob man sich im Britischen Kolonialamt und im Parlament nicht doch ganz anders entschieden hätte. Jedenfalls setzte zwischen 1908 und 1916 eine sehr rege Bautätigkeit ein: Helgoland wurde zu einer Seefestung umgestaltet. So war schließlich ein Kriegshafen – samt U-Bootbunker – entstanden. Zur Harmonisierung der deutsch-englischen Beziehungen trug das nicht gerade bei! Durch die starke Ansammlung von Kriegsschiffen fühlte sich England bedroht. Im Ersten Weltkrieg stand Helgoland dennoch ziemlich abseits: die starken Befestigungen der Insel ließen es den alliierten Kampftruppen und Seestreitkräften nicht angeraten sein, Helgoland in die Kriegsschauplätze miteinzubeziehen. Unter dem Kommando eines Vizeadmirals war eine etwa 4000 Mann starke Besatzung stationiert, darunter Marineinfanterie, Matrosenartillerie, Seeflieger, Pioniere und weitere Spezialtruppen; die Inselbevölkerung war über die Kriegsjahre evakuiert worden. Hatte man Helgoland während des Krieges nichts antun können, so kam es jetzt doppelt: in Artikel 115 des Versailler Friedensvertrags stand das bittere Ende schwarz auf weiß:

»Die Befestigungen, militärischen Anlagen und Häfen der Inseln Helgoland und der Düne sind unter Überwachung der alliierten Hauptregierungen von der deutschen Regierung auf eigene Kosten innerhalb einer von den genannten Regierungen festgesetzten Frist zu zerstören.

Der Umfang der hiernach zu zerstörenden Hafenanlagen ist also bemessen, daß lediglich das Inselmassiv, wie es vor Erbauung des Hafens war, erhalten bleibt, dagegen alles andere, das südlich einer das Südhorn berührenden, von Südwesten nach Nordosten etwa verlaufenden Linie gelegen ist, verschwinden muß.« –

Um etwaige neue Anwandlungen der deutschen Regierung unmöglich zu machen, wurden die gewaltigen Festungsanlagen von den Siegermächten während der Jahre 1920 bis 1922 gesprengt; auch der Marinehafen wurde für militärische Zwecke unbrauchbar gemacht.

Unter der Herrschaft der Nationalsozialisten wurden die Anlagen im Jahre 1935 wiederhergestellt. Außerdem baute man einen neuen U-Bootbunker. Und was sich dann im Laufe der nächsten Jahre anbahnte, ist ja hinreichend bekannt . . . In einem Großangriff der englischen Luftwaffe wurden die militärischen Anlagen 1945 zerstört. Doch der Angriff von mehr als 900 Bombern hatte noch nicht die Wirkung, welche die Engländer erwartet hatten. – Im Mai desselben Jahres mußten alle Einwohner ihre Insel verlassen; zwei Jahre später wurde der Versuch unternommen, die noch verbliebenen Festungsbauten mit Hilfe von 6700 t Sprengstoff durch Fernzündung in die Luft zu jagen. Das Ziel dieses wenig verständlichen Unterfangens war es, die Insel zugleich völlig auszulöschen. Doch daran bissen sich die englischen Militärs die Zähne aus: Helgoland wurde zwar durch diese etwas ungewöhnliche Methode um rund 8 ha kleiner – an der Felseninsel selbst aber konnten die ›militärischen Erosionskräfte‹ nicht viel rütteln . . .

Von 1945 bis 1952 wurde Helgoland von den Engländern als Bombenziel benutzt – besser gesagt mißbraucht. Die Schwierigkeiten, die sich schließlich aus der Schutträumung ergaben, kann man heute kaum noch ermessen. Das gesamte Inselgelände mußte nach Blindgängern und Patronen erkundet werden. Allein bei dem Sprengversuch von 1947 hatte man gewaltige Munitionsmengen verwendet; Helgoland war eine reine Kraterlandschaft geworden. Die DPD-Meldung vom 18. April sagte darüber: »Eine gewaltige Detonation kündigte gestern mittag um genau 13 Uhr die Zerstörung der militärischen Anlagen der Insel Helgoland an. Augenzeugen beobachteten vom Deich bei Cuxhaven aus eine riesige schwarze Rauchwolke, deren Höhe sie auf ungefähr 1200 m schätzten. Das gesamte Gebiet um Helgoland war vorher in einem Umkreis von etwa neun Seemeilen zur Gefahrenzone erklärt worden, so daß sich seit Donnerstag kein Schiff, das nicht direkt mit der Operation zu tun hatte, in diesem Gebiet befand. Ein Flugzeug umflog ständig die Insel, um Fischerboote daran zu hindern, sich in die Gefahrenzone zu begeben. Die Sprengung war monatelang von einem starken deutschen Arbeitskommando unter Anleitung britischer Sachverständiger vorbereitet worden. Weit über hundert offizielle Gäste und Pressevertreter waren auf vier Schiffen Zeugen der Sprengung. Der Oberbefehlshaber der britischen Besatzungszone, Sir Sholto Douglas, der Kommandierende Flaggoffizier der britischen Marinestreitkräfte in Deutschland, der den Befehl über die Gesamtoperation hatte, der Gouverneur von Schleswig-Holstein und zahlreiche andere hohe Offiziere der Besetzungsarmee befanden sich an Bord der ›Dunkirk‹, einem Zerstörer der Heimatflotte. 6700 Tonnen Sprengstoff flogen in die Luft, die aus 4000 Torpedoköpfen, fast 9000 Wasserbomben und über 91 000 Granaten der verschiedensten Kaliber bestanden. Hauptstapelplätze für die Sprengstoffladungen waren die unterirdischen Tunnelanlagen, der U-Bootbunker und die Küsten-Batterien.« – Bei der Säuberung der Insel mußte der Boden des gesamten Bebauungsgebietes bis auf Felstiefe umgebrochen werden. Die ›Beute‹ war mehr als reichhaltig; die Munitionsräumgruppe des Landes Schleswig-Holstein entschärfte seit 1952: 1738 Bombenblindgänger, 780 Phosphorbrandbomben, 308 Wasserbomben, 41 Seeminen, 102 Torpedos und Torpedoteile, 2916 Tellerminen sowie 158 942 Granaten und sonstige Munitionskörper! Der 1. März 1952 war für die Helgoländer ein ganz besonderer Freudentag: Helgoland war wieder frei. Der damalige Ministerpräsident von Schleswig-Holstein Friedrich Wilhelm Lübke übergab die Insel an die Helgoländer mit den Worten: »Zum ersten Male seit dem Zusammenbruch des Deutschen Reiches sind in dieser Stunde Vertreter der einheimischen Bevölkerung, der deutschen Behörden und der deutschen Presse auf der Insel Helgoland versammelt, ohne besatzungsrechtlichen Beschränkungen unterworfen zu sein. Mit dem heutigen Tag geht die Verwaltung der Insel wieder in deutsche Hände über. Es ist ein denkwürdiger Augenblick, den wir alle mit Bewegung und innerster Teilnahme erleben.«

Ausgeliefert den Kräften der Natur

Die Ausdehnung der Nordsee, wie sie sich heute zeigt, ist erst wenige Jahrtausende alt. Die Ur-Nordsee der Perm-Periode hatte ein ganz anderes Aussehen. In jener erdgeschichtlichen Zeit schob sich zwischen Skandinavien und Schottland das Zechstein-Meer in Richtung Süden. Doch trocknete die überspülte Senke wieder aus, und es sammelte sich hier Buntsandstein, der Verwitterungsschutt benachbarter Hochgebiete. In der folgenden Muschelkalk- und Keuperzeit entstanden Sandsteine und Kalke. In der Kreidezeit nun, in der sich das Meer − ähnlich wie in den vorhergehenden Zeitabschnitten − wieder zurückzog, hob sich das Land. Dabei zeigten sich Kalkablagerungen. Diese bildeten Millionen Jahre später den Untergrund der Helgoländer Düne. Das Quartär brachte die Vereisung Schottlands, Nordenglands und Skandinaviens und damit auch Helgolands. Am Ende der Eiszeit war Helgoland wie auch England ein Teil des europäischen Festlands.

Helgoland gehörte selbst dann noch zum Festland, als sich die Wassermassen in das Nordseebecken ergossen und bereits eine Tiefe von 15 m erreicht hatten. In jener Zeit bildete die heutige Insel eine Halbinsel, die eine Größe von 32 km² besaß. Diese Halbinsel nahm ihren Anfang bei Eiderstedt und bildete sich weit nach Westen aus. Damals waren die Felshänge Helgolands noch schräg verlaufend; heute dagegen präsentiert sich der Fels dem Betrachter in nahezu senkrechtem Abfall. −

Als die Wassermassen der Nordsee stiegen, wurde schließlich die Halbinsel überspült: der herausragende Fels mit dem umliegenden Land blieb als Insel zurück. Die Meeresbrandung spülte den noch aus der Glazialzeit vorhandenen Schutt weg und fraß sich so immer näher an den Fels heran. Dabei bildeten sich Hohlkehlen, und weil das überragende Gestein keinen genügenden Halt mehr fand, rutschte es ins Meer ab; dort wurde es von der starken Brandung zerrieben und weggespült.

Doch wie konnte es dazu kommen, daß sich die Buntsandsteinschichten bis zu einer Höhe von 58 m über den Meeresspiegel erhoben? Die Geologen erklären dies mit Erdbewegungen in der Tertiär-Zeit. Man vermutet, daß nicht nur im heutigen Alpengebiet, sondern auch im Nordseebecken starke Erdkräfte tätig wurden. Durch den Druck des Zechsteinsalzes unter den Buntsandsteinschichten wurden die Gesteinsschichten unterhalb des Nordseebeckens in Bewegung versetzt; dies führte zu Bruchbildungen innerhalb der Sedimente, und einzelne dieser Brüche − so auch Helgoland − wurden gehoben.

117

Die Plattform der Insel, wie sie sich heute auf dem Oberland, der höchstgelegenen Fläche der Insel, zeigt, wurde durch die glättende Tätigkeit der sich zurückziehenden Gletscher geschaffen; Eiszeitgeschiebe finden sich an einigen Stellen des Oberlandes.

Als Helgoland noch eine größere Ausdehnung hatte, war die Insel kein Felsengebilde, sondern vorwiegend eine Geestinsel, die sich – abgesehen von dem Felsen und dem in historischer Zeit eingestürzten ›Witte Kliff‹ – nicht von der benachbarten Insel Sylt unterschied.

Die unterschiedlichen Buntsandstein- und Zechsteinschichten des Felsens gehören der Trias an. Die ehemals horizontale Oberflächenlage wurde durch Druck zur Schräglage. Die Form des heute 1700 m langen Buntsandsteinfelsblocks hat sich erst vor ca. 6000 Jahren gebildet. Die eingestürzten Kliffs, die schließlich von den Wellen des Meeres zerkleinert und weggetragen wurden, hatten dem eigentlichen Felsmassiv bis dahin einen gewissen Schutz vor den zerstörenden Fluten geboten. Doch nun konnte das Wasser ungehindert am Felsen nagen, so daß wir heute nur noch den Sockel, der zugleich die Brandungsterrasse darstellt, vorfinden. Im Westen und Nordwesten ist diese am umfangreichsten; bei extremem Niedrigwasser ist die Brandungsterrasse sogar trocken. Sie läßt sich bei normalem Niedrigwasser gut erkennen und hat eine gewisse Ähnlichkeit mit einer Anordnung vieler Rippen. Diese Schicht- und Bruchlinien sind vom Meer leicht zu überformende Gebiete, da ihnen ein stärkeres Gefüge fehlt. Ein Relikt dieser erosiven Bearbeitung durch die See ist der berühmte Fels an der Nord-Küste, im allgemeinen bekannt als ›Hengst‹ oder auch – volkstümlich –›Lange Anna‹ (Abb. 23). Wie rasch das Meer arbeitet, erkennt man, wenn man die Form der heutigen Insel mit Abbildungen aus früheren Jahrhunderten vergleicht. Torbögen und Einzelfelsen, ähnlich dem ›Hengst‹, die noch auf Dar-

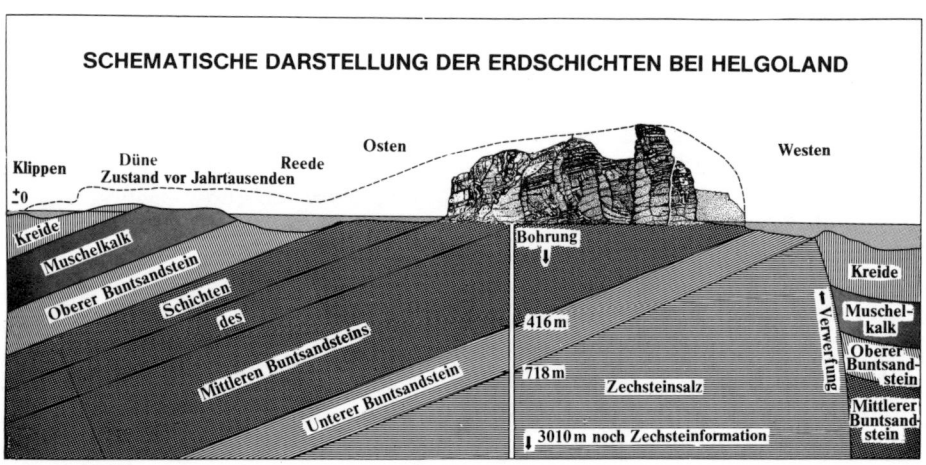

SCHEMATISCHE DARSTELLUNG DER ERDSCHICHTEN BEI HELGOLAND

stellungen des vergangenen Jahrhunderts vorkommen, sind inzwischen zusammengefallen und weggetragen worden. Man hat errechnet, daß sich das Helgoländer Oberland pro 100 Jahre um ca. 2 ha verkleinert hat. Allein im 19. Jahrhundert stürzten folgende Inselteile ins Meer:

> 1802 der ›Trichter‹,
> 1808 der Torbogen des ›Nobelgat‹,
> 1838 der ›Mönch‹,
> 1844 ein Teil des ›Saturn‹,
> 1854 der ›Mörmersgat‹,
> 1856 ein Teil des ›Hengst‹,
> 1895 der ›Letje Kark‹.

Bis zum heutigen Tage ist die zerstörende Kraft des Meeres wirksam, und wenn Stürme die Wellen der Nordsee gegen den Fels peitschen, geht die nagende Wirkung in verstärktem Maße weiter.

Hier noch ein paar Zahlen zur Illustration: Während das Oberland im Jahre 1892 noch 41 ha 20 a und 36 m² groß war, verringerte es sich bis zum Jahre 1906 auf 41 ha 5 a und 67 m²; dies entspricht einer jährlichen Abnahme von 105 m². Im Zeitraum von 1845 bis 1899 nahm das Oberland um 97 a und 14 m² ab. Dieses Minus kam jedoch teilweise dem Unterland zugute.

Die Düne (Abb. 21), die bis zum Jahre 1720 mit der Hauptinsel verbunden war, hatte in ihrem Nordwesten – bis ins 16. Jahrhundert – einen aus Kreide und Muschelkalk aufgebauten Klippenzug, das ›Witte Kliff‹, das im Mittelalter noch die Höhe der Hauptinsel erreichte. Doch die Strömung nagte unaufhörlich an diesem Klippenzug, bis schließlich nur noch ein schmaler Streifen übrig war. Der Untergang des ›Witte Kliff‹ wurde durch den unbedachten Abbau der Gipsvorräte, den die Inselbewohner betrieben, noch beschleunigt; der Rest versank dann bei einem Novembersturm im Jahre 1711 ins Meer.

Bis zum Jahre 1720 bestand eine begehbare Verbindung von der Hauptinsel zur Düne. In einer Sturmflut ging auch dieser Geröllwall – ›de Waal‹ – unter. Damit war die Landverbindung zur Düne zerstört. Die Reste des Walls wurden von den Fluten zum Unterland gespült; dadurch wurde dieses um einige hundert Quadratmeter vergrößert. Die Düne aber, nun jeglichen Schutzes beraubt, nahm bereits im Norden und Osten an Umfang ab. Eine Beruhigung trat erst 1870 ein; eine langsame Verlandung im Gebiet der nördlichen Klippen verursachte allmählich eine Strömungsänderung der Nordseewasser. Dadurch wurden die im Westen abgetragenen Teile wieder im Osten der Düne angespült. Doch auch weiterhin verändern Strömung und Windrichtung das Aussehen der Düne: Nordostwinde führen zur Landabnahme, Südwestwinde jedoch zur Landzunahme. –

Wegen der starken ›Tidenströmung‹ hat man, um dem ›Roten Fels‹, wie Helgoland auch bezeichnet wird, ein weiteres ›Weggewaschen-Werden‹ zu ersparen, eine starke Mauer um die besonders exponierten Stellen gezogen. Sie soll die nagende

Wirkung der unterspülenden Brandung abhalten. Die Düne jedoch, die vor ihrer Verkleinerung im Zweiten Weltkrieg bei mittlerem Wasserstand eine Größe von ca. 14 ha hatte, ist auch weiterhin der Abtragung durch das offene Meer ausgesetzt.

Helgolands Klima gilt als das am meisten gemäßigte Ozeanklima Deutschlands. Bedingt wird das durch den Golfstrom, der die Insel beidseitig umfließt. Die durchschnittliche Jahrestemperatur z. B. ist auf Helgoland um etwa 1 °C höher als auf dem Festland. Der ausgleichenden Wirkung des Meeres ist es zuzuschreiben, daß es im Sommer kühler ist als an der Küste und im Binnenland.

Auffallend auf Helgoland ist der rasche Wechsel zwischen bedecktem und blauem Himmel. Es kommt oft vor, daß der Morgen einen kühlen und regnerischen Tag vermuten läßt, doch dann strahlt die Sonne plötzlich übers ganze Gesicht . . . Die geringsten Niederschläge bringt gewöhnlich das Frühjahr; die feuchtesten Monate liegen im Spätsommer und im Herbst. Besonders auf den Nordseeinseln ist es nicht richtig anzunehmen, daß Hochsaison und beständiges Wetter gleichzusetzen sind. Meist erweisen sich die Monate der Vor- und Nachsaison als witterungsbeständiger. Doch mit Regen, und sei er auch noch so kurz, sollte man auf Helgoland dauernd rechnen. Gar so schlimm ist es jedoch nicht, sorgt doch der ständig wehende Wind dafür, daß es zu keiner länger andauernden Regenzeit kommt.

Wer sich gern den Wind um die Ohren wehen läßt, der ist auf Helgoland gerade richtig. Im Herbst aber kann es dann doch manchmal ungemütlich werden. Wenn die stärkeren Winde aufkommen, pfeift es auf dem Oberland so heftig, daß man oft kaum noch aufrecht gehen kann. Während der Sommermonate ist die Windstärke am geringsten; sie liegt ungefähr bei drei bis vier Beaufort. Von Oktober bis gegen Ende Januar aber geht die Windstärke durchwegs über die Achtergrenze hinaus. –

Da Helgoland von der Elbe- und Wesermündung nur etwa 70 km entfernt liegt, macht sich der Einfluß dieser beiden wasserreichen Süßwasserströme auf das Nordseewasser im Bereich der Insel bemerkbar. Das gilt sowohl für die Wassertemperaturen als auch für den durchschnittlichen Salzgehalt.

Auch die Gezeiten – ›Tiden‹ genannt – machen sich um Helgoland bemerkbar. Die Differenz zwischen dem mittleren Niedrigwasser und dem mittleren Hochwasser – der ›Tidenhub‹ – beträgt etwa 2,25 m, wobei jedoch eine normale Wetterlage zugrunde gelegt ist. Verglichen mit anderen Orten im Küstenbereich, etwa Emden, Wilhelmshaven oder Bremerhaven, ist das nicht besonders viel. So liegt z. B. der mittlere Tidenhub von Emden bei 3,02 m und der von Wilhelmshaven sogar bei 3,59 m! – Für Helgoland kommt die Flut von Norden, nimmt dann ihren Weg durch die Enge zwischen Hauptinsel und Düne und dreht schließlich nach Osten ab. Auf seinem Rückzug zwängt sich der Ebbstrom wiederum durch die Öffnung zwischen der Hauptinsel und der Düne; sein Weg verläuft von Südwest nach Nordost. Besonders ungemütlich kann die See werden, wenn mit den Gezeiten zugleich Sturm aufkommt; Wellen von 6 und 8 m Höhe sind dann keine Seltenheit.

See- und Kurbad Helgoland

Emsige Geschäftigkeit bemächtigt sich der Insel, wenn sich in den Sommermonaten wahre Touristenströme durch die Straßen Helgolands drängeln. Allerdings: verstopfte Straßen, Hupkonzerte und im Halteverbot parkende Autos, wie man das in anderen Erholungsorten an der Nordsee allzu oft feststellen kann, so etwas gibt's auf Helgoland nicht. Die Insel ist ein Ort wohltuender Ruhe. Nur wenige Benzin-Fahrzeuge verkehren auf dem Eiland, und das sind ausschließlich Nutzfahrzeuge; wenn es brennt, muß man auch hier rasch zur Stelle sein, und auch ein Helgoländer Blinddarm läßt nicht mit sich spaßen . . . –

Den üblichen Transport übernehmen Elektro-Karren. Sie sind geräuscharm und fahren verhältnismäßig langsam. Seitens der Gemeindeverwaltung ist man sehr bestrebt, den Erholungscharakter der Insel noch deutlicher hervorzuheben. Schon vor dem Ersten Weltkrieg hatte man versucht, Helgoland zu einer Insel der Erholung zu machen. Das Jahr 1826 z. B. bescherte 100 Badegäste; nur sehr langsam stieg die Zahl an. Im Gegensatz zu heutigen Verhältnissen, da man in der Hauptsaison ohne wochenlange Vorbestellung nur mit sehr viel Glück ein Zimmer erhält, warteten damals die Inselbewohner an der Reeling und bestürmten die ankommenden Schiffsreisenden, bei ihnen Quartier zu nehmen. So konnte man den geringen Verdienst ein wenig aufbessern. Der Anfang des Seebades Helgoland war gemacht, als ein Mann namens Siemens eine Aktiengesellschaft gründete. Diese Gesellschaft brachte zur Förderung des ›Unternehmens Helgoland‹ 20 Anteilscheine zu je 100,– Mark heraus; der allererste Grundstein zur Entwicklung der Insel als Kurbad war damit gelegt. Was man den Gästen in diesen Pionierzeiten anbieten konnte, war sehr bescheiden: 1826 wurde das Seebad Helgoland mit vier Badekarren auf der Düne und zweien auf dem Unterland eröffnet. Aktionäre und Bewohner der Insel waren gleichgestellt. Das einzige, was sie diesen voraus hatten, war, »daß sämtlichen Teilnehmern in einer ungetrennten Gesellschaft für eine Zeit von zwanzig Jahren das ausschließliche Recht für die Anlegung und Fortdauer einer Anstalt hieselbst bewilligt werden möchte und zwar, daß keiner, wer es auch sein möchte, während der letztgenannten Zeit dieselbe durch Anlegung einer ähnlichen Anstalt beeinträchtigen könne.« Auch eine Art ›Kurtaxe‹ gab es damals schon; das Geld wurde zur Errichtung der geplanten Badeanstalt einkassiert.

Sicher, ganze Scharen von Gästen sind nur für ein paar Stunden auf Helgoland, halten Ausschau, wo's den Whisky am billigsten gibt, laufen einmal ums ›Viereck‹, und weg sind sie ... Besonders an Wochenenden sieht man vollbepackte Gäste mit Tragetaschen zur Reeling marschieren. Doch Helgoland ist mehr als ein Einkaufsparadies. Der Status eines Zollausschlußgebietes wurde der Insel 1952 mit der Wiederbesiedlung zurückgegeben. Damit ist Helgoland die einzige Gemeinde in der Bundesrepublik Deutschland, die eine Gemeindeeinfuhrsteuer einziehen darf. Die ›Inselsteuer‹, wie sie im Volksmund genannt wird, würde man auf dem Festland als ›Verbrauchssteuer‹ bezeichnen; dort ist sie eine Bundeseinnahme, hier eine Gemeindeeinnahme.

Wie gesagt, Helgoland ist mehr! Viele Besucher kommen auf die Kurinsel, weil sie sich vom Aufenthalt Linderung oder Heilung ihrer Leiden versprechen. Da die Insel ringsum von Wasser umgeben ist und keinerlei Industrie und auch sonst keine luftbeeinträchtigenden Einrichtungen kennt, ist sie laut Feststellung des Allergikerbundes »das staubfreieste, jod- und ozonreichste Fleckchen in Deutschland«. Messungen haben ergeben, daß selbst auf dem Gipfel der Zugspitze noch zehnmal mehr Staubkerne pro Kubikzentimeter vorhanden sind als auf Helgoland. Die Insel besitzt eine der modernsten Kurmittelanlagen des Landes Schleswig-Holstein. 1980 wurde das Freizeitangebot der Insel durch die Fertigstellung der ›Freizeitanlage Nord-Ost‹ erheblich erweitert. Die Anlage umfaßt eine Leichtathletikanlage sowie Fußball-, Handball-, Volleyballplätze und Gymnastikeinrichtungen. – Das der Gesundheit sehr zuträgliche Seeklima Helgolands hilft bei einer ganzen Reihe von Beschwerden: Kreislaufstörungen, Erkrankungen der Atemwege, Rachen- und Luftröhrenkatarrh, Bronchitis, Asthma, Emphysembronchitis, Rhinitis, Pharyngitis, Laryngitis, Wirbelsäulenerkrankungen, Rheuma, Ekzemen und Allergien aller Art.

Helgoland ist bestrebt – ähnlich wie Sylt – auch während der Wintermonate attraktiv zu sein. Viele Gäste sehen vor allem in der größeren Ruhe und in der individuelleren Behandlung einen Grund, die Insel während des Winters aufzusuchen. Die Veranstaltungen sind dann auf ein Minimum reduziert, und nirgends gibt es Gedränge auf den Straßen. Die Cafés sind nicht überfüllt, und auch ohne lange Voranmeldung kann man nach einer geeigneten Unterkunft Ausschau halten, während man zur Hauptsaison nehmen muß, was gerade noch übrig ist ...

Vom Unterland zum Oberland

Bei schönem Wetter ist es ein großes Vergnügen, die Insel zu erkunden. Eine große Zahl von Spazierwegen steht zur Verfügung. Sie führen den Gast rund um die Insel. Dort, wo Häuser stehen, ist der Boden mit Steinplatten belegt; die anderen Teile Helgolands haben Naturwege. Bei einem Inselumfang von rund 3,5 km beträgt das Straßennetz ca. 12 km; die meisten steingedeckten Straßen finden sich auf dem Unterland. Auf der Düne gibt es fast ausschließlich Naturwege (Abb. 22).

Unterland und Oberland der Hauptinsel sind durch Treppenwege miteinander verbunden; allerdings kann man auch per Lift nach oben gelangen. Oberland und Unterland sind gleichermaßen bewohnt; das Unterland jedoch hat die meisten Geschäfte. Recht eigenwillig wirkt die Farbgebung der Häuser. Beim Wiederaufbau Helgolands hat man sich etwas einfallen lassen! Natürlich waren die ›Ureinwohner‹ zuerst der Ansicht, daß die Insel – mehr oder weniger – in jenen Zustand zurückzuversetzen sei, wie er vor dem Kriege bestanden hat. Doch das dreizehnköpfige Preisgericht unter dem Vorsitz von Professor Bartning entschied anders: moderne, zweckmäßige Bauten sollten das Bild der Insel bestimmen. Es muß eine furchtbare Arbeit gewesen sein, die Grundstücke zu bereinigen; man wollte ja zu einem vernünftigen und zügigen Wiederaufbau gelangen. Als kleine Kostprobe zur Illustration der Schwierigkeiten sei erwähnt, daß in den erhalten gebliebenen Katasterverzeichnissen und Grundbüchern 1953 auf Helgoland 1424 Grundstücke eingetragen waren. Das größte war 500 m², das kleinste nur 1 m² groß, dafür aber gab es 48 Besitzer! Über ein Drittel der Grundstücke auf dem Unterland umfaßte weniger als 40 m², und knapp 60 Prozent war unter 80 m². Den Planern werden die Köpfe geraucht haben ...

Einen wichtigen Beitrag zur Neugestaltung der Insel lieferte der Maler Johannes Ufer. Er hatte einen Farbplan entwickelt, der 14 Farbtöne enthielt, nach denen die Hauptfarbe der einzelnen Häuser bestimmt wurde. Nicht zuletzt durch diese kräftigen, fröhlichen Farben macht Helgoland auf den Besucher heute einen heiteren Eindruck. –

Eine international bekannte Institution Helgolands ist die *Biologische Anstalt*. Sie liegt in unmittelbarer Nähe des Meerwasser-Schwimmbades und des Aquariums.

Eine große Zahl von Wissenschaftlern, vorwiegend Chemiker und Meeresbiologen, arbeitet hier. Sehr eng ist die Zusammenarbeit mit den Universitäten von Hamburg und Kiel. Über die Forschungsarbeiten berichten die ›Helgoländer Wissenschaftlichen Meeresuntersuchungen‹. Zum Aufgabenbereich der Biologischen Anstalt gehören: Grundlagenforschung auf allen Gebieten der Meeresbiologie, Förderung der Kenntnis vom Leben im Meer durch Bereitstellung für Gastforscher, Veranstaltung meeresbiologischer Kurse, Versorgung festländischer Lehr- und Forschungsstätten mit maritimem Untersuchungsmaterial und Unterhaltung eines Schau-, Lehr- und Versuchsaquariums.

Das 1937 fertiggestellte Forschungsgebäude war im Krieg zerstört worden; erst 1959 konnte der Betrieb wieder aufgenommen werden. Die Anstalt blickt zurück auf eine lange Vorgeschichte: Schon in den Jahren 1875/76 hatte sich die ›Versammlung Deutscher Naturforscher und Ärzte‹ dafür eingesetzt, auf Helgoland eine meeresbiologische Forschungsstätte einzurichten. Die besondere Lage der Insel schien eine gute Voraussetzung für dieses Vorhaben zu sein. Doch bis zur Verwirklichung dauerte es noch etwas; die Tauschaktion zwischen England und dem Deutschen Reich stand ja erst noch bevor!

Erster Direktor der Anstalt wurde schließlich Friedrich Heincke (1852–1929). Er trat vor allem durch seine Untersuchungen über die Artmerkmale und Rassen des Herings hervor. Bedeutung erhielt die Anstalt auch wegen ihrer Algenforschung und deren praktischer Anwendung für den Menschen, ebenso wegen der Untersuchungen über Lebensbedingungen und Lebenskunde der Nutzfische in den internationalen Fanggebieten der Hochseefischerei. Die Forschungsgebiete der Biologischen Anstalt unterteilen sich in: Zoologie, Botanik, Physiologie, Mikrobiologie, Planktologie, Ichthyologie und Strahlenbiologie. Für die Untersuchungen stehen den Wissenschaftlern mehrere bestens ausgerüstete Forschungsschiffe zur Verfügung.

Mit der Errichtung der Anstalt im Jahre 1892 hatten die deutschen Forscher die Möglichkeit, an der eigenen Küste meeresbiologische Untersuchungen durchzuführen. Das war notwendig, weil die Gewässer an der Festlandküste nur in geringem Maße Formenreichtum und Vielfalt des offenen Meeres aufweisen. Besonders Helgoland mit seinen Felsriffs bietet der Flora und Fauna des Meeres beste Voraussetzungen dafür, sich reich zu entfalten. Auch der stetige Wechsel zwischen Ebbe und Flut bestimmt, welche Pflanzen und Tiere sich hier ausbreiten können; hinzu kommt noch die ununterbrochene Verlagerung der Sedimente, die ebenfalls nur geeignete Lebewesen aufkommen läßt. Durch die besonderen Gegebenheiten bietet Helgoland dieselben Lebensvoraussetzungen wie etwa Skandinavien oder die Steilküsten der Britischen Inseln.

Der Kommission, die von der preußischen Regierung im Jahre 1876 zur Erörterung der Frage, ob sich die Insel für das Forschungsvorhaben eigne, zusammengestellt wurde, gehörten an: der Zoologe Max Braun, der Radiolarienforscher Ernst Haeckel, der Pflanzenphysiologe Julius Sachs, der Arzt Hermann Pagenstecher, der

Zoologe Rudolf Leuckart, der Botaniker Nathanael Pringsheim und der Pharmakologe Hans Meyer. In der Gründungsschrift wird die Aufgabe der Anstalt in folgender Weise umrissen: »Die Aufgabe sei eine wissenschaftliche, deren Gegenstand die reine Meeresbiologie mit besonderer Beziehung auf die Nordsee bildet, nicht weniger aber auch eine praktische, indem sie durch ihre Arbeiten auf dem Gebiete der angewandten Meeresbiologie auch der deutschen Fischerei förderlich sein soll.«

Schon 1835 war von Helgoland die Rede, als der Naturforscher Christian Gottfried Ehrenberg, der sich besonders mit den Korallentieren des Roten Meeres befaßt hatte, bei einem Besuch auf Helgoland die Ursache des Meeresleuchtens entdeckte. Aber auch die Arbeiten des berühmten Physiologen Johannes Müller machten um 1845 viele Gelehrte auf die Insel aufmerksam. Was sich 1892 aus nur wenigen Forschern – hauptsächlich Haeckel, Sachs, Leuckart und Pringsheim – zusammengesetzt hatte, wuchs so rasch, daß die Biologische Anstalt im Jahre 1919 schon 13 Gebäude besaß; die Zahl der Mitarbeiter war auf acht ständige wissenschaftliche und 16 technische Angestellte gestiegen. Für auswärtige Wissenschaftler standen weitere Gastlaboratorien zur Verfügung. Doch empfand man es auf die Dauer als störend, daß die Forschungsstätten nicht in einem einzigen Gebäude untergebracht waren. Abhilfe wurde geschaffen durch den 1925 begonnenen Bau, der 1937 zu Ende geführt war. Erdbeben- und Vogelwarte hatte man ausquartiert und auf dem Oberland angesiedelt. Seit 1902 gehörte zur Biologischen Anstalt ein Aquarium . Seine Erstellung verdankte es einem Gönner der Anstalt, dem Forschungsreisenden und Archäologen Max Freiherr von Oppenheim.

Die weite Thematik der Forschung machte es nötig, daß bereits im Jahre 1924, als die Untersuchungen auch auf das Wattenmeer ausgedehnt wurden, eine ›Filiale‹ eingerichtet werden mußte. Dieses ›Zweiglaboratorium für Austernforschung und zur Erforschung des Wattenmeeres‹ hatte zuerst seinen Standort in List auf Sylt; 1937 wurde es verlegt auf die Halbinsel Ellenbogen, ebenfalls auf Sylt.

Eine Erweiterung erfuhr die Biologische Anstalt vor dem Zweiten Weltkrieg durch Gründung einer Dienststelle, die sich mit den biologisch-statistischen Untersuchungen am Fischmarkt befaßte. Diese Stelle wurde 1929 in Wesermünde in Zusammenarbeit mit dem ›Institut für Seefischerei‹, der späteren ›Reichsanstalt für Fischerei‹, eingerichtet. –

Die Kriegszeiten brachten die völlige Zerstörung des Forschungsgebäudes auf Helgoland mit sich. Doch man verzagte nicht, und schon 1945 fanden sich einige ehemalige Mitarbeiter bereit, die Arbeit, aufgeteilt auf Cuxhaven, List und Hamburg-Altona, fortzusetzen. Nach der Freigabe der Insel 1952 machte man sich unverzüglich daran, das Gebäude an seinem angestammten Platz wieder aufzubauen. Der Wiederaufbau ermöglichte eine großzügige und moderne Einrichtung der Laboratorien; eine mikrobiologische und eine physiologische Abteilung wurde angegliedert. Administrativ ist die Biologische Anstalt heute dem ›Bundesministerium für Ernährung, Landwirtschaft und Forsten‹ in Bonn unterstellt. –

Einem berühmten Mann haben die Helgoländer an der Landungsbrücke ein Denkmal errichtet: Heinrich Hoffmann von Fallersleben. Auf dem Steinsockel, der die Büste des Dichters trägt, wird daran erinnert, daß er 1841 auf Helgoland das ›Lied der Deutschen‹ gedichtet hat, den Text der heutigen Nationalhymne. Hoffmann von Fallersleben hatte es auf die damals noch englische Insel verschlagen.

Ein kurzer Spaziergang führt uns in das Hafengelände mit seiner Vielzahl von Fischerbooten. Manchmal liegen auch Schiffe der Bundesmarine am Quai, nicht zu vergessen der Seenotrettungskreuzer, der auf Helgoland stationiert ist. Die Hafenanlagen sind Anlagen des Bundes und unterstehen der Oberaufsicht durch das Wasser- und Schiffahrtsamt Tönning, das seinerseits dem Schiffahrtsamt in Kiel untersteht. Dieses Amt beaufsichtigt die Westküste von Schleswig-Holstein, die Kette der Friesischen Inseln und den Nord-Ostsee-Kanal. Die Hauptinsel verfügt über sechs Häfen: den Vorhafen, den Südhafen, den Binnenhafen, den Augustahafen, die Binnenreede und den Nord-Ost-Hafen; Vorhafen und Südhafen können die meisten Schiffe aufnehmen. Hier finden die Fischkutter bei stürmischem Wetter Schutz vor der zerstörenden Gewalt der Meereswellen. Im Binnenhafen werden die Versorgungsschiffe gelöscht; außerdem sind hier die meisten Kleinboote festgemacht, die dem Transport der Passagiere von den Seebäderschiffen zur Insel dienen. Die Bäderschiffe selbst gehen vor der Binnenreede, die dem Meer fast ungeschützt ausgeliefert ist, vor Anker. Im Nord-Ost-Hafen, in unmittelbarer Nähe der Biologischen Anstalt, liegen kleinere private Motoryachten und Campingboote. –

Die gesamte Nutzlänge des Hafenquais beträgt 1940 m. Starke Mauern und Deiche schützen die Hafenanlagen vor den Kräften des Meeres; dieser Inselschutz hat eine Gesamtlänge von ca. 6700 m (Farbtafel 16). Für das kleine Helgoland sind die Anlagen ungewöhnlich umfangreich, was jedoch auf die einstige Verwendung als Seefestung und Kriegshafen zurückzuführen ist. – Helgoland wird oft als Nothafen angelaufen; vor allem zur Zeit der Herbststürme liegen hier viele Fischkutter der verschiedensten Nationen einträchtig nebeneinander und warten auf besseres Wetter.

Auf unserem Weg von der Landungsbrücke zu den Hafenanlagen sind wir an einer ganzen Reihe von kleinen Häuschen vorbeigekommen. Eines sieht aus wie das andere; diese ›Hummerbuden‹ werden als Arbeitsräume für den Hummerfang genutzt (Farbtafel 17). In einigen werden auch Fische geräuchert. Auf lange Stangen aufgespießt, hängen die ausgenommenen Fische im Rauch, bis sie das schmackhafte, starke Aroma angenommen haben und eßfertig sind. Natürlich wird der größte Teil des Fischbedarfs auf Helgoland aus dem Eigenfang bestritten.

Zu den Spezialitäten der Insel gehört der Hummer. Doch um Helgoland herum wird dieses Meerestier nur noch in geringen Mengen gefangen. Die große Zeit des ›Helgoländer Hummers‹ ist so ziemlich vorbei. Die meisten Schalentiere werden heute aus Norwegen oder Kanada importiert. Was jedoch nicht heißen soll, daß sie nicht trotzdem als ›Helgoländer Hummer‹ auf den Tisch kommen . . . Der Hummer ist schon rein äußerlich betrachtet ein recht interessantes Tier. In ungekochtem Zustand ist der Hummer von dunkelvioletter Farbe; rot wird er erst durch das Kochen. Am Kopf trägt er zwei Scheren, die meist verschieden lang sind. Das Tier wird ca. 50 cm lang und wiegt dann rund 5,0 kg. Die Fangstellen liegen in einem Gürtel von etwa einer Meile auf dem Felsboden Helgolands. Von Mitte Juli bis Mitte September dauert die Schonzeit; in den übrigen Monaten darf der Hummer gefangen werden. Dies geschieht mit besonderen Fanggestellen oder auch mit Hilfe von Fangkörben, den sogenannten ›Tinnern‹; vor den Hummerbuden liegen solche Fangkörbe oft herum. – Helgolands Rekordjahr im Hummerfang war das Jahr 1937. Damals wurden 87 000 Stück aus dem Meer geholt; dagegen ist der heutige Jahresdurchschnitt mit 10 000 bis 14 000 Stück recht bescheiden!

Im Gegensatz zu den reichhaltig vorhandenen Meeresfrüchten ist die Versorgung mit den wichtigsten Nahrungsmitteln komplizierter. Da es auf Helgoland keine Landwirtschaft und damit auch kein Weidevieh gibt, muß täglich Milch herbeigeschafft werden. Die wichtigsten Lieferanten sind die Cuxhavener Stadtmolkerei und die Meierei in Höftgrube. Ein Großteil des Bedarfs jedoch wird als Kondensmilch in Dosen direkt aus Dänemark über den Hafen Esbjerg importiert. Ein weiterer Teil kommt aus Holland und wird über den Hamburger Freihafen mit Hilfe der Versorgungsschiffe eingeführt. Auch Eier, Fleisch, Gemüse und Früchte müssen ausnahmslos importiert werden. Die Eier stammen vorwiegend aus Dänemark, während es sich beim Fleisch hauptsächlich um argentinisches Gefrierfleisch, um polnische Schweine und dänisches Geflügel handelt; nur eine geringe Menge ist Frischfleisch. Gemüse und Früchte kommen direkt vom Hamburger Großmarkt, während ausländische Waren, wie Südfrüchte, Bananen, Weintrauben etc. – ebenso Zigaretten und andere Genußmittel – über den Hamburger Freihafen angeliefert werden.

Bei der Neugestaltung der Insel wurde von Grund auf neu geplant; das gilt auch für die Versorgung mit Energie. Anfangs war man von einer Einwohnerzahl von höchstens 2500 Personen ausgegangen; 1953 konnte man sich schwerlich vorstellen, daß die angenommenen Werte schon in kurzer Zeit überschritten würden. Bereits

1965 beliefen sich die tatsächlichen Zahlen auf ca. 3000 Einwohner, 3000 Pensionsgäste pro Sommertag und zusätzlich etwa 4000 Tagesgäste, deren Zahl sich jedoch an Wochenenden bis zu 8000 erhöhen kann. – Eine Besonderheit im Versorgungssystem Helgolands stellt die Wärmelieferung dar; die Häuser sind an das Fernheiznetz angeschlossen. Wegen des geodätischen Höhenunterschieds von Ober- und Unterland wurde diese Warmwasseranlage in zwei Heizkreise aufgeteilt. Die eingebauten Wärmeaustauscher arbeiten im Gegenstromprinzip; beide Heizkreise haben Umwälzpumpen. Diese pumpen das Fernheizungswasser durch den Wärmekondensator der arbeitenden Turbine, und von da aus wird das Wasser über den Wärmeaustauscher gedrückt. Das Wasser fließt nun weiter als Wärmeaustauscher in die Häuser. Wie bei den Wärmeaustauschern so sind auch die Wärmekondensatoren in die beiden verschiedenen Heizkreise unterteilt. Im Heizsystem gibt es keine Druckdifferenzen, da Ausgleichsbehälter und Diktierpumpen für Gleichmäßigkeit sorgen. Mit dem beim Rücklauf erhaltenen warmen Wasser wird das große Schwimmbad beheizt. –

Die Stromerzeugung geschah vor dem Kriege mit Dieselmotoren; seit dem Wiederaufbau der Insel wird diese Aufgabe von Turbogeneratoren übernommen, deren Abwärme mit zur Fernbeheizung der Häuser verwendet wird. Das schwere Heizöl, das zur Verfeuerung benötigt wird, ruht in zwei Lagertanks hinter dem Werksgelände. Die Auffüllung dieser Tanks geschieht mit Hilfe einer Pipeline, die zum Nord-Ost-Hafen führt. –

Die Lage und Nutzung Helgolands als Kurinsel in der salzhaltigen Nordsee macht es schwierig, die Haushaltungen mit brauchbarem Wasser zu versorgen. Bereits vor dem Zweiten Weltkrieg versuchte man durch Bohrungen im Jahre 1938 festzustellen, ob es unter Helgoland eine Quelle gäbe. Man bohrte bis in mehr als 3000 m Tiefe; doch waren diese Bemühungen umsonst. Bis dahin hatte man die Versorgung so geregelt, daß Regenwasser in Zisternen aufgefangen wurde; hinzu kam noch die Anlieferung von Wasser mit Hilfe von Tankschiffen. Mit der Wiederbesiedelung der Insel im Jahre 1952 stellte sich das Problem von neuem. Man beschloß, das Nord-Ost-Gelände nicht zu bebauen und dieses Gebiet als Wassereinzugsgelände zu verwenden. Geologische Untersuchungen ergaben, daß dieses Gelände gut geeignet war zur Versickerung des anfallenden Regenwassers. In einer sogenannten ›Kalotte‹ sammelt sich dieses Wasser in etwas mehr als 4 m Tiefe. Dann baute man Flachbrunnen, die mit Elektropumpen ausgerüstet wurden. Diese Pumpen bringen das versickerte Regenwasser in Reinwasserbehälter. Zwischen den Flachbrunnen und den Reinwasserbehältern fließt das Wasser über eine Chlor- und Enteisungsanlage, und von dort aus wird es durch Pumpen über Hydrophoranlagen – eine Saugeinrichtung zwecks Zuführung großer Wassermengen – zu den Haushaltungen gedrückt. Dabei werden Ober- und Unterland unabhängig voneinander beliefert. – Vor Inbetriebnahme der Anlage rechnete man mit einem Jahresbedarf von ca. 90 000 t, die man als brauchbares Wasser dem Versickerungsgebiet glaubte entnehmen zu kön-

20 Die Nordspitze Helgolands
21 Die Helgoländer Düne mit Badestrand

22 Helgoland 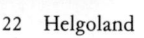 ▷

23   Die ›Lange Anna‹ von Helgoland

24 Prachtstube aus dem friesischen Kommandeurshof auf Röm

25 Innenraum der Kirche von Kirkeby auf Röm

26 Dünenlandschaft ▷

27 Die Alte Kirche auf Pellworm mit der Turmruine

28 Reetgedeckte Bauernkate auf Pellworm

29/30   Pellwormer Bauernhof auf hoher Warft

31   Wrackteil der ›Ormen Friske‹, einem nachgebauten Wikingerschiff, auf Pellworm ▷

DAS BLVTTES I CHRISTI DE CHRISTVS IST MEIN L
SOHNES GOTTES MACHET STERBEN IST MEINE
...EIN VON ALLER SVND... PHILIPPER AM 1 C

HEVTE MIR
MORGEN DIR

FRIDERICH DE THLEFSEN STARB SELIG Aō 1679 A
NIMAN DETLEFSEN STARB SELIG Aō 1680 AT

33 Grabplatten an der Westmauer der St. Vincenz-Kirche auf Nordstrand

◁ 32 Mit dem Pferdefuhrwerk durchs Watt von Pellworm zu den Halligen

34 Die Vogelkoje auf Nordstrand

35 Der Trendermarsch-Koog auf Nordstrand

36 Vereistes Wattenmeer zwischen den Halligen

nen. Die Wirklichkeit zeigte jedoch bald, daß nur etwa 40 000 t als ›normales‹ Wasser benutzbar waren. Pumpt man nämlich noch mehr Wasser heraus, so erhält man ›Brackenwasser‹, das um so salzhaltiger schmeckt, je mehr man der Anlage entnimmt. Obgleich dieses Wasser als ›sauberes‹ Wasser bezeichnet werden muß – ständige Kontrollen wachen über die biologische Reinheit – , so ist seine Verwendung doch recht beschränkt, da man es nur als Spül- und Waschwasser, sogenanntes ›Brauchwasser‹, benutzen kann; in der Küche findet es somit nur zum Teil Verwendung.

Entgegen ersten Planungsideen mußte man schließlich auf den Bau von Hauszisternen zurückgreifen. Da man aber darüber hinaus noch mehr brauchbares Wasser zur Verfügung haben wollte, wurde eine Regenwasserkanalisation eingerichtet: der Regen, der auf Plätze und Straßen fällt, wird in Senken gesammelt und fließt in eine Zisternenanlage, die aus mehreren Behältern besteht. Diese Behälter wurden seiner Zeit schon von der auf Helgoland stationierten Marine benutzt und konnten nach dem Kriege wieder in gebrauchsfähigen Zustand überführt werden. Bevor das gesammelte Regenwasser in eine Lagerkammer gebracht wird, fließt es von der Auffangkammer mit Hilfe von Pumpen in die Aufbereitungskammer, wo ihm Chlor und andere keimtötende Zusätze beigemischt werden. –

Die Wasserversorgung Helgolands ist also stark vom Regen abhängig. Wenn nicht genügend Regen fällt, müßten bedeutende Mengen Wasser vom Festland bezogen werden. Andererseits besteht die Möglichkeit, überschüssiges Wasser verrieseln zu lassen und in die Flachbrunnen zu leiten. Kühlwasser-Großverbraucher – etwa das Kraftwerk – werden mit Seewasser versorgt. Die Kühleinrichtungen der Hilfsmaschinen jedoch müssen mit Frischwasser beschickt werden.

Doch nicht nur materielle Versorgung ist nötig; auch für Unterhaltung will gesorgt sein. Seit 1967 gibt es auf der Insel regelmäßige Filmvorführungen. Gut geeignet dafür sind die Räumlichkeiten der Nordseehallen, einem Mehrzweckbau im Unterland, der zugleich den ›Bunten Abenden‹ mit international bekannten Künstlern dient. Außerdem gibt es eine Reihe von Unterhaltungslokalen und Tanzcafés. Der Fortbildung und der Unterhaltung zugleich dient die Gemeindebibliothek; sie steht Einheimischen und Gästen in gleicher Weise zur Verfügung. Außerdem gibt es noch einen Leseraum, in dem Tageszeitungen und Illustrierte des In- und Auslandes ausgelegt sind. –

Die doch ziemlich abgeschiedene Insellage brachte es mit sich, daß sich Gleichgesinnte zu einer Vielzahl von Vereinen zusammenschlossen. Viele von ihnen widmen ihre Aufmerksamkeit besonders der Pflege des Volkstums mit seinen Bräuchen und der eigentümlichen Inselsprache, dem Friesischen. Den Schulkindern wird diese Sprache in separaten Unterrichtsstunden in Aussprache und Schreibweise beigebracht.

Im folgenden seien einige typische Insel-Vereine vorgestellt: Die ›Helgoländer Karkfinken‹ (= Spatzen) sind ein Chor junger Helgoländer, der sich 1949 zusammenschloß, als die Insel noch nicht wieder bewohnt werden durfte. Der über Helgoland hinaus bekannte Chor ist oft im Kursaal zu hören; seine große Stärke sind Helgoländer Lieder und Shanties. – Ein anderer Verein ist die ›Floittertaffel‹; ihm geht es vor allem um die Pflege der einheimischen Mundart und des alten Brauchtums. Die ›Floittertaffel‹ ließe sich etwa mit einem Stammtisch vergleichen, wo man sich in ungezwungener Runde trifft. – Eine weitere Gruppe sind die ›Skiirskoten‹; dabei handelt es sich um eine kleine Inselkapelle, die besonders während des Winters für Musik sorgt. Ebenfalls der Musik widmet sich die ›Helgoländer Chorgemeinschaft‹, sie setzt sich zusammen aus dem Männergesangverein und dem Kirchenchor. Auch dieser Verein tritt öffentlich auf und ist durch Rundfunksendungen, besonders durch Radio Bremen, weit über Helgoland hinaus bekannt. Gern gehörte Darbietungen der ›Helgoländer Chorgemeinschaft‹ sind die im folgenden in der heimischen Sprache widergegebenen Chorlieder:

Inemens

De Sen ging stel uun't Weeter
De Seen gung uf en tu.
Sacht komt de Muun en luuket,
Of wi keen Inrecht du.

Hi skint iip Strun en Toaken
Soo selewer hendeel
En lait iip ale Soaken
En heemelken Gefeel.

Deät sen de Waarem Iner,
Sacht gungt en keeli Bloch.
Wi Mensken sen es Kiner,
O bleow wi't ümer doch!   *(James Krüss)*

Unn'e Doorung

Wan de Sel wel energung,
En de Doorung komt langs Strun,
Wan de Kuben swiige baal,
Dan set stel en teenk om aal.
Wan de Win aal sachter wait,
En de Kark deät Baien slait,
Wan deät Boomen raut iip Wal,
Dann set sel en teenk om aal.   *(Mary Franz)*

Ganz anderer Art ist der ›Ponn-Verein‹. Das Wort ›Ponn‹ bedeutet ›Dachziegel‹; 1965 ist der Verein entstanden. In ihm lebt ein bereits in der Mitte des vergangenen Jahrhunderts entstandener Verein wieder auf. Damals war er als Unterstützungs- und Sparverein gegründet worden. Vielen Helgoländern wurde so zum Hausbau verholfen, da der Verein, ähnlich wie die Genossenschaftskassen, auf Gegenseitigkeit beruhte. Der ›Ponn-Verein‹ umfaßt alle Bevölkerungsschichten. Man trifft sich ziemlich regelmäßig, erzählt und diskutiert.

Den alten Bräuchen und der Inselgeschichte besonders verhaftet sind die ›Helgoländer Volkstanz- und Trachtengruppen‹. Sie wurden im Jahre 1965 gegründet anläßlich der Feierlichkeiten zur 75jährigen Zugehörigkeit der Insel zu Deutschland. Diese Volkstanz- und Trachtengruppen sind recht aktiv und wirken mit bei großen Volkstumsveranstaltungen, bis hin nach Bayern, wo sie bei den Münchner Trachtenumzügen teilgenommen haben.

Für süddeutsche Ohren dürfte – wie auch umgekehrt – die Sprache der Helgoländer unverständlich bleiben. Ihrer Kultur nach gehört ja die Insel zum nördlichen Europa. Das zeigt sich äußerlich bei vielen Namensendungen; zahlreich sind die Ausgänge auf -sen und -son. Der größte Teil der Wörter ist friesischen Ursprungs; genauer lokalisiert, ist das Helgoländische ein nordfriesischer Dialekt und steht sozusagen als Zwischenglied zwischen dem Hochdeutschen, dem Niederdeutschen und dem Englischen. Hier ein paar Sprichwörter als Kostproben:

Al, wat'r wefen hat, kan wéerkem.
(Alles, was gewesen ist, kann wiederkommen.)

Arkjan mut sálo wet, ho hi lewe kan.
(Jeder muß selbst wissen, wie er leben kann.)

Arkjan, welk snaket, hat rech.
(Wer gerade spricht, hat recht.)

En gud naiber es beter es en fir fren.
(Ein guter Nachbar ist besser als ein ferner Freund.)

Liest man jedoch die Namen an den vielen Geschäften des Unterlandes, so sieht's mit der Sprache der Einheimischen etwas anders aus; viele dieser Geschäftsinhaber sind nämlich gar keine Helgoländer, sondern ›Zugereiste‹, von denen nicht wenige nur während der Hauptsaison ansässig sind. Die übrige Zeit verbringen sie auf dem Festland in Hamburg, Bremen, Cuxhaven oder sogar Berlin. –

Unser Weg führt uns nun aufs Oberland. Ein wunderbarer Rundblick belohnt uns fürs Treppensteigen. Wir hätten zwar auch mit dem Lift nach oben gelangen können, doch so eilig haben wir es heute nicht. Auch hier bestimmen Geschäfte und Restaurants das Bild; doch gar so dicht gesät wie auf dem Unterland sind sie nicht. Bei näherem Hinsehen weist das Oberland wesentlich mehr Wohnungen auf; das Verhältnis der Wohndichte zwischen den beiden Insel-Ebenen ist etwa 42 zu 58. Vor dem Krieg war das noch ausgeprägter; vor 1939 war das Verhältnis 35 zu 65. Das Oberland wird dominiert von der eigenwilligen Turmspitze der St. Nicolai-Kirche. Das Gotteshaus, 1958 geweiht, ist eine Arbeit der Architekten Romero und Hübotter. Ein paar Kostbarkeiten konnten über die schlimmen Kriegsjahre hinweg gerettet werden und dienen heute dem Schmuck von St. Nicolai. So etwa das Altar-Leuchterpaar mit dem Pyramidenfuß und dem vasenähnlichen Schaft, eine Arbeit von C. F. Laeck oder auch der sehr schöne Kronleuchter aus dem 17. Jahrhundert. Aus dem Jahre 1783 stammt die Taufschale; der Künstler J. J. Sievers hat sie geschaffen. Ein kurzer Besuch des Friedhofs lohnt sich; hier findet man eine Reihe alter Grabsteine, von denen der älteste die Jahreszahl 1627 trägt. –

Auf unserem Rundweg kommen wir auch zu dem bekannten Lummenfelsen. Eine Vielzahl pinguinähnlicher Vögel scheint an dem Fels zu kleben. Der Lummenfels ist der einzige Vogelberg Deutschlands. An der steil zum Meer hinabfallenden Westwand brüten zwischen April und Juli rund 2000 dieser eigenartigen Vögel. Die Lummen – genauer gesagt sind es Trottellummen – gehören zur Gattung nordischer Vögel aus der Familie der Alken. Auffallend an diesen Tauchvögeln sind die ziemlich kurzen Flügel und die breiten, weit nach hinten gestellten dreizehigen Schwimmfüße. Ihre Nahrung holen sie sich aus dem Meer; dabei müssen sie tauchen und erreichen so oft respektable Wassertiefen. Mit dem Fliegen ist es bei den Lummen nicht weit her; ihr Flügelschlag ist hastig und ziemlich ungeschickt. Kein Wunder bei den Flügeln! Zum Glück gilt heute nicht mehr, was ein uralter Brockhaus-Band zu berichten weiß: Die noch nicht flüggen Jungen, die wahre Fettklumpen sind, werden als Speise sehr geschätzt und mariniert oder gesalzen lange aufbewahrt. Die Federn werfen ein bedeutendes Erträgnis ab. Die Vogler suchen mit Hilfe von Strickleitern und Hakenstangen von unten her die Klippen zu erklimmen, oder lassen sich von oben herab an einem Seil in die Tiefe, wo sie die ruhig auf den Vorsprüngen sitzenden Vögel totschlagen und Eier und Junge rauben. Gefahrloser werden die alten Vögel gefangen, indem man große Netze auf der See ausbreitet und sie dann durch Schüsse von den Klippen herabscheucht ...

Die Trottellummen – auch ›dumme Lummen‹ genannt – sind während des Sommers an Kopf, Hals und Oberseite schwarzbraun; die Unterseite des Tieres bleibt stets weiß, der Schnabel schwarz. Die ausgewachsene Trottellumme wird bis zu 46 cm lang! Außer den Lummen bevölkern auch die Dreizehenmöwen den Lummenfels. Ihre Nester kleben an den schmalen Felsensimsen, und die Tiere machen sich mit kräftigem Geschrei bemerkbar.

Für Vogelfreunde hält die Insel Helgoland mit der 1957 eröffneten Vogelwarte auf dem Oberland eine weitere Attraktion bereit. Der wichtigste Teil der Vogelwarte ist der Fanggarten. Darin gibt es drei große Vogelfangreusen, vier kleine Süßwasserteiche sowie ein Geräte- und ein Beringungshäuschen. Die Hauptaufgabe der Vogelwarte besteht im Fangen und Beringen der Vögel. – Die intensive Beschäftigung mit den verschiedenen Vogelarten, die auf ihren Flügen die Insel Helgoland berühren, soll der Forschung Aufschlüsse über Brut- und Überwinterungsgebiete, Fluggeschwindigkeit und Wanderwege geben. Außerdem gehört zu den Aufgaben der Vogelwarte die Überwachung und Aufzeichnung des Vogelfluges und der Vogelinvasion. Viele seltene Vögel, die sich nach Helgoland ›verirrt‹ hatten, konnten dabei registriert werden.

Die geschichtlichen Hintergründe der Vogelwarte Helgoland reichen zurück bis in das Jahr 1837. Damals besuchte der Kunstmaler Heinrich Gätke die Insel. Der Grund seines Aufenthaltes war anfangs nicht bei den Vögeln gelegen; er wollte nur das Meer kennenlernen. Doch aus seinem Besuch wurde ein dauernder Aufenthalt. Neben seiner hauptberuflichen Tätigkeit als Kunstmaler war Gätke besonders dem Jagen zugetan. Und so fielen ihm schon bald die vielen Vogelarten auf, die auf Helgoland Station machten. Ihm ist es zu verdanken, daß die Insel – besonders unter englischen Ornithologen – zuerst als ein Paradies für Vögel bekannt wurde; zahlreich waren die Briefe und Veröffentlichungen Heinrich Gätkes, die dieses Ziel unterstützten. Gätke selbst legte eine umfangreiche Vogelsammlung an, die noch heute in der Vogelwarte untergebracht ist. Seine Beobachtungen und Erkenntnisse faßte Gätke in seinem 1891 erschienenen Buch ›Die Vogelwarte von Helgoland‹ zusammen. Hierin behandelt er eingehend die Fragen und Probleme des Vogelzuges und führt auch die bis dahin festgestellten Vogelarten auf Helgoland auf; dabei kommt er auf eine Anzahl von 396!

Gätkes Arbeit trug Früchte, und so wurde nach Übernahme der Insel durch das Deutsche Reich die ›Preussische Biologische Anstalt‹ gegründet. Der eigentliche Geburtstag der Vogelwarte fällt aber erst in das Jahr 1910, als mit Dr. H. Weigold, dem späteren Direktor des Niedersächsischen Landesmuseums in Hannover, ein Wissenschaftler die Leitung des neugegründeten Instituts übernahm. In der Folgezeit entwickelte sich dieses Institut, das seinen Hauptsitz in Wilhelmshaven hat, zu internationaler Bedeutung auf dem Gebiet der Ornithologie. In der Zeit vor dem Zweiten Weltkrieg war das Institut noch eine Abteilung der Biologischen Anstalt. Erst nach dem Krieg wurde die Vogelwarte ein selbständiges Institut, das dem Kultusministerium des Landes Niedersachsen unterstellt wurde. Aus dem einstigen Notbehelf wurde schließlich eine Dauerlösung; somit heißt die offizielle Bezeichnung heute: Institut für Vogelforschung – Vogelwarte Helgoland – Hauptsitz: Wilhelmshaven.

Jedes Jahr, besonders im Frühling und im Herbst, ziehen große Scharen von Zugvögeln über die Deutsche Bucht und berühren dabei Helgoland. Groß ist die Zahl der Singvögel, die sich im dichten Gehölz des Fanggartens niederlassen; hier werden sie gefangen und beringt. Durch die Zusammenarbeit der meisten europäischen Länder ist es möglich, wichtige Fragen des Vogelzuges zu klären. Der Fanggarten der

Vogelwarte ist zugleich das einzige Gebiet der Insel, auf dem Bäume und Büsche in größerer Zahl stehen. Neben Spezialfallen, die besonders zum Fangen von Wattvögeln gebraucht werden, benutzt man die sogenannte ›Helgoländer Trichterreuse‹, in der Fachsprache auch als ›Heligoland Trap‹ bekannt. Außerdem lockt man die Vögel an durch Ausstrahlung von Lockrufen durchs Tonbandgerät. Es kommt nicht selten vor, daß sich die Vogelwarte damit begnügen muß, eine Vogelart nur zu beobachten, da sich manche Arten nur sehr schwer fangen lassen.

Infolge der langen Dauer der Beobachtungen hat man festgestellt, daß sich der Vogelzug innerhalb eines Jahres in einem bestimmten Rhythmus vollzieht: Es beginnt etwa im Februar, wenn die Witterung günstig ist, mit dem Zug der Amseln, Enten, Schneeammern, Feldlerchen und Stare. Im März folgen dann Finken, Sperber, Enten, Drosseln und Waldschnepfen. Während der Monate April und Mai gesellen sich Insektenfresser wie Laubsänger, Rohrsänger, Gartenrotschwänzchen, Grasmücken, Steinschmätzer und auch Bussarde und Tauben hinzu. Einige Nachzügler treffen noch im Juni ein, doch hört in diesem Monat der nach Süden gerichtete Frühjahrszug auf. – In umgekehrter Reihenfolge, d. h. Tauben, Bussarde und Steinschmätzer machen den Anfang, verlassen dann die Vögel die Insel wieder ab Mitte August, um ihre Winterquartiere zu beziehen; dieser Rückzug dauert etwa bis November.

Von den nistenden Vögeln werden besonders Waldschnepfen, Ringel-, Türken- und Turteltauben, Turmfalken, Sperber und Waldohreulen beringt. Das gleiche geschieht mit den vielen Enten, die oftmals, wenn der Winter besonders streng ist, im Verein mit Tauchern und den verschiedensten Möwenarten auf dem offenen Meer bei Helgoland überwintern. Die Arbeit der Vogelwarte beschränkt sich jedoch nicht auf das Fangen und Beringen der Vögel. Sie befaßt sich darüber hinaus auch mit dem Gebiet der Nahrungsökologie, der Vogelinvasion, der Systematik, der Parasitologie, der Bestandsregelung sowie der Jagd und dem Naturschutz. Von den Vogelarten, die auf Helgoland Station machen, gehört nur ein kleiner Teil zur Gruppe der Brutvögel. Eine besondere Vielfalt ergibt sich aus der Menge der sogenannten ›Irrgäste‹. Dies sind Vögel, die sich aus anderen europäischen, aber auch aus nordamerikanischen und asiatischen Gebieten nach Helgoland verirrt haben. Allerdings gehören zu den Irrgästen auch jene Tierchen, deren Besitzer auf dem Unter- oder Oberland vergessen haben, den Käfig zu schließen, bevor sie das Fenster geöffnet haben.

Bisher wurden – alles in allem – etwa 450 verschiedene Vogelarten auf der Insel registriert. Von den Irrgästen und anderen auf Helgoland selten anzutreffenden Vögeln seien hier einige angeführt: Löffelente, Schwarzstorch, Wachtel, Eismeer-Lumme, Wiedehopf, Wasseramsel, Zwergschnäpper, Karmingimpel und Sumpfrohrsänger.

In letzter Zeit hat sich die Anzahl der durchziehenden Wiesenpieper und der Feldlerchen auf Helgoland stark vergrößert; das gleiche gilt von der Bachstelze, dem Star, der Dreizehenmöwe und dem Sandregenpfeifer. – In den Ferienprospekten

Sandregenpfeifer mit Gelege

wird fleißig auf die Vogelwarte hingewiesen; dementsprechend ist auch der Ansturm der Besucher. Jährlich werden ca. 12 000 Personen durch den Fanggarten geführt. Fast ständig arbeiten Biologen und Studenten als Gäste an der Vogelwarte. Eine enge Zusammenarbeit im Themenkreis der Jagdzoologie gibt es mit dem Landesjagdverband Schleswig-Holstein. Eine wissenschaftlich sehr wertvolle Arbeit wird an der Vogelwarte Helgoland geleistet, die ihren Niederschlag in den zahlreichen Veröffentlichungen des Instituts findet.

Ein wichtiger Blickfang auf dem Oberland ist der Leuchtturm; er befindet sich auf der höchstgelegenen Stelle und mißt vom Boden bis zur Spitze 33 m. Im Krieg diente der Leuchtturm als Flakleitstand; in seinem heutigen Zustand wurde er 1965 in Betrieb genommen. Bei der Einrichtung des ›Feuers‹ handelt es sich um Blitz-Leuchtfeuer, wobei ein Blitz die Dauer von 0,1 Sekunden hat; der Turm hat zwei dieser Feuer. Bei dunkler Nacht und klarer Sicht beträgt die Sichtweite der Feuer bis ca. 40 Seemeilen, wobei 1 Seemeile (sm) einer Länge von 1,85 km entspricht. Beide Feuer, von denen jedoch meist das zweite benutzt wird, sind ausgerichtet auf das Hauptfeuer der Insel Amrum, auch als ›Hauptfeuer Amrum‹ bezeichnet. Für den technisch Interessierten sei erwähnt, daß die Leuchtstärke eines jeden Feuers 30 Millionen Candelar beträgt, wobei 1 Candelar der Stärke von 1,2 Hefner-Kerzen entspricht. Die verwendete Birne hat 1600 Watt; als Lichtquelle dient eine Xenon-Hochdruck-Bogenlicht-Lampe. Diese Lampe liefert konzentriertes Licht; die Birne selbst ist eine sogenannte ›Quarzlampe‹, die mit Xenon-Gas gefüllt ist. Sie hat eine lange Lebensdauer und erfordert wenig Wartung.

Die Leuchtturm-Einrichtung hat eine Dreifach-Optik; mit Hilfe von Prismen erhält man gebündeltes, starkes Licht. Diese Dreifach-Optik dreht sich um die brennende feststehende Birne. Die Drehung ist stetig; auf jeden Blitz folgt eine Pause von 4,9 Sekunden. Die Elektrizität bezieht der Leuchtturm von den Versorgungsbetrieben. Sollte diese Zufuhr jedoch einmal ausfallen, so stehen im Keller des Leuchtturms Dieselaggregate zwecks Stromerzeugung zur Verfügung.

Der Leuchtturm auf der Düne, der als Richt- und Leitfeuer für die Einfahrt nach Helgoland dient, wird vom Leuchtfeuer der Hauptinsel aus gesteuert.

151

Für die meisten Tagesgäste reicht die Zeit kaum aus, auch der Düne einen kurzen Besuch abzustatten. – Bei einem Rundgang auf dem Oberland, vorbei an Helgolands berühmtesten Fels, der ›Langen Anna‹ (Abb. 23), hat man vom steil abfallenden Ostrand einen sehr schönen Blick hinüber zur Düne (Abb. 21). Das Eiland ist etwas mehr als 70 ha groß; hier befindet sich auch der kleine Flugplatz Helgolands. Er liegt unmittelbar hinter dem Leuchtturm. – Zum Festland und zu den umliegenden Inseln bestehen während der Hauptsaison regelmäßige Flugverbindungen. Mit Ausnahme von Notfällen ist der Flugplatz für private Maschinen gesperrt. Hin und wieder wird er auch von Helikoptern und kleinen Maschinen der Bundesmarine benutzt; wegen der beschränkten Pistenlänge müssen die Flugzeuge über Kurzstarteigenschaften verfügen.

Die Düne hat einen sehr schönen Sandstrand; ein Teil davon ist den FKK-Anhängern reserviert. Auch die Freunde des Campens kommen auf Helgolands Düne voll auf ihre Kosten; in den Dünentälern stehen Zelte mit zwei und vier Betten zur Verfügung.

Der Freund der Natur und der Landschaft wird von Helgoland begeistert sein. Aus eigener Anschauung wird er rasch feststellen, weshalb die Insulaner für ihre Fahne die Farben Rot, Grün und Weiß gewählt haben:

Grön is dat Land   Grön is det Lun
Rot is de Kant   Road is de Kant
Witt is de Sand   Witt is de Sun
Dat sünd de Farben   Det is det Woapen
vun Helgoland.   van't ›Helligelun‹.

Amrum

Die Insel Amrum im Überblick zwischen 1100 und 1900

1100   Das Christentum kommt nach Amrum
1100   bis 1500 Zeit der Salzsiederei
1200   Die Dünen entstehen; Erbauung der St.-Clemens-Kirche in der
        Ortschaft Nebel
1231   Die Insel Amrum wird im Erdbuch Waldemars II. erstmals
        urkundlich erwähnt
1425   Beginn der Heringsfischerei im Raume um Helgoland
1464   Norddorf und Süddorf werden zum ersten Male erwähnt
1524   Einzug der Reformation auf Amrum
1629   Zwei Drittel der Einwohner stirbt an der Pest
1634   Beginn des Walfangs
1721   Gründung von Steenodde
1768   Norddorf wird eingeäschert
1770   Die Handelsfahrt setzt ein
1799   Landverteilung
1807   Der dänisch-englische Krieg bringt die Seefahrt zum Erliegen
1845   Beginn der Auswanderung
1848   In der schleswig-holsteinischen Erhebung halten die Amrumer zu
        Dänemark
1864   Krieg zwischen Dänemark und Preussen/Österreich
1867   Amrum wird losgelöst von Dänemark
1875   Errichtung eines Leuchtturms auf Großdün
1885   Ablehnung der Badekonzession
1888   Pastor von Bodelschwingh trifft auf der Insel ein
1889   Errichtung des ersten Hotels in Wittdün
1890   Amrum wird Seebad; Errichtung des Seehospizes bei Norddorf
1900   Ausbau der Kniepsandbahn zur Inselbahn   (nach Georg Quedens)

AMRUM

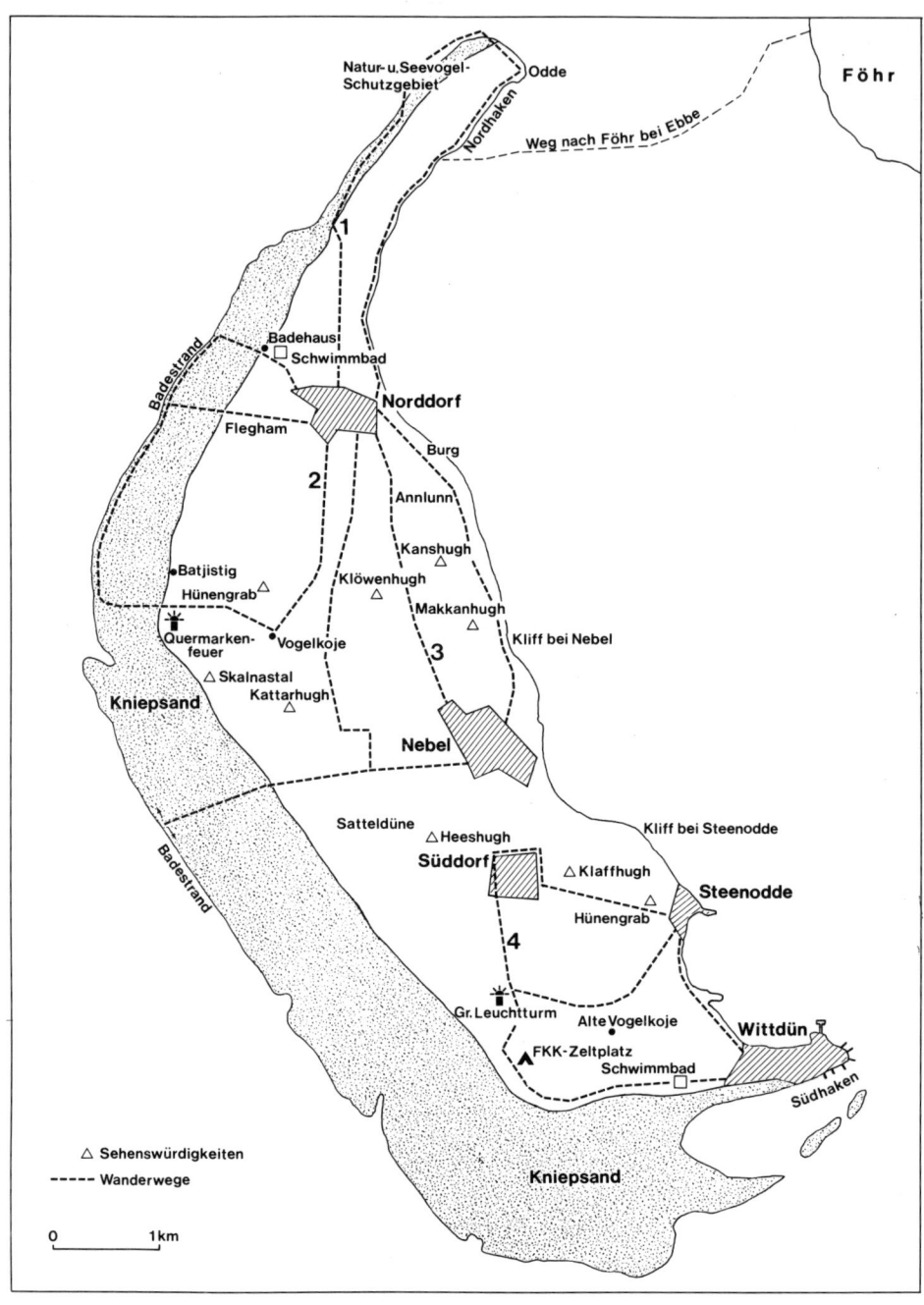

Föhr

Natur- u. Seevogel-
Schutzgebiet

Odde

Weg nach Föhr bei Ebbe

Nordhaken

1

Badestrand

Badehaus
Schwimmbad

Norddorf

Flegham

Burg

2

Annlunn

Kanshugh △

Klöwenhugh
△

Batjistig
Hünengrab △

Makkanhugh
△

Kliff bei Nebel

Quermarken-
feuer

Vogelkoje

3

△ Skalnastal
Kattarhugh
△

Kniepsand

Nebel

Satteldüne

△ Heeshugh

Kliff bei Steenodde

Süddorf

△ Klaffhugh

Steenodde

Hünengrab
△

4

Gr. Leuchtturm

Alte Vogelkoje

Wittdün

FKK-Zeltplatz
Schwimmbad

Südhaken

Badestrand

△ Sehenswürdigkeiten
----- Wanderwege

0   1km

Kniepsand

Im Nordseeheilbad Wittdün

Der Verlauf der Wirtschaftsgeschichte Amrums unterscheidet sich kaum von jener der Nachbarinseln. Auch auf Amrum, das bis 1866 zu Dänemark gehörte, wurden die meisten arbeitsfähigen Männer von der Sorge um das tägliche Brot aufs Meer getrieben, um ihr Glück im Walfang und in der Seefahrt zu suchen. Als diese Zeit des Wohlstands in den napoleonischen Wirren und im englisch-dänischen Krieg des 19. Jahrhunderts zu Ende ging, wanderten viele Insulaner nach Nordamerika aus, während sich die anderen auf die Bearbeitung des kargen heimatlichen Inselbodens besannen. –

Die Zeiten besserten sich erst mit dem Aufkommen des Fremdenverkehrs gegen Ende des vorigen Jahrhunderts. Doch bis zur Eröffnung des Nordseebades Wittdün im Jahre 1890 galt es eine Menge Steine aus dem Wege zu räumen: vom Fremdenverkehr wollte man auf Amrum nichts wissen. Die Argumente waren ähnlich wie auf Föhr; man bangte um das sittliche Wohl der einheimischen Bevölkerung.

Für den Hannoveraner Architekten und Maler Schulze-Waldhausen war es eine enorme Anstrengung, gegen so unwägbare Vorurteile angehen zu müssen. Per Zufall war Schulze-Waldhausen nach Amrum gekommen. Im letzten Drittel des 19. Jahrhunderts hatte das benachbarte Seebad Wyk auf der Insel Föhr bereits einigen Zulauf; sogar er- und durchlauchte Gäste hatten sich unter den Besuchern befunden. Und manche der Erholungssuchenden waren auf einen Sprung herübergekommen nach Amrum, um sich auf der bis damals nur wenig bekannten Nordseeinsel einmal umzuschauen. Bisher hatte es nur wenig Besuch von auswärts gegeben, und als Badegäste ließen sich nur die wenigsten bezeichnen. Es waren mehr wissenschaftliche oder sonstige private Gründe, die die Besucher nach Amrum geführt hatten.

Sie waren auf die Insel aufmerksam gemacht worden durch die Veröffentlichungen von Amrumern, die mit ihren Schriften das Interesse an der Heimatinsel zu wecken verstanden. So hatte z. B. der aus Norddorf stammende Christian Johansen in den Jahren 1848/49 eine Erzählung in friesischer Sprache geschrieben, die auch auf dem Festland aufhorchen ließ. In ›Aramud an Döggenhaid‹ – zu deutsch ›Armut und Tugend‹ – schilderte er den Friesen-Alltag und zeigte, wie bescheiden seine Landsleute zu leben hatten. In seinem Buch ›Die nordfriesische Sprache nach der Föhringer und Amrumer Mundart‹ aus dem Jahre 1862 machte er besonders die Philologen auf Amrum aufmerksam. Auch Dr. Knut Jungbohn Clement und der Pastor Lorenz Friedrich Mechlenburg seien hier erwähnt, die ebenfalls mit dazu beigetragen haben, Amrum durch ihre Arbeiten bekannt zu machen. Hierhin gehört auch der damals gern gelesene Bremer Reiseschriftsteller Joh. Georg Kohl, der die Insel in einem seiner Bücher sehr wohlwollend erwähnte.

Zum Erfolg allerdings gehören bekanntlich mindestens zwei, sonst läuft nichts; auf Amrum sträubte man sich gegen alles Ungewohnte, was dazu beitragen konnte, den altgewohnten Inselrhythmus zu stören … Anno 1885 reichte Schulze-Waldhausen dem Gemeinderat von Amrum ein Gesuch ein, in dem er darum bat, ein Bad eröffnen zu dürfen. In beredten Worten schilderte er, welche Vorteile der Insel daraus erwachsen könnten. Westerland und Wyk waren bereits mit gutem Beispiel vorangegangen, und es war nicht einzusehen, daß nicht auch Amrum vom Badebetrieb profitieren sollte. Begeisterten Applaus erhielt Schulze jedoch nicht. Ganz im Gegenteil: postwendend erhielt er vom Gemeinderat einen ablehnenden Bescheid, mit der Begründung, der Badebetrieb sei mit zu großen sittlichen Gefahren verbunden … Luxus und alles, was die Leute vom einfachen Leben abhalte, passe nicht zur Insel und bringe Amrum nur Unglück. Außerdem, so argumentierte man, wandere das aus dem Badebetrieb eingenommene Geld ja sowieso in fremde Taschen. Zudem, argwöhnte man, bestünde die Gefahr, daß die Zahl der außerehelichen Kinder ansteigen könnte und setzte dem entgegen, daß es in den vergangenen 50 Jahren auf Amrum durchschnittlich nur alle zehn Jahre ein nicht-eheliches Kind gegeben habe. Den Badegästen traute man offensichtlich allerhand zu! Wie dem auch sei – gegen die Eröffnung eines Seebades wehrte man sich mit Händen und Füßen.

Doch allzu lange konnte man die Kirchturmpolitik nicht durchsetzen: ein Jahr später wurde – auf Veranlassung des Königlichen Landvogts – die Badekonzession dennoch erteilt. Der Druck von oben schmeckte jedoch den Amrumern nicht. Jetzt nahm man Zuflucht zur Verzögerungstaktik, und als auch das nichts nützte, forderte man lautstark, wenn es schon keinen Ausweg gäbe, so müsse es zumindest ein christliches Seebad werden. Man wird sich fragen, wie ein ›christliches Seebad‹ aussieht … In einer Mischung aus Seelenpein und Empörung wandte sich die Kirchgemeinde über einen Hamburger Pfarrer an den bekannten Pastor Friedrich Christian Carl von Bodelschwingh, den Gründer der Anstalten in Bethel, mit der dringenden Bitte, die weltliche Konkurrenz abschütteln zu helfen. Und tatsächlich, im August des Jahres 1888 traf Pastor von Bodelschwingh auf Amrum ein. Und schon bald hatte der Pfarrer die Angelegenheit im Griff – fast … Bereits 1890 und dann nochmals 1893 wurden Häuser errichtet: das christliche Seehospiz konnte seine Pforten öffnen. Später hat Bodelschwinghs Sohn Gustav ein Buch über seinen Vater herausgegeben. In dem Werk ›Friedrich von Bodelschwingh – ein Lebensbild‹ kommt er auch auf die Errichtung des Hospizes zu sprechen:

»Mit dem ersten Ferientag des Jahres 1888 waren wir unterwegs nach Hamburg. Am andern Morgen aber ging die Fahrt mit der ›Freia‹ die Elbe hinunter nach Helgoland und der Insel Föhr, und zwei Tage später landeten wir auf Amrum … Vater hatte durch schwedische Gäste, welche Bethel besuchten, von der Bauart der schwedischen Holzhäuser gehört … (Im Frühjahr 1890 brachte ein Schiff) … drei fix und fertig zugeschnittene Holzhäuser (nach Amrum). Schon im nächsten Jahr zeigte es sich, daß das erste Hospiz mit seinen drei Häusern nicht ausreichte, um das Werk, das einmal begonnen war, durchzuführen. Norddorf wurde von Gästen gestürmt. Und um den Gästen zu dem Quartier, das ihnen Norddorf gab, auch Speise und Trank darreichen zu können, blieb nichts anderes übrig, als am Dünenrande zwischen Norddorf und dem Meer ein zweites Hospiz zu bauen und bald ein drittes, bis im Jahre 1905 gar das vierte und im Jahre 1911 das fünfte hinzukam. An Sorgen hat es freilich auf Amrum nicht gefehlt. Es kamen Zeiten, wo treue Freunde rieten, die Arbeit aufzugeben. Aber Vater blieb unerschrocken.« –

Doch auch Schulze-Waldhausen ließ nicht locker. Wenn schon ein christliches, dann bitte schön auch die Einrichtung eines weltlichen Seebades auf Amrum! Doch der von ihm gegründete Vermieterverein blieb ohne Erfolg.

Auf der ›Witj Dün‹, der damals noch nicht bebauten Südspitze der Insel, gab es noch genügend Land zu kaufen. Außer Schulze-Waldhausen leitete dort vor allem der Amrumer Kapitän Volkert Martin Quedens die langwierigen Vorbereitungen zur Errichtung des Seebades in die Wege. Er gründete sozusagen im Handstreich den Badeort Wittdün und organisierte auch die erste reguläre Schiffsverbindung nach Amrum. Er tat manches, was dazu beitrug, Wittdün bekannt und beliebt zu machen (Farbtafel 32).

Dennoch blieb der neue Ort – heute hat er 400 Einwohner – für lange Zeit eine Art Fremdkörper auf Amrum. Über wirtschaftliche Erfolge wird man sich in den anderen Dörfern nicht sehr gefreut haben, war so doch die Möglichkeit genommen, den Zeigefinger zu erheben und zu sagen: »Wir haben es ja schon immer gewußt; das konnte doch nicht gut gehen!« Auch jetzt noch stießen die meisten Pläne, die über Wittdün hinausreichten, auf Ablehnung in der Bevölkerung und im Gemeinderat der Insel.

Eine Aktiengesellschaft sorgte für den Ausbau von Wittdün. Vor allem war es der sehr rührige Direktor der Gesellschaft, Heinrich Andresen, der mit immer neuen Ideen genügend Schwung in die Aufbauarbeit brachte. Doch auch ein Könner wird manchmal vom Pech verfolgt; manches hatte er zu rosig gesehen. Denn gar so rasch, wie man sich das wünschte, klappte es nicht mit der Entwicklung von Wittdün. Den ganz großen Erfolg hatte man als selbstverständlich einkalkuliert, mußte dann aber feststellen, daß ein Seebad seine Besucher zwar bezaubern kann, daß sich auf der anderen Seite jedoch die Badegäste nicht herbeizaubern lassen. Außerdem gehörten die meisten Besucher zu einer Gesellschaftsschicht, die sich praktisch alles erlauben konnte; das breite Publikum fehlte damals fast völlig. Und als die wohlhabenden

Badegäste im Ersten Weltkrieg weg blieben, ging es auch mit Wittdün bergab, zumal es in dem Seebad keine wirtschaftliche Alternative zum Fremdenverkehr gab. Ebenso schlecht liefen die Geschäfte während des Zweiten Weltkriegs. Inzwischen hatten jedoch auch die Amrumer Geschmack am Tourismus bekommen, und manche von ihnen hatten in Wittdün Hotels aufgekauft oder waren sonstwie im Fremdenverkehr engagiert.

Seit etwa 1950 geht es mit Wittdün wieder steil aufwärts. Viele Häuser sind seitdem gebaut worden. Seit 1972 hat Wittdün ein beheiztes Meerwasser-Schwimmbad direkt in den Dünen, und im Kurmittelhaus kann der Badegast etwas für seine Gesundheit tun. Offeriert werden u. a. warme Seebäder, Schlickbäder und Schlickpackungen. Zu jeder Behandlung benutzt man frischen Schlick aus dem Wattenmeer. Das Nordsee-Heilbad Wittdün empfiehlt sich auch bei Rheuma, bestimmten Unterleibserkrankungen, bei Erkrankungen des Nasen-Rachen-Raumes usw. Immer beliebter wird der Kuraufenthalt während der Wintermonate; die Heilwirkungen des Klimas kommen in dieser Jahreszeit besonders gut zur Geltung. –

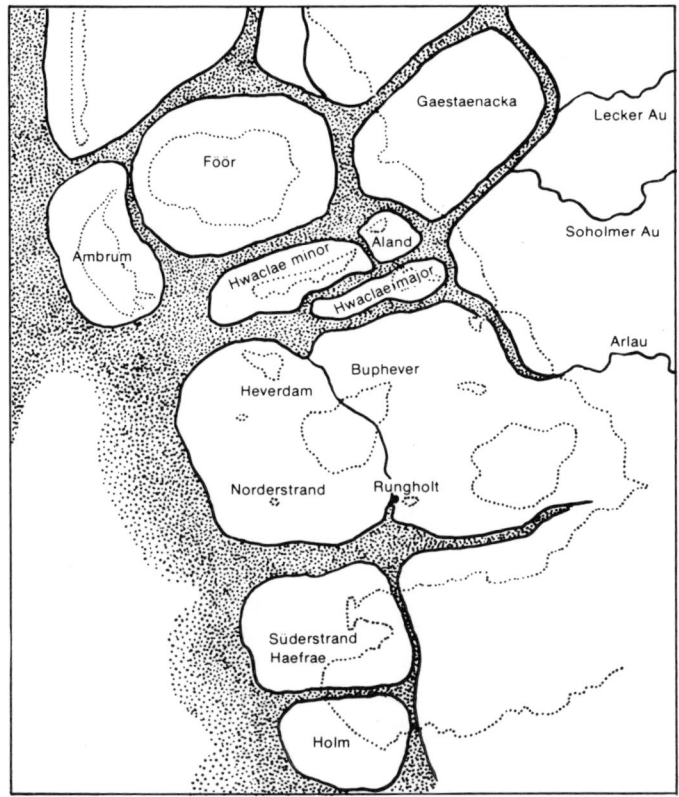

Nordfriesland nach dem Erdbuch Waldemars II. von 1231

Strand – Dünen – Dörfer

Amrum hat einen der schönsten Strände im Nordseeraum. Über 15 km erstreckt sich an der Westküste der Insel ein prächtiger Sandstrand, der Kniepsand (Farbtafel 32). Genau genommen ist er kein Teil von Amrum, sondern gehört – entsprechend den natürlichen Gegebenheiten – dem Meere an. Die Natur hat es gut mit Amrum gemeint; selbst bei starkem Besuch hat man hier nie das Gefühl, eingeschlossen zu sein von Himmel und Menschen. Bei einer Strandbreite von etwa 1 km ist genügend Platz für alle. Der großzügig bemessene Sandstrand ist jedoch nichts anderes als eine Sandbank des Meeres, die zwischen 80 und 120 cm über dem mittleren Hochwasser liegt und sich im Jahr um etwa 50 m nach Norden verschiebt (Abb. 38)

Westlich vor Amrum gibt es weitere große Sandbänke: Thee Knobs, Hörnum-Knobs, Holt-Knobs, Jungnamen-Sand und Kapitäns-Knob. Für die Schiffahrt sind Sandbänke schon immer gefährlich gewesen. Inselbewohner haben da in früheren Zeiten ganz anders gedacht: je mehr Sand, desto besser ... So sind um Amrum seit Ende des 18. Jahrhunderts mehr als 200 Schiffe auf Sand aufgelaufen (Farbtafel 14), und nur sehr wenige von ihnen konnte man wieder flott machen. Unter den Notizen des Pastor Mechlenburg aus Amrums bekannter Pfarrer-Familie gibt es eine Auktionsanzeige vom 19. Juli 1845, die einen kleinen Einblick gibt in die Dinge, die man am Strand ›in Empfang‹ nehmen konnte. Es heißt da:

»Am Mittwoch d. 23st d. M. nachmittags um 1 Uhr sollen zu Steenodde auf Amrum

1 Schiffsanker wiegen circa 200 ℔

1 Schiffsanker wiegen circa 200 ℔

1 Schiffsanker mit hölzernem Stock wiegen ca. 322 ℔

1 Stück Schiffsankerkette von 120 Gelenken wiegen ca. 295 ℔

1 Stück Schiffsankerkette von 219 Gelenken wiegen ca. 595 ℔

1 Stück Schiffsankerkette von 300 Gelenken wiegen ca. 730 ℔

1 Stück Schiffsankerkette von 136 Gelenken wiegen ca. 370 ℔

1 Stück Schiffsankerkette von 226 Gelenken wiegen ca. 694 ℔

1 Stück Schiffsankerkette von 120 Gelenken wiegen ca. 345 ℔

von Strandungs wegen in öffentlicher Auktion verkauft werden, welches hierdurch bekannt gemacht wird.

Königliche Föhrer und Amrumer Hebungsstelle, den 19. July 1845.«

Bei der damals herrschenden großen Armut der Inselbevölkerung war es nicht verwunderlich, daß bei der Bergung der gestrandeten Schiffe nicht immer alles mit rechten Dingen zuging. Man lebte von der Hand in den Mund und war oft froh, wenn das Meer und die Sandbänke für eine Art ausgleichender Gerechtigkeit sorgten. Mit den großen Sandbänken bot Amrum ideale Voraussetzungen für einen ›Strandsegen‹, der sich sehen lassen konnte. Allerdings ging es oft sehr rabiat zu bei den Bergungen, und manche Strandgänger arbeiteten nicht nur mit List und Tücke, sondern griffen zu kriminellen Methoden. Das führte zu dauernden Reibereien zwischen dem Strandvogt und den Insulanern. Als einer der ihren konnte er die Notlage, in der sie oft handelten, verstehen; auf der anderen Seite jedoch hatte er dafür zu sorgen, daß die Gesetze beachtet wurden. Und von Gesetzen, die das Gewohnheitsrecht einschränkten, ließen sich viele nicht beeindrucken. Wie es heißt, kam im Jahre 1816 »fast die gesamte männliche Bevölkerung in Untersuchung und in das Gefängnis«.

In der ›Chronik der Uthlande‹ beklagte auch Christian Peter Hansen die wenig erfreulichen Zustände auf den Inseln: »Der Strand mit seinen Strandungsfällen, Strandvögten und Stranddieben spielt in der nordfriesischen Geschichte, namentlich der Inseln Sylt und Amrum, leider eine wichtige Rolle.«

Offenbar hatten auch die Vertreter der Kirche eine eigene Logik: bis gegen Ende des 18. Jahrhunderts soll es üblich gewesen sein, selbst von der Kanzel herab zu beten »Gott segne unseren Strand!« Eine andere Einnahmequelle bestand darin, unbeschädigte Schiffe, die gestrandet waren, wieder fahrbereit zu machen. Dabei konnten hohe Geldprämien verdient werden, eine Einnahme, die manche zu wohlhabenden Leuten werden ließ. Der Kapitän und Strandvogt Volkert Martin Quedens von Amrum ist auf diese Weise zum reichsten Mann der Insel geworden. Der Erlös aus ca. 50 Schiffsbergungen hatte mit dazu beigetragen, einen großen Grundbesitz zusammenzutragen. –

Amrum hat eine der prächtigsten Dünenlandschaften Europas. Über eine Entfernung von etwa 15 km begleiten sie die Westküste der Insel. Überhaupt könnte man Amrum als ›Dünenparadies‹ bezeichnen, dehnen sich doch die Dünenflächen über 45 Prozent der Insel aus. An den Kuppen erreichen die Dünen, die Amrum in mehreren Gürteln durchziehen, eine Höhe von mehr als 30 m; ihre Breite liegt zwischen 600 und 1500 m.

Amrums Dünen sind zu verschiedenen Zeiten entstanden. Man nimmt an, daß dies nicht vor der Wikingerzeit geschehen ist. Andererseits haben sich Dünen zum Teil erst gegen Ende des Mittelalters gebildet. Vor allem sind die älteren Dünen unabhängig voneinander entstanden. Der Bonner Geograph H. Voigt hat die Größe der Sandkörner miteinander verglichen und ist dabei zu dem Schluß gekommen,

37 Mondaufgang über dem Watt zwischen Amrum und Föhr   38 Der Weststrand der Amrumer Odde ▷

39 Der alte Hafenort Steenodde auf Amrum

40 Am Wattufer bei Nebel (Amrum)

41 Der Mühlenberg bei Nebel

42 Reetgedeckte Friesenhäuser in Nebel

43 Sturmtage im Herbst ▷

45 Figuren aus der gotischen Apostelreihe in St. Clemens

◁ 44 Winterblick auf die Kirche St. Clemens von Nebel

46 Winterszene an der Nordspitze von Amrum ▷

47 In der Amrumer Vogelkoje

48 Bronzezeitlicher Grabhügel in der Amrumer Geest

49 Jungsteinzeitliche Riesengrabkammer in den Amrumer Wanderdünen

50 Steinkiste aus dem Makkanhugh bei Nebel

51 Feuerstelle und Vorratskammer eines cimbrischen Hauses aus dem 1. Jh. n. Chr. in den Amrumer Dünen

52 Jaucherinne aus dem Viehstall des cimbrischen Hauses

53 Saaleeiszeitlicher Geschiebelehm und Geröllablagerungen am Kliff zwischen Nebel und Steenodde

daß die Dünen ». . . mehreren zeitlich voneinander getrennten Bildungsperioden entstammen. So zeigen erste Stichproben einer Korngrößenbestimmung in den Dünen des Norddorfer Bogens einen auffallenden Gegensatz zwischen der inneren Kette und der weiter westlich gelegenen ebenfalls älteren Dünenkette. Danach setzt sich die Korngrößenfraktion der inneren Kette zu rund 63 Prozent aus der Größe 0,2 mm bis 1 mm zusammen, gefolgt von der Größe 0,06 mm bis 0,2 mm mit rund 37 Prozent; unter den Mineralien herrscht eindeutig der Quarz vor, dunkles Material ist nur sehr wenig vertreten, alle Körner zeigen unter dem Mikroskop abgerundete Kanten. Dagegen fanden sich in den Proben der westlichen Kette rund 77 Prozent Korngrößenanteile 0,2 mm bis 1 mm und nur rund 23 Prozent 0,06 mm bis 0,2 mm; das Korn ist auffallend kantig, brüchig und enthält größere Mengen dunkler Bestandteile, vorwiegend Eisen. Bezeichnenderweise entsprechen Zusammensetzung, Korngröße und Struktur des Sandes der inneren Kette denen der jungen, grauweißen Dünenwälle und denen der kleinen Primärdünen draußen auf dem Kniepsand. Danach wäre, sofern eine systematische Untersuchung der Dünen diese ersten Befunde bestätigt, die westlichste der älteren Ketten im Norddorfer Abschnitt eine selbständige Phase der Dünenbildung. Der auffallend hohe Anteil an dunklen Bestandteilen könnte auf einen Abbruch von Tertiärsanden vor Amrum schließen lassen. Diese Beimengung ist übrigens häufig mit bloßem Auge auf dem auffallend aschgrauen Belag auf den Windrippeln an den Flanken der Dünen zu beobachten.«

Wenngleich auch heute die Dünenbildung der Insel im großen und ganzen der Vergangenheit angehört, kommt es doch noch im Bereich des Strandes – vor allem im Bereich zwischen Wriak-Hörn und Nebel – zur Bildung von sogenannten ›Stranddünen‹. Die Dünenbildung hat jedoch nichts mit dem Aussehen der Dünen zu tun: auch heute noch verändern die Dünen ihr Gesicht, wenn die feinen Sande vom Wind weitertransportiert werden. Dies geschieht ab der Windstärke 8. Da die Bewegung, die der Wind dann in die Sande bringt, jener ähnelt, wenn Wasser zu kochen beginnt, sagt man in einem bildhaften Ausdruck: ›Die Dünen kochen‹.

Auf Amrum gibt es heute noch drei Wanderdünen, eine liegt östlich des Skalnastals, eine andere in der Nähe der Vogelkoje und die dritte bei Flegham westlich von Norddorf.

Für den Naturfreund sind Dünen ein sehr schöner Anblick; die Menschen, die jedoch in von Dünen umgebenen Gebieten leben, haben da eine andere Betrachtungsweise. Dünen bedeuten für sie drohende Gefahren, Gefahren, denen man bis heute nicht viel entgegenzusetzen vermag. Sicher, man kann Dünen befestigen, doch dauert es viele Jahre, bis sich die mühsam von Hand gesetzten Grasbüschel über die Düne ausgebreitet haben. Die künstliche Dünenbefestigung ist mit hohen Kosten verbunden, da man hier ja nicht einfach Samen aussäen kann, in der Hoffnung, die Natur werde alles weitere schon selbst besorgen; die Strandhafer-Büschel müssen Stück für Stück in den Boden gesetzt werden, eine enorm aufwendige Arbeit (siehe Farbtafel 28). Heute kümmern sich die Amtsverwaltung und das Marschenbauamt um die Bepflanzung der Dünen und der Strandzone. Bis zum Jahre 1964 jedoch gab es den Hand- und Spanndienst, wonach die Inselbewohner die Bepflanzung ihrer Dünen selbst vornehmen mußten. Der Einsatz des einzelnen richtete sich dabei nach dem Wert seines Landbesitzes. –

Nördlich von Wittdün liegt die landwirtschaftlich geprägte Ortschaft Steenodde (Abb. 39); der Name bedeutet soviel wie ›Steinspitze‹ und deutet hin auf die vielen Steine und Findlinge, die hier herumliegen. Steenodde ist Amrums kleinster Ort. Entstanden ist er im ersten Drittel des 18. Jahrhunderts; ein Hamburger Kaufmann hatte sich damals ein Haus gebaut. Auf den Bau eines zweiten Hauses mußte Steenodde mehr als 100 Jahre warten ... Der Hafen von Steenodde liegt heute fast still. Früher wurde die Insel über diesen Hafen versorgt. Der Fremdenverkehr ist an Steenodde fast gänzlich vorbeigegangen, was dem stillen Dorf heute einen spezifischen Reiz verleiht. Ursprünglich jedoch hatte man Großes im Sinn. Steenodde sollte zu einem Hafen für Walfangschiffe gemacht werden. Es bestand die Absicht, selbst eine ›Grönländische Kompagnie‹ zu gründen, um noch mehr profitieren zu können vom Walfang, den man bisher nur unter fremden Herren betrieb. Doch machten die Holländer einen Strich durch das Vorhaben, da sie in den seetüchtigen Inselfriesen eine ernsthafte Konkurrenz witterten. Kurzerhand verboten sie den Export von speziellen Grönlandschiffen und den nötigen Fanggeräten. Für die Bewohner Amrums war die Ablehnung durch die Niederländer nicht besonders schmerzlich; ihnen lag nicht viel daran, bei Steenodde einen großen Hafen anzulegen, der – gemäß den Plänen des Arvst Hansen aus Oevenum – ca. 500 Schiffen hätte Platz bieten sollen. Auf Amrum wollte man lieber alles beim alten belassen. Anders dagegen die Bewohner von Föhr, die sich am Walfang gern beteiligt hätten. Große Enttäuschung klang aus den Worten des Landvogts von Osterlandföhr, der beklagte, er habe, »... wie faßlich auch der Nutzen ist, doch verspüren müssen, daß dieses Vorurteil meinen Landsleuten anklebet, und eine gewisse Trägheit verursacht, woraus bloße Vorstellungen sie zu ziehen wohl so bald nicht vermögend sein werden«. Es war wohl nicht nur sture Ablehnung, was die Amrumer zu solch wenig kaufmännischem Denken veranlaßt hatte. Mit Handel und Handwerk war man bisher kaum in Berührung gekommen. Für die Insulaner blieben Handel und Handwerk bis ins 19. Jahrhundert hinein ziemlich unbekannte Tätigkeiten. Auf Amrum war man zum großen Teil Selbstversorger. Was an Arbeiten anfiel, erledigte man selbst; die Palette der Fähigkeiten war recht bunt und reichte vom Maurern bis zum Brot-Backen. Sogar auf einen Arzt verzichtete man bis zum Jahre 1890. – Die Amrumer Inselfriesen waren offenbar recht stabile Leute; medizinische Hilfsmaßnahmen wurden oft von weitgereisten Kapitänen durchgeführt, und beim Zähneziehen verließ man sich auf die erprobten Zangen und Muskelkräfte – und nicht zuletzt auch auf den guten Willen – des Dorfschmieds ...

Von großer kulturgeschichtlicher Bedeutung sind die Hügelgruppen von Steenodde. Sie reichen zurück bis in die Jungsteinzeit (3000 v. Chr.) und sind Grabstätten, die auf eine sehr frühe Besiedlung schließen lassen. Man nimmt an, daß die frühesten Siedler – Ackerbauern und Viehzüchter – in der mittleren Jungsteinzeit von Jütland herübergekommen sind. Aus dieser Zeit stammen die riesigen Steingräber in den insgesamt 15 gewaltigen Erdhügeln, die man auf Amrum vorfand; 136 weitere Grabhügel geben Zeugnis von der Anwesenheit des Menschen in der älteren und mittleren Bronzezeit (siehe das Kapitel: Von der Steinzeit bis zu den Wikingern S. 188ff.). Auf der Nachbarinsel Föhr hat man aus jener Zeit 534 und auf Sylt 425 Grabhügel festgestellt. –

Steenodde, Süddorf und *Nebel* bilden zusammen eine Gemeinde. Das alte ›Suder‹, das heutige Süddorf, wird im Jahre 1464 erstmals erwähnt; diese Erwähnung findet sich, zusammen mit jener von Norddorf, dem einstigen ›Nortorp‹, im ›Liber censualis episcopi Slesvicensis‹. Süddorf ist heute ein landwirtschaftlich und touristisch orientierter Ort, wobei jedoch die Landwirtschaft nur eine Randerscheinung darstellt. Auf ganz Amrum gibt es heute nur noch weniger als zehn Landwirte. Landwirtschaft und Viehzucht reichen auf der Insel zwar bis in die Steinzeit zurück, brachten es jedoch in der Neuzeit nie zu besonderer Blüte; die natürlichen Gegebenheiten waren dafür zu schlecht. Immer wieder haben sich die alles erstickenden Sande über die Ackerbeete gelegt. Der Fischfang war weniger mühsam, so daß die Landwirtschaft dahinter zurücktrat. Außerdem brachten es Walfang und Handelsschifffahrt mit sich, daß die meisten Männer im 17. und 18. Jahrhundert für lange Zeit auf dem Meer ihrer Arbeit nachgingen, während sich die Frauen auf Amrum mit dem Ackerbau nur insoweit befaßten, daß ihnen ein ausreichender Ertrag für den täglichen Bedarf zur Verfügung stand.

In der Nähe von Süddorf steht eine interessante Mühle, die heute jedoch zu einer Wohnung umfunktioniert ist. Das Bauwerk wurde auf einem Grabhügel errichtet, oder besser ›wiedererrichtet‹, da man die Mühle gegen Ende des 19. Jahrhunderts von Sylt nach Amrum verfrachtet hatte.

Mühle bei Süddorf

Mit Süddorf ist der Name eines bekannten Amrumers verbunden. Hark Olufs. Er ist als >Amrumer Kriegsheld< in die Geschichte der Insel eingegangen. 1724 geboren, reiste er schon im Alter von 16 Jahren auf der >Hoffnung<, einem Schiff seines Vaters. Olufs geriet bei einem Gefecht mit türkischen Seeräubern in die Sklaverei, verstand es jedoch, aus allem das Beste zu machen. So brachte er es sogar zum Schatzmeister des Beys von Constantine, einer Stadt im heutigen Staate Algerien. Zwölf Jahre nach seiner Gefangennahme kehrte Olufs mit einem großen Vermögen nach Hause zurück. In der Heimat übernahm Olufs dann wichtige Posten im lokalen Lebensgefüge wie das Amt des Strandvogts und des Austernkommissars. Ein prächtiger Grabstein, eine Arbeit des Steinmetzen Tai Hinrichs von Hallig Nordstrandischmoor, erinnert auf dem Friedhof der St. Clemens-Kirche an diesen berühmten Mann.

Die St. Clemens-Kirche ist das Wahrzeichen Nebels und eine der ältesten Kirchen im friesischen Kulturkreis (Abb. 44). Erstmals erwähnt wurde sie im Jahre 1240 im >Designato der Harden und Kercken in Frisia Minori oder Nordfressland<. Genaueres über ihren Ursprung ist nicht bekannt. Doch wird vermutet, daß sie zurückgeht auf eine Holzkonstruktion, da diese Bauweise damals üblich war. Lassen wir hier Julius Nanning Quedens aus Kopenhagen zu Wort kommen, der sich intensiv mit den geschichtlichen Hintergründen der Amrumer Inselkirche befaßt hat: »Für die Erbauung der St. Clemens-Kirche kommen nur die letzten Jahrzehnte des 12. Jahrhunderts in Betracht ... Die Voraussetzung (für den Kirchbau) waren die endgültige Bekehrung der Bevölkerung vom Asaglauben zum Christentum, die verwaltungsmäßige Organisation der nordischen Kirchenprovinz und vor allem die Einführung der kirchlichen Zehntenabgabe vom Gesamteinkommen. Allgemein wurden die Kirchen von der gesamten Dorfgemeinschaft gebaut, selten nur von einzelnen, wohlhabenden Bauherren. Für die Amrumer Kirche möchte ich annehmen, daß diese kurz vor dem Ende des 12. Jahrhunderts als vorgotischer Bau im romanischen Stil unter kirchlicher Anleitung und königlicher Hilfe entstand ...«

Das Christentum wurde im 11. Jahrhundert auf Amrum heimisch. Ein leichtes Unterfangen war das für die Mönche nicht. Immer wieder hat es Rückfälle in die altüberlieferten germanischen Glaubensvorstellungen gegeben. Der heilige Clemens ist der Schutzpatron der Kirche. Über ihn selbst ist nicht viel bekannt; der Überlieferung nach soll er der dritte Nachfolger des Apostels Petrus auf dem päpstlichen Stuhl in Rom gewesen sein. Clemens wird verehrt als Schutzpatron der Seeleute. Auch nach dem Einzug der Reformation auf Amrum im Jahre 1524 wurde der Kirchenpatron beibehalten. Als Kultraum aus der Zeit des Hohen Mittelalters in einer heute nahezu vollkommen protestantischen Umgebung blickt die St. Clemens-Kirche auf eine katholische Vergangenheit zurück. Der Prostestantismus kam über Föhr nach Amrum. Wie das geschah, darüber gibt es einen sehr informativen Bericht aus der Feder von Pastor Richardus Petri, dem reformierten Pfarrer der Laurentius-Kirche von Süderende auf Föhr. Er berichtete über eine Begebenheit, die – nach G. Quedens – als Gottesurteil angesehen wurde und den Weg für die Einführung der reformatorischen Lehre nach Martin Luther ebnete:

»Wie drei Studiosi, allhier gebohren, von Wittenberg nach Hause kamen, auf einem Kindelbier in Utersum sich einstellten und auch Mönche da waren, da haben sie heftig miteinander disputiert. Wie nun die Mönche vernahmen, daß Lutheri Lehre angenommen, ist einer von der Sankt-Johannis-Kirche (in Nieblum/Föhr) nach Amrum gereist, die Mönche allda zu ermahnen, sie sollten der katholischen Religion beständig bleiben. Und der Mönch hat zuvor gesaget: Sofern die katholische Religion nicht die wahre und rechte wäre, wolle er nicht lebendig nach Hause kommen. Und Gott hat es auch geschehen lassen, daß er wieder auf Föhr ankam, aber nicht weit von Witsum sprang das Pferd aus dem Wege, und der Mönch fiel vom Pferd und brach sich den Hals.«

Im Laufe der Jahrhunderte hat die St. Clemens-Kirche verschiedene Veränderungen erfahren. Das heutige Bauwerk besteht aus einem romanischen Kastenchor, der aus Feldsteinen gebaut wurde. Im Jahre 1886 wurde dieser Chor erhöht; auch das Kirchenschiff hatte man nach Westen hin erweitert. Der etwas klotzig wirkende Kirchturm ist aus unserem Jahrhundert. Er ist in einem neuromanischen Stil gehalten. Der Baumeister P. C. Petersen hat ihn in den Jahren 1906/08 errichtet. Allerdings hatte die St. Clemens-Kirche bis dahin auch einen Turm. Er war aus Holz und trug eine Glocke aus dem Jahre 1692. Sie stammte aus einem Jahrhundert, das für Amrum im Walfang von großer wirtschaftlicher Bedeutung war, andererseits aber auch schwerste Sorgen und Nöte mit sich brachte, als nahezu zwei Drittel der Inselbevölkerung durch die Pest den Tod fanden.

Die reetgedeckte Kirche hat einen sehr schönen Flügelaltar aus dem Jahre 1634. Die drei Tafeln sind ausgefüllt mit Gemälden aus der Spätrenaissance und zeigen eine Abendmahl-Darstellung und in den quergeteilten Flügeln die vier Evangelisten. Ein Jahrzehnt früher wurde die Kanzel gefertigt, deren in Renaissance-Form gehaltener Schalldeckel aus dem Jahre 1662 stammt. Der granitene Taufstein ist spätromanischen Ursprungs, während die aus Messing verfertigte Taufschüssel eine Arbeit aus dem Übergang vom 17. zum 18. Jahrhundert ist. Zur Kirche gehören verschiedene wertvolle sakrale Gerätschaften. Neben Kelchen, Abendmahlskannen und Leuchtern stellt das in Leder gebundene Missale Slesviscense, das Missale der Diözese Schleswig aus der vorreformatorischen Zeit des 15. Jahrhunderts, das kostbarste Inventar der Kirche dar. Bemerkenswert sind aber auch der Sakramentschrank mit dem sitzend gemalten Schmerzensmann auf der oberen Innenseite der Tür aus dem beginnenden 18. Jahrhundert (Farbtafel 6) sowie die gotischen Holzstandfiguren der 12 Aprostel aus dem 14. Jahrhundert (Abb. 45), die durch ihre schlichte Ausdrucksstärke faszinieren.

Der Kunstfreund wird nicht versäumen, einen Gang über den Friedhof zu tun, der um die St. Clemens-Kirche angelegt ist. Die mit viel Liebe zum Steinmetzhandwerk gemeißelten Grabsteine – sie stehen unter Denkmalschutz – geben in langen

Schriftzügen Auskunft über das Leben der Verstorbenen und sind zugleich ein Stück Inselchronik. Neben überreichem Rocaille- und Ranken-Dekor findet man immer wieder den Dreimastsegler sowie Todessymbole auf den kunstvoll bearbeiteten Stelen. An der Kirchensüdwand lohnt sich auch ein Nachlesen der Namen auf den Inschriften der Feldsteine, finden wir doch hier die Namen ›Kundten‹, ›Olufs‹ und ›Quedens‹ bis in das 17. Jahrhundert zurückreichend.

Einen Besuch sollte man auch dem ›Haus Ide‹ abstatten, in dessen Flur sich ein Kachelbild mit Walfängerszene und im Wohnzimmer ein weiteres reiches Kachelbild mit Schiffsmotiv findet. Überhaupt sollte man die Fliesenwände in den Wohn-

Fliesentableau aus 56 Kacheln – Walfangschiff in der Arktis um 1700

◁ Grabstele auf dem Friedhof von Nebel

häusern der Friesischen Inseln näher betrachten, verraten sie doch die engen Kontakte der Nordfriesischen Inseln mit Holland.

Nebel ist Amrums wichtigste Ortschaft und leitet sich ab von ›Neues Bohl‹, was soviel heißt wie ›Neue Gemeinde‹. Gar so neu, wie man jetzt annehmen könnte, ist Nebel jedoch nicht; die Gründung fand statt zu Anfang des 16. Jahrhunderts. Walfang und Handelsseefahrt haben ihren Teil dazu beigetragen, Nebel zu vergrößern und zum Zentrum der Insel Amrum werden zu lassen. In seinem Büchlein über ›Amrum‹ schildert uns Georg Quedens den Vorgang und die Gefahren der ›Grönlandfahrt‹, wie man den Walfang seinerzeit nannte und wie man ihn auf vielen Kachelbildern dargestellt sieht:

»Der Walfang spielte sich folgendermaßen ab: Wenn der Schiffsführer, Kommandeur genannt, vom ›Krähennest‹, einem Ausguck im Mast, einen Wal erspähte, hieß es: ›Schaluppen fall!‹ Schaluppen waren Ruderboote, die vom Mutterschiff zu Wasser gebracht wurden. Jedes Boot hatte seine feste Besatzung, und während die Rudermannschaft die Schaluppe bis in die unmittelbare Nähe des Wales dirigierte, stand am Bug der Harpunier mit seiner Lanze. Aus nächster Nähe wurde die Harpune in den riesigen Körper des arglosen Wales geschleudert, und dann legte sich die Rudermannschaft in die Riemen, um vom Wal freizukommen. Denn nicht selten geschah es, daß der verwundete und flüchtende Wal Schaluppe und Mannschaft mit einem Schlag seiner Schwanzfluke zerschmetterte.

Die Harpune war mittels einer langen Leine mit der Schaluppe verbunden. Der Wal nahm also das Boot in Schlepp und wurde so lange gehetzt, bis er ermattet an die Wasseroberfläche kam, wo er neue Harpunenwürfe erhielt und schließlich mit einer langen Lanze erlegt wurde. Der getötete Wal wurde zum Mutterschiff gerudert, wo nach eingespieltem Schema mittels Flaschenzügen und Speckmessern die umfangreiche Speckschicht abgeflenst wurde. Zunächst wurde der Speck gleich an Ort und Stelle, in Stationen auf Spitzbergen, zu Tran ausgekocht. Später wurde der Speck in Tonnen eingesalzen und zum Auskochen in die Heimat gebracht.

Während die einfache Mannschaft nur eine feste Heuer erhielt, waren die höheren Ränge am Fangerlös beteiligt. Das Bestreben der Insulaner war deshalb, aus dem Mannschaftsstand in eine höhere Position zu kommen. Das war einmal durch seemännische Tüchtigkeit, aber auch durch navigatorische Ausbildung möglich. Es entwickelte sich deshalb im Winter, wenn die Grönlandfahrer wieder zu Hause waren, ein reges Schulleben. Erfahrene Kommandeure, Kapitäne, Seemänner und auch Pastoren erteilten dann gegen ein kleines Entgelt Unterricht in den wichtigsten Fächern.

Im 17. und 18. Jahrhundert stellte die Insel Amrum auf holländischen und hamburgischen Walfangschiffen neben sonstiger Mannschaft insgesamt 13 Commandeure. Doch brachte der Walfang neben gutem Lohn auch Trauer und Not. Unwetter und Eis bedrohten die Schiffe, und viele Walfänger kamen um, so daß es in jener Zeit auch zahlreiche unversorgte Witwen und Waisen gab.«

Kapitänshaus in Nebel

Im inneren Teil der Ortschaft Nebel gibt es eine ganze Reihe sehr schöner reetgedeckter Friesenhäuser aus der Zeit des 18. und 19. Jahrhunderts (Abb. 42). Manch wohlhabender Kapitän hat in Nebel seinen Lebensabend verbracht, nachdem er Abschied genommen hatte vom Walfang und der Seefahrt. Auffallend viele Kapitäne hatten sich hierhin zurückgezogen, jedenfalls mehr, als dies dem Anteil an Nebeler Kapitänen entsprochen hätte. Heimatforscher haben die Vermutung geäußert, daß man hier am besten unter sich bleiben konnte. Neidische Blicke von armen Inselbewohnern waren in Nebel weniger zu befürchten als in anderen Orten von Amrum, wo man sich nicht selten mit Besenbinden und Reependrehen durchs Leben schlagen mußte. Das niederdeutsche Wort ›Reep‹ – englisch ›rope‹ – heißt so viel wie ›Tau‹; auf Amrum drehte man die Taue aus den Halmen des Strandhafers, den man unterhalb der Sandoberfläche abschnitt, dann zum Trocknen auslegte und schließlich verarbeitete. Nicht nur Taue wurden daraus verfertigt; Reepen brauchte man auch zur Herstellung von Matten, Reetdächern und anderem. Wie überliefert wird, konnten flinke Hände ca. 100 m Reepen am Tag drehen. Das Abschneiden der Strandhafer-Pflanzen diente nicht gerade dem Inselschutz, doch das steht auf einem anderen Blatt ... Jedenfalls kann man es den armen Amrumern früherer Jahrhunderte nicht verdenken, daß sie mehr um ihren kargen Lebensunterhalt als um drohende Dünenwanderungen besorgt waren.

Nebel lebt heute fast gänzlich vom Fremdenverkehr: Was man Jahrzehnte hindurch abgelehnt hatte, wurde schließlich doch noch als gut befunden. Dabei ist es gelungen, die krassen Formen des Massentourismus zu vermeiden und den besonderen Inselcharakter Amrums beizubehalten. – Auf dem ›Mallnberrag‹ bei Nebel, dem Mühlenberg (Abb. 41), steht eine sehr schöne Windmühle aus dem letzten Drittel des 18. Jahrhunderts; seit 1964 wird sie jedoch nicht mehr genutzt (Farbtafel 36).

Zwischen Nebel und Norddorf befindet sich inmitten einer herrlichen Heidelandschaft und am Rande eines kleinen Wäldchens die Vogelkoje (Abb. 47). Im Jahre 1866 wurde sie nach niederländischem Vorbild angelegt. Zu Tausenden wurden hier Enten gefangen und geschlachtet. Nach den Kojenbüchern waren es bis zum Jahre 1935, als diese Fangmethode verboten wurde, fast eine halbe Million Tiere.

Heute ist die Vogelkoje ein richtiges kleines Tierparadies, in dem man in Freigehegen, Volieren und Gattern einheimische und exotische Tiere beobachten kann. Nördlich der Vogelkoje führt ein Wanderpfad zur großen Amrumer Wanderdüne, wo man in einem westlich gelegenen Tal bei ausdauernder Suche noch ein vorzeitliches ›Riesengrab‹ anhand seiner Rand- und Decksteine identifizieren kann. Durch die Dünen lohnt sich dann das Weiterwandern zum Quermarkenfeuer am Weststrand, das man kurz nach der Jahrhundertwende erbaute und zunächst mit Gas betrieb, bevor man ein Lichtkabel durch die Dünen zog.

Amrums nördlichste Ortschaft heißt Norddorf. Als ›Nortorp‹ anno 1464 im ›Liber censualis episcopi Slesvicensis‹ erstmals erwähnt, kann der Ort auf ältere Siedlungen zurückblicken. Für die Geschichte der Insel Amrum war Norddorf lange Zeit von großer Wichtigkeit, da sich hier das Pastorat befand, das erst in der Mitte des 18. Jahrhunderts nach Nebel umquartiert wurde. Die Pastoren hatten bis Ende des 19. Jahrhunderts nicht nur den Gottesdienst zu versehen, sondern sie hatten auch die Aufgabe, Erlasse und Gesetze von der Kanzel zu verlesen, was ihnen jedoch keine exekutiven Befugnisse einräumte.

Norddorf ist heute Amrums größter Kurort. Im ›Uaster-Anj‹, dem Ostteil der Ortschaft, stehen sehr schöne ältere friesische Häuser (Farbtafel 39). Norddorf hat mehrere Feuersbrünste über sich ergehen lassen müssen; ganz besonders schlimm hat jene aus dem Jahre 1768 gewütet, bei der nahezu alle Häuser zerstört wurden. Besonderen Aufschwung erlebte Norddorf durch die Gründung der Seehospize gegen Ende des 19. Jahrhunderts durch Pastor von Bodelschwingh. Doch hat sich der Charakter des Dorfes inzwischen stark gewandelt; die frühere Einseitigkeit der Lebensanschauung steht heute nicht mehr im Vodergrund. Norddorf hat ein eigenes beheiztes Meerwasser-Schwimmbad und eine Kuranlage. Überhaupt ist man bemüht, dem Badegast einen angenehmen und erholsamen Aufenthalt zu bereiten. Das gilt nicht nur für Norddorf, sondern für alle Orte dieser 10 km langen und stellenweise nicht einmal 3 km breiten Ferieninsel Amrum, wo man vor allem in der Vor- und Nachsaison, also im Frühling, Herbst und Winter noch einsame und – vom organisierten Ferienrummel verschonte – Urlaubstage in einer unberührt anmutenden Landschaft erleben kann. Sicher ist der Oktober einer der schönsten Monate auf der Insel; warme, windstille Tage, an denen man noch angenehm im Meer baden kann, wechseln mit Sturmtagen, die ganze Wolkengebirge über die herbstliche Insel türmen und den Wanderer richtig durchpusten (Abb. 43). Dann ist die Heide erfüllt vom Halali der Treibjagden auf Fasanen, Schnepfen, Hasen und Kaninchen, und am Strand kann man jetzt auch öfter dem Pferdefuhrwerk des Strandvogts begegnen, der in den stürmischen Tagen vorsorglich nach dem Rechten sieht.

Der eigentliche Winter verwandelt dann mit Frost und Schnee das Wattenmeer mit bizarren Eisbrocken in eine weiße Märchenlandschaft (Abb. 46), die in der Sonne wie blankes Silber glitzert. Auf Sand und Strandhafer legt der Reif ein vielschichtiges Filigran von Eisnadeln, in denen sich das Sonnenlicht in vielen Brechungen verstärkt. Ein vollständiges Zufrieren des Wattenmeers verhindert in den meisten Winterperioden ein warmer Ausläufer des Golfstromes in der Nordsee; gewinnt jedoch der kalte Nordostwind die Oberhand, dann kann es schon geschehen, daß das Watt zwischen Amrum und Föhr zufriert und die Versorgung der Insel per Schiff für einige Zeit unterbrochen ist. Wenn aber dann am 21. Februar wie überall auf der Insel mit den Biakenfeuern (siehe S. 298) der Winter ausgetrieben wird, dann stellen sich die Insulaner schon wieder langsam auf die Ankunft der ersten Kurgäste ein.

Friesisches Bauernhaus

Von der Steinzeit bis zu den Wikingern

Auf Amrum können wir besonders zahlreiche Spuren eines vor- und frühzeitlichen Lebens auf den Nordfriesischen Inseln entdecken. Ausgrabungen von mehreren steinzeitlichen Grabkammern haben erwiesen, daß Amrum schon in der Jungsteinzeit (3000–1600 v. Chr.) besiedelt war und eine von Ackerbau und Viehzucht lebende Bevölkerung besaß. Das bedingt zugleich auch die Annahme einer gänzlich anderen Landschaftsformation auf der Insel, als wir sie heute gewohnt sind. Wir müssen uns für die Vorzeit einen von Wald, Moor, Marsch und Heide bedeckten Inselkern vorstellen, auf dem es keine Dünen gab. Um den inneren Geestrücken der Insel, den man wegen seiner höheren Lage als Siedlungsfläche benutzte, erstreckte sich eine als Weide- und Jagdrevier dienende Flachlandfläche, die größer war als die heutige landwirtschaftliche Nutzfläche, da der westliche Strandrand einige Kilometer weiter entfernt lag als der jetzige Strand.

Diese seßhaften Ackerbauern der Jungsteinzeit sind nicht die ersten Siedler der Nordfriesischen Inseln gewesen. Funde von aus Knochensplittern gefertigten Harpunen auf Sylt und Föhr lassen vermuten, daß es vor der bäuerlichen Steinzeitbevölkerung eine Besiedlung durch Jägernomaden gab, und dies zu einer Zeit, da der nacheiszeitliche Einbruch der Nordsee das Gebiet der heutigen Nordfriesischen Inseln noch nicht vom Festland getrennt hatte. Diese Trennung fällt in die bäuerliche Besiedlungsphase der Jungsteinzeit. Die geologischen Formationen der Kliffs, die ursprünglich im Geestkern lagen, weisen auf eine größere Flächenausdehnung als die heutige Insel hin. Es hat also nach dieser jungsteinzeitlichen Siedlungszeit ein Fortschreiten des Meeres am Westrand der Insel gegeben, wie vor allem auch am Steilufer des ›Litorina-Kliffs‹ zwischen dem Nebeler Strand und dem Quermarkenfeuer abzulesen ist. Der Kniepsand vor dem Weststrand war eine ursprünglich weiter im Meer liegende, Amrum vorgelagerte Sandbank, die von lokalen Meeresströmungen allmählich an das Westufer Amrums herangeschoben wurde, wobei erst im 18. Jahrhundert eine Berührung von Sandbank und Insel eintrat.

In der vorgeschichtlichen Besiedlungsphase ereignete sich der erwähnte nacheiszeitliche Meereseinbruch, der Teile des Westufers abriß und die Trennung der Inseln vom Festland bewirkte. Ein bedeutendes Denkmal aus der Steinzeit ist das sogenannte ›Riesenbett‹ in der Wanderdüne nördlich der Vogelkoje, das aus mächtigen Findlingen und Decksteinen gebaut worden ist. Das Megalithdenkmal hat zwei Kammern, die unterschiedliche Entstehungszeiten besitzen. Die östliche Kammer des Steingrabes stammt aus der Frühperiode der Jungsteinzeit, die westliche Kammer wurde dagegen 1000 Jahre später errichtet. Beide dienten der Bestattung, und in der östlichen Kammer fand man bei der Freilegung zahlreiche Menschenknochen, fünf Totenschädel (von denen einer Operationsspuren aufwies) sowie stein- und bronzezeitliche Grabbeigaben (Abb. 49). Eine weitere, restaurierte Grabkammer der Jungsteinzeit kann man bei Steenodde besichtigen, wobei es sich auch lohnt, das Kliff bei Steenodde mit seinem eiszeitlichen Geschiebegeröll zu besuchen (Abb. 53). Die meisten Grabkammern wurden allerdings zerstört, als man ihre Steine zur Ankerbefestigung oder für Gartenwallbauten benutzte. So soll z. B. die Friedhofseinfassung von St. Clemens in Nebel Steine von Steinzeitgräbern enthalten.

In der Periode zwischen Jungsteinzeit und Bronzezeit vollzog sich dann im Gezeitenbereich der Inseln die allmähliche Verlandung des Meeres zwischen Inseln und Küste zur Marsch, ein Prozeß, den die Geologen auch als ›steinbronzezeitliche Marsch‹ typisieren.

In dieser Zeit wanderten neue Völkerstämme aus dem Süden in den Bereich der Nordfriesischen Inseln ein. Da diese Völker bereits mit den Hochkulturen des Mittelmeerraumes durch Handel Kontakte hatten, brachten sie entsprechende Einflüsse mit. Auf der Basis des Bernsteinexports entwickelte sich ein reges Tauschgeschäft, so daß man sich nun Bronzegeräte, Waffen und reich ornamentierten Schmuck leisten konnte. Entsprechende Beigaben finden sich in den vielen bronzezeitlichen Hügelgräbern (Abb. 48), die in ihren Namen fast alle die Nachsilbe ›hugh‹ enthalten. Ein Dutzend solcher Hünengräber ist am Ostrand der Insel verstreut, besonders bekannt ist der 1963 abgetragene Makkanhugh (Abb. 50) nördlich von Nebel.

Die Bestattungsriten der hohen Bronzezeit unterschieden sich sehr von denen der Steinzeit. Man verbrannte nun die Toten und vergrub ihre Asche in Urnen in älteren Hügelgräbern, die man schon in der Steinzeit oder in der frühen Bronzezeit für Holzsargbestattungen benutzt hatte. Die Hügelgräber ragen mit ihren Rundungen deutlich sichtbar aus dem Landschaftsbild heraus und sind daher vor allem in der Feldmark sowie in der Heide und den Dünen leicht herauszufinden. In den Dünen konnte das ›Landesamt für Vor- und Frühgeschichte‹ auch eine bronzezeitliche Behausung anhand von Funden rekonstruieren.

Um 500 v. Chr. ging dann die Bronzezeit in die eisenzeitliche Periode über. Man schmolz das Metall aus importiertem Eisenerz. Für Amrum war die Eisenzeit wie für alle Nordfriesischen Inseln eine Phase der Völkerbewegung. Die hier siedelnden Cimbern und Teutonen drangen nach Süden vor und wurden dabei in die durch Caesars ›Bellum Gallicum‹ bekannten Kriege mit den Römern verwickelt. Um

Christi Geburt herrschten rege Verbindungen zwischen der Bevölkerung von Amrum und dem südlichen Jütland, was man anhand von Hügelgrabfunden bei Norddorf belegen kann. So wurden im sogenannten ›Düvdäl‹ (bei Norddorf) eine ganze cimbrische Dorfanlage mit Schmuck aus Jütland freigelegt. Ein umfangreiches Gräberfeld, das ›Skalnastal‹ westlich der Vogelkoje (Abb. 51 und 52), datiert aus der Wikingerzeit. Es brachte mit seinen reichen Funden von Frauenschmuck und Schwertbeschlägen ebenfalls Beweise für rege Kontakte zwischen Amrum und Skandinavien. Sicher wird das Seefahrervolk der Wikinger Amrum als Stützpunkt und Vorposten auf seinen Fahrten sehr geschätzt haben. In diesem Sinne interpretieren Forscher auch die Funktion des ›Krümwals‹, der sich von Nebel in Richtung Steenodde erstreckt und hinter dem man eine Befestigungsanlage vermutet. Sichere Beweise für diese Theorie gibt es allerdings nicht.

Um 1000 n. Chr. begann dann auf Amrum die friesische Landnahme, die sich von Süden her vollzog. Die geschriebene Geschichte Amrums beginnt schließlich mit der urkundlichen Erwähnung der Insel im ›Erdbuch‹ des dänischen Königs Waldemar II. im Jahre 1231.

Kamm und Schwertbeschlag
aus einem Hügelgrab bei Steenodde

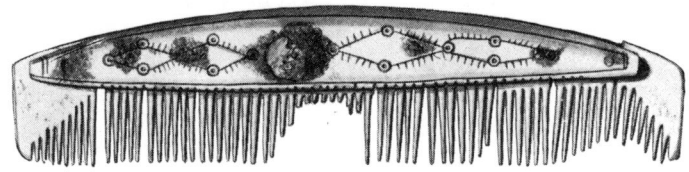

Föhr

Die Friesen – altes Volk des Nordens

»Wi san Feringen!« – Die Bewohner der Insel Föhr – und mit ihnen jene der Nachbarinseln – sind stolz, Friesen, Nachfahren eines uralten Volksstammes zu sein. Und daran können auch die vielen Friesen-Witze nichts ändern, wenngleich auch Ursache und Wirkung im folgenden durchaus verständlich erscheinen:

> Warum haben die Friesen dreckige Ohren?
> Weil sie ihre Köpfe immer in den Deich stecken!
> Und warum stecken sie ihre Köpfe in den Deich?
> Weil sie die blöden Friesen-Witze nicht mehr
> hören können!

Beim römischen Historiker Plinius (Nat. Hist. IV, 101) werden die Friesen erstmals erwähnt. Von ihnen wird gesagt, daß sie jenen Völkern zuzurechnen seien, die zwischen den Armen der Rheinmündung wohnten. Was Plinius über die »Frisii« bzw. über die »Frisiaevones« zu berichten weiß, das findet sich in ähnlicher Weise auch bei Tacitus (Germ. XXXIV, 2). Die Kenntnisse über diesen germanischen Volksstamm waren bei den Römern nicht gerade überwältigend. So war ihnen z. B. nicht bekannt, daß sie das Marschland längs der Nordseeküste besiedelt hatten. Die Römer dagegen vermuteten sie nur in den Landstrichen zwischen der niederländischen Zuidersee und der Emsmündung. Östlich der Siedlungsgebiete der friesischen Stämme, die sich selbst als ›Frêsen‹ oder ›Frêsa‹ bezeichneten, hatte sich das niederdeutsche Volk der Chauken niedergelassen. Deren Siedlungsraum reichte im Westen bis zum Flüßchen Jade und im Osten bis zur Elbe. Auch dieses Volk, das später in den Friesen, in den Sachsen und in den salischen Franken aufgegangen ist, war den Römern bekannt; im Marschland beidseits der Weser waren die Chauken von ihnen im Jahre 12. v. Chr. entdeckt worden. Plinius gibt uns im 16. Buch seiner Naturgeschichte über das Leben dieses Stammes ein sehr anschauliches Bild:
»Dort überflutet der Ozean in gewaltigem Strom zweimal innerhalb eines Tages und einer Nacht einen unabsehbaren Landstrich, so daß er den ewigen Kampf der beiden Elemente verhüllt und es unentschieden läßt, ob dieser Raum dem Festlande

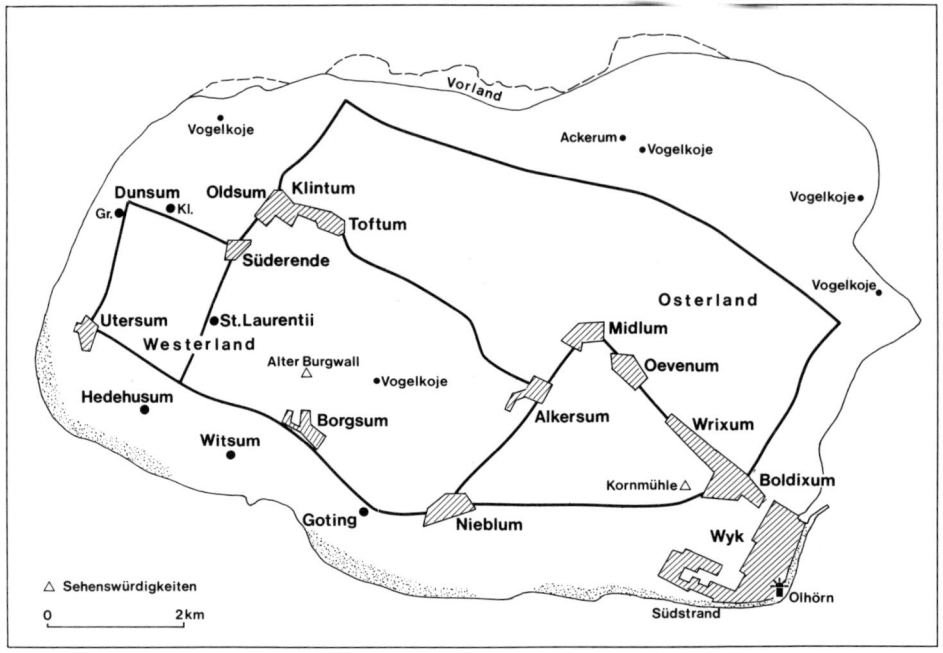

oder dem Meere angehöre. Dort wohnt dieses arme Volk auf Hügeln, oder künstlich nach Maßgabe der höchsten Fluten aufgeworfenen Anhöhen, auf welchen es Hütten errichtet, Schiffenden ähnlich, wenn die Flut ringsum alles mit Wasser bedeckt, und Schiffbrüchigen, wenn dieses sich wieder verlaufen hat, und macht um seine Hütten her auf die mit dem Meere fliehenden Fische Jagd. Sie können weder Vieh halten, noch von Milch leben, wie ihre Nachbarn ... Und indem sie die mit den Händen aufgegriffenen Erdschollen mehr an der Luft als an der Sonne trocknen, kochen sie mit Erde ihre Speisen und wärmen damit auch ihren durch Nordwind erstarrten Körper. Ihr Getränk ist nur Regenwasser, das sie in Gruben im Vorhause bewahren.«

Zu den nächsten Verwandten der Friesen gehören außerdem jene Völker, die auf den dänischen Inseln, auf der Halbinsel Jütland, in Holstein und in Schleswig ansässig waren. In seiner ›Germania‹ aus dem Jahre 98 n. Chr., einer Darstellung der Völker Germaniens, faßte Plinius' Zeitgenosse Tacitus diese Stämme zusammen zur Gruppe der Nerthus-Völker, den Vorfahren der späteren Angelsachsen. –

Gemeinsam war diesen Germanischen Völkern die Verehrung der Göttin Nerthus. Sie rief man an zur Erhaltung der Fruchtbarkeit und des Wachstums; ihr Heiligtum stand im heiligen Hain. Alljährlich – falls Frieden unter den Stämmen herrschte – wurde das Bild der Göttin durch die Lande geführt, in der Hoffnung, sie gnädig zu stimmen. Das Bild war aufgestellt in einem Wagen, der von Kühen gezogen und von einem Priester begleitet wurde. Wenn die prozessionsähnliche Zeremonie beendet war, wurden Bild und Wagen in einem Bad gereinigt. Dabei wurden Sklaven eingesetzt. Für sie war die Reinigung der letzte Dienst ihres irdischen Daseins; nach geleisteter Arbeit wurden sie kurzerhand ertränkt ...

Die erwähnten Stämme bildeten zusammen das Volk der Anglofriesen. Dies gilt bis etwa zur Mitte des ersten nachchristlichen Jahrtausends, bis in jene Zeit also, als die Angelsachsen nach Britannien aufbrachen, wo sie im Laufe der folgenden Jahrhunderte zu einem selbständigen germanischen Volk wurden. –

In den ersten Jahrhunderten vor und nach Christus hatten sich die Anglofriesen als ›Ingwaiwen‹ bezeichnet, ein Wort, das die römischen Schriftsteller in der lateinischen Sprache mit »Ingvaevones« ausdrückten. Die Ingwaiwen, die mit den Angeln, Jüten und einem Großteil der Sachsen einen sehr engen Kulturverband bildeten, müssen schon recht früh im Süd- und Südostraum Europas bekannt gewesen sein, werden sie doch schon im 4. Jahrhundert vor Christus von dem griechischen Forschungsreisenden Pytheas als Volk erwähnt, das die Küstengebiete der Nordsee zwischen der Zuidersee und Dänemark bewohnte. Pytheas stammte aus Massilia, der heutigen südfranzösischen Hafenstadt Marseille und war auf Forschungsreise zur Nordsee gefahren. Sein Reisebericht ist uns nur in der bruchstückhaften Überlieferung durch andere Schriftsteller des Altertums überkommen. Darin erfahren wir von einem Wattenmeergebiet »Mentonomon« und einer Insel namens »Abalus«. Wenn es zutrifft, was die Historiker daraus ablesen, so ist der gute Pytheas sogar bis zur Insel Helgoland vorgedrungen

Die Römer konnten die Herrschaft über die freiheitsliebenden Friesen nicht lange behaupten. Zwar hatte es Drusus fertiggebracht, die Friesen zu unterwerfen – was die Zinsbarkeit des germanischen Volkes zur Folge hatte – doch schon im Jahre 28 n. Chr. war es den Friesen gelungen, das fremde Joch abzuschütteln. Und das blieb so für die nächsten Jahrhunderte!

Die Zeiten der Völkerwanderung sind nicht spurlos an den Friesen vorübergegangen. Im Gegensatz zu vielen anderen Völkern sind sie jedoch nicht in weit entfernte Gebiete gezogen, sondern begnügten sich mit dem Küstenraum des Marschlandes. Hier breiteten sie sich weit nach Westen und nach Osten aus; um das Jahr 500 n. Chr. gehörte den Friesen das ganze Küstengebiet von der Schelde bis zur Wesermündung. Das Volk war so groß geworden, daß es sich in drei Gruppen aufteilte. Der westliche Stamm besaß das Land westlich der Zuidersee, der mittlere reichte bis zum Flüßchen Laubach und der östlichen bis zur Weser. Bis ins 14. Jahrhundert hinein war es üblich, nur das erste Drittel des Landes als ›Westfriesland‹ zu bezeichnen. Eine sprachliche Trennung erfuhren die Friesen durch die westlich vom holländischen Groningen fließende Laubach. Das Flüßchen – im Altfriesischen auch ›Lâveke‹ geheißen – teilte sie in westerlauersche Friesen (Westfriesen) und Ostfriesen. Mit der heutigen Bezeichnung des Gebietes östlich der Ems als ›Ostfriesland‹

hat das nur teilweise zu tun. Ein paar Jahrhunderte hindurch war es still im Land der Friesen. Doch als die Franken ihr Reich gegen Ende des 7. Jahrhunderts weiter nach Norden ausdehnen wollten, setzten sich die Friesen zur Wehr. In den Franken hatten sie gefährliche Gegner, die erbittert zu kämpfen verstanden. Auf die Dauer konnten sie den Eindringlingen nicht widerstehen. Im Jahre 689 versetzte Pippin den westlich von der Zuidersee wohnenden Friesen den entscheidenden Schlag; der Sieg über ihren Herzog Radbod – altfriesisch Rêdbâd – machte sie dem fränkischen Reich untertan. –

Den anderen Friesen erging es nicht besser; Karl Martell besiegte 734 das mittlere Friesland, und Karl der Große sorgte in den Jahren 775 bis 785 dafür, daß auch jene friesischen Gebiete, die bis zur Mündung der Weser reichten, unter fränkische Herrschaft kamen. Einen wichtigen Abschnitt in der frühen Geschichte der Friesen stellt der Erlaß der ›Lex Frisionum‹ durch Karl den Großen dar. Dieses ›Friesenrecht‹ aus der Zeit um 785 ist ein schriftlich formuliertes Volksrecht – die Verfassung Frieslands. Es baut jedoch auf einem bereits zuvor existenten Gesetzbuch aus dem 8. Jahrhundert auf. Dieses Gesetzbuch war jedoch nur für den mittleren Teil Frieslands gültig gewesen; Karl der Große verfügte dessen Gültigkeit für das gesamte Gebiet, ergänzte das Gesetzbuch aber noch durch die sogenannte ›Additio sapientum‹. Waren es bisher friesische Hochadlige, die die Herrschaft besaßen, so wurden sie jetzt abgelöst durch fränkische Grafen. Gar so straff, wie sich das anhört, war die Herrschaft der Franken nicht. Die freiheitsliebenden Friesen verstanden es vorzüglich, eine ziemlich unabhängige Stellung beizubehalten. Einerseits lag das im Charakter des Volkes begründet, auf der anderen Seite jedoch waren die Friesen in einer Landschaft ansässig, die für die damaligen verkehrsgeographischen Verhältnisse nicht so leicht zu überschauen und regieren war.

Nach dem Tode Karls des Großen wurde Friesland gegen Ende des 9. Jahrhunderts zu einem Teil Deutschlands, nachdem es zuvor im Vertrag von Verdun 843 dem Lotharingischen Reich, im Vertrag von Mersen im Jahre 870 teils den französischen, teils den deutschen Landen angehört hatte. Im Laufe der Jahrhunderte kam es zu starken Vermischungen zwischen Friesen und Franken. Dies trifft besonders für jene Gebiete zu, die nur eine schwache friesische Besiedlung aufwiesen; hier prägte sich rasch eine fränkische Vorherrschaft aus. Ein Beispiel dafür ist die Rheinmündung, aus der sich schließlich die fränkische Grafschaft Holland entwickelte. Natürlich ging das nicht ohne heftige Reibereien und Kämpfe ab, da die Friesen fremden Befehlen nur sehr widerwillig nachkamen. So verstanden sie es, sich oft mit eigenen politischen Vorstellungen gegenüber der fränkischen Obrigkeit durchzusetzen. Die selbständige Stellung der Friesen ging mitunter so weit, daß sie sich zum Zwecke der Rechtsprechung zu Gemeindeverbänden zusammenschlossen. An deren Spitze standen zwölf bis 16 Richter, auch ›consules‹, altfriesisch ›rêdjeva‹ genannt. Wie erwähnt, wurde der Rechtsprechung das Friesische Recht zugrunde gelegt. Einen interessanten Einblick in die ›Lex Frisionum‹ vermittelt uns das von v. Richthofen herausgegebene berühmte Werk ›Monumenta Germaniae historica‹ aus dem Jahre 1863 bzw. 1866. Die Gesetze – in lateinischer, friesischer und niederdeutscher Sprache niedergeschrieben – sind für das Verständnis friesischer Rechtsauffassung sehr informativ. Aus dem 11. Jahrhundert stammen die 17 friesischen ›Küren‹ und 24 allgemeine Landrechte. Unter anderem sind besonders die Bußtaxen interessant, die das Strafmaß bei bestimmten körperlichen Verletzungen vorschreiben. Ebenfalls aufschlußreich sind die alten Landrechte von verschiedenen friesischen Landschaften und Gauen. Wichtig für die ›Frisistik‹, wie die Wissenschaft über das Friesentum genannt wird, ist das von Graf Edzard I. herausgegebene Werk über das Ostfriesische Landrecht aus dem Jahre 1515. Wer sich noch eingehender über Friesisches Recht informieren will, der greife zu den ›Friesischen Rechtsquellen‹ des Historikers v. Richthofen aus dem Jahre 1840, vergesse aber auch nicht, einen Blick in dessen vierbändiges Werk ›Untersuchungen über friesische Rechtsgeschichte‹ aus den Jahren 1880 bis 1886 zuwerfen. –

Ein gewisses Gewicht für die Selbständigkeit der Friesen besaßen die nach einem Hügel bei der ostfriesischen Stadt Aurich benannten ›Upstalsbomer Bundestage‹. Allerdings hat man diese Tage lange überschätzt und geglaubt, in ihnen etwas wie die ›Rütli-Versammlung‹ der Schweizer Eidgenossen sehen zu können. Doch haben die Historiker inzwischen festgestellt, daß es sich bei diesen Bundestagen, die zur Mitte des 12. und zu Beginn des 13. Jahrhunderts und dann nochmals von 1323 bis 1327 bestanden hatten, nur um mehr oder weniger harmlose Versammlungen von Friesen aus den Landgebieten zwischen der Zuidersee und der Weser gehandelt hat. Die Grafen von Holland herrschten im 15. Jahrhundert über die Landstriche zwischen der Zuidersee und der Laubach, während die holländische Stadt Groningen sich des Gebietes bis zur Ems angenommen hatte. Der Graf von Oldenburg schließlich behauptete das Land zwischen Ems und Weser. Die bis heute gültigen politischen Gegebenheiten konstituierten sich zu Beginn des 16. Jahrhunderts; danach bildet die Ems die Trennlinie zwischen den deutschen und den niederländischen Friesen. Diese Trennung hatte für die Zukunft nicht nur eine politische und wirtschaftliche Wirkung; auch das kulturelle Erbe des alten germanischen Stammes ging in den beiden Ländern seinen eigenen Weg.

Für die Mönche des frühen Mittelalters mag es nicht einfach gewesen sein, die Friesen mit dem christlichen Ideengut vertraut zu machen. Einer der herausragenden Mönche war der heilige Willibrord. Der als ›Apostel der Friesen‹ in die Geschichte eingegangene Mönch aus dem Orden des heiligen Benedikt wurde im Jahre 658 auf den Britischen Inseln geboren. Der Angelsachse aus Northumberland war ein Schüler Egberts und einer der einflußreichsten Geistlichen seiner Zeit. Ab 690 finden wir ihn als Missionar bei den Friesen. Bereits fünf Jahre später wurde Willibrord in Rom zum Erzbischof geweiht. Mit der tatkräftigen Unterstützung Pippins trieb er die Missionierung der Friesen voran, wobei er sich hauptsächlich auf den fränkischen Teil Frieslands konzentrierte. Willibrord hatte seinen Sitz in der niederländischen Stadt

Utrecht, und von hier aus versuchte er, auch in Dänemark zu missionieren. Der Mönch mit dem Range eines Erzbischofs starb gegen Ende des Jahres 739 in dem von ihm gegründeten Kloster Echternach im Herzogtum Luxemburg. In der einstmals reichsunmittelbaren Benediktinerabtei und Wallfahrtskirche werden die Reliquien des heiligen Willibrord noch heute verehrt. –

Auch der hl. Liudger gehörte zu den Missionaren des friesischen Siedlungsraumes. Im Gegensatz zu Willibrord war er selbst Friese. Um 744 in Friesland geboren, ging er im Alter von 23 Jahren auf die Britischen Inseln nach York, wo er in dem Mönch Alkuin einen berühmten Lehrer und wichtigen Förderer fand. Alkuin war Vertrauter und Lehrer Karls des Großen; der angelsächsische Benediktiner, aus vornehmem Geschlecht stammend, gilt als einer der bedeutendsten Gelehrten des 8. Jahrhunderts. Sehr rasch gewann Liudger die Unterstützung des berühmten Mannes und wurde nach seiner Weihe zum Priester zuerst Geistlicher in dem heute holländischen Städtchen Dokkum, jenem Ort, in dessen unmittelbarer Nähe der ›Apostel der Deutschen‹, der heilige Bonifatius, von aufgebrachten Heiden erschlagen wurde. Liudger lebte offenbar weniger gefährlich. Vielleicht weil er Friese war? Dennoch hatte er im Jahre 784 fliehen müssen, als sich die Sachsen unter ihrem Anführer Widukind in der Gegend breitmachen wollten. Liudger entkam nach Rom und ging dann ins Mutterkloster der Benediktiner, nach Monte Cassino. Doch war er zu sehr Missionar, als daß er dort hätte bleiben wollen. Nachdem er zurückgekehrt war, wurde er Vorsteher der Abtei Lothusa und schließlich Bischof von Münster in Westfalen. Der heilige Liudger, auf den auch das Kloster von Werden an der Ruhr – in der Nähe von Essen – zurückgeht, starb im Jahre 809 in Billerbeck. –

Aus der Geschichte der Frieseninsel

Die ›grüne Insel‹ ist ganz anders als ihre Nachbarinseln. Der Gast ist erstaunt über die vielen Bäume, die große Teile der Insel – vor allem aber das Bild der idyllisch gelegenen Dörfer – prägen. Steht man nicht gerade in unmittelbarer Nähe der Küste, so könnte man sich mancherorts aufs Festland versetzt fühlen. – Die 82 km² große Insel hat einen Umfang von 37 km; die größte Entfernung von Norden nach Süden ist mit 8 km in einem zweieinhalbstündigen Erkundungsgang durchmessen.

Obwohl das Erdbuch König Waldemars II. die Insel Föhr erstmals im Jahre 1231 erwähnt, ist die an Fundstätten reiche Frieseninsel bereits zu einer viel früheren Zeit bekannt und besiedelt gewesen. Zeugnisse dafür sind eine Knochenharpune, die man unter einer 4 m mächtigen Torfschicht bei der Ortschaft Boldixum gefunden hat, und ein Beil, welches in Utersum aus dem Boden gehoben wurde. Die Funde stammen aus der Steinzeit und haben ein Alter von sechs- bis siebentausend Jahre. Man nimmt an, daß das Wattenmeer um Föhr zur Steinzeit und zur Bronzezeit ein fest betretbares Weideland war. Futter für Rinder und Schafe gab es also in mehr als genügendem Maße, und somit waren auch die natürlichen Voraussetzungen für eine dichte Besiedelung dieser Gebiete durch den Menschen gegeben. Hinweise für diese frühe Besiedelung durch Ackerbauern und Viehzüchter geben uns die aus großen Findlingen errichteten Steingräber, von denen man auf Föhr bisher 17 entdeckt hat. – Eine einigermaßen kontinuierliche Besiedelung der Insel setzte um etwa 3000 vor Christi Geburt in der jüngeren Steinzeit ein. Doch erst um das Jahr 800 n. Chr. kam es zu einem weiteren starken Zuzug; hauptsächlich waren hierbei Friesen aus dem Gebiet der Rheinmündung beteiligt. – Doch wie gesagt, die erste schriftliche Erwähnung findet sich erst mehr als 400 Jahre später. Der Vermerk bezeugt, daß Föhr als Teil der Uthlande in zwei Harden zerfiel. Damit meinte man die Gerichts- und Verwaltungsbezirke, ein Begriff aus dem skandinavischen Raum, der zunächst auf militärische und später auch auf kirchliche Organisationen ausgeweitet wurde. Der Eintrag stellt fest, daß beide Harden – gemeint sind Osterharde und Westerharde – zusammen 54 Mark reines Silber als Steuer zu zahlen haben. Weiterhin wird erwähnt, daß Föhr eine bewohnte Insel sei, auf der es Hasen gebe … Mehr erfahren

197

wir über Föhr in einer ›Burgurkunde‹ aus dem Jahre 1360, in der dem Ritter Erich Riind bestätigt wird, daß er der rechtmäßige Besitzer des Bodens sei. In dieser Urkunde heißt es: »Allen, die das vorliegende Schreiben sehen, wünscht die ganze Gemeinde in der Westerharde auf Föhr ewiges Heil im Herrn. Alle Gegenwärtigen und Zukünftigen sollen wissen, daß wir auf unserer Versammlung wahrhaftig gehört ... haben, daß alle einzelnen Besitzer der Gemarkungen Uddersum und Blegsum in einer Gerichtsverhandlung erschienen sind und dem Antragsteller des gegenwärtigen Erich Riind alle einzelnen Grundstücke, auf denen die Burg auf Föhr erbaut ist, nämlich Grund und Boden, Weg, Gräben und Gewässer sowie die Grundstücke, auf denen der Hof ... erbaut ist, aus Gunst und freiwillig zu dauerndem Besitz ... verkauft haben, was wir einstimmig wahrheitsgemäß bezeugen. Zum Zeugnis dafür haben wir das Siegel unserer Harde befestigen lassen.«

Was die Politik im Mittelalter betrifft, so war Föhr eng mit Dänemark verbunden. Offensichtlich störte das die Inselbewohner nicht, so lange sie ihren ererbten Freiheitsraum beibehalten konnten und ihnen niemand in ihre eigenen Angelegenheiten hineinredete. Dann nämlich verstanden die Friesen keinen Spaß, und die sonst eher verschlossenen Gemüter konnten nahezu südländisches Temperament entwickeln, wenn es um die Beschneidung ihrer Rechte ging. Der sagenumwobene Ritter Claus Lembeck aus Holstein war ein solcher Mann, der selbst vor dem dänischen König seine Interessen zu wahren wußte. Nur nahm er dabei keine Rücksicht auf seine Untertanen, was ihn bei den Bewohnern Föhrs nicht gerade beliebt machte, und man war froh, als sich dieser Ritter nicht mehr blicken ließ. In den ›Sylter Antiquitäten‹ berichtet H. Kielholt darüber mit folgenden Worten: »Alse men höret davon, so hebben disse Resen (Männer Claus Lembecks) grote övel Gewalt und Unrecht by dem Volk gedahn; wente wen se man vernahmen hebben, dat een Burmann hengegahn sy sine Schult uptomahnen, so hebben disse Resen sick hemlick up dem Wege versteken und mit Pielen edder Stockschlägen se dödlickerwiese vom Leven tom Dode gebracht und ehnen ehr Geld genahmen, dat musten die armen Lude liden und nicht klagen, wente se hadden neene andere Herrschop, als disse Resen.« –

Der Wille zur Selbstbehauptung zeigte sich auch bei einer Auseinandersetzung mit dem Herzog Heinrich von Schleswig, als dieser es wagen wollte, das Landrecht der Friesen zu ändern. Kurz entschlossen weigerten sie sich, die Heeresfolge zu leisten. So verstanden sie es, den Herzog unter Druck zu setzen, so daß dieser schließlich nicht umhin konnte, den Friesen die alten Landrechte zu bestätigen. Der Historiker Heimreich drückte das so aus: »... sie haben nicht wollen folgen, es hätte denn Herzog Henricius ihr altes Landrecht und Beliebungen konfirmiret und bestätiget. Worin denn derselbe, als der damals in Nöthen gestecket, und von den Dänen allenthalben ist beängstiget worden, sie auch wider seinen Willen müssen wilfertigen.«

Vor allem waren es die Bewohner der Insel Föhr, die solche Ansichten besonders kräftig zu vertreten wußten, so daß die Insel um die Mitte des 15. Jahrhunderts eine

Art geistiges Zentrum des friesischen Siedlungsraumes gewesen ist. Alle Halsstarrigkeit konnte es dennoch nicht verhindern, daß es im Laufe der Zeit zu einer politischen Zweiteilung von Föhr kam. So blieb Westerlandföhr bei Dänemark, während Osterlandföhr sich an das Herzogtum Schleswig anschloß. Der Friedensschluß von Wordingborg aus dem Jahre 1435 bestätigte die Teilung Föhrs, die bis zum Jahre 1864 andauerte.

Doch in diesen 400 Jahren war allerhand passiert. Die Reformation hatte auf Föhr Einzug gehalten, und auch der Dreißigjährige Krieg hatte seine Spuren hinterlassen. Über den Versuch der kaiserlichen Truppen, im Jahre 1628 auf Föhr zu landen, berichtete der damalige Pfarrer von St. Laurentii Richardus Petri: »Im Jahre 1628 am Sonntag Rogate versuchten Kaiserliche Truppen auf zusammen gelesenen kleinen Fahrzeugen diese Insel zu besetzen. Durch die Menschenmenge jedoch abgeschreckt, fuhren sie nach der nächsten Insel Sylt weiter, haben dieselbe aber ebenfalls sofort wieder verlassen.« Pastor Petris Kollege Philipp Quedens präzisierte: »Es haben sich nämlich die Weibsbilder im formedabilsten Habit auf dem die Insel umgebenden Wall in großer Anzahl postiert, und sich mit Trommeln, Heugabeln usw. möglichster Weise versehen. Die Schweden und Russen, welche sich nur in der

Föhr um 1650, nach einem Stich von Christian Rothgießer

Ferne eine obskure Vorstellung von diesem Aufzuge machten, sahen die Leute für Grenadiers und lauter Bewaffnete und zur Verteidigung des Landes beorderte Kriegsvölker an und ließen sich also durch dieses Blendwerk abschrecken, ihr wider dieses Land gerichtetes fürchterliches Projekt ins Werk zu richten, und segelten, ohne daß sie den geringsten Angriff taten, wiederum ab.« – Ob der Herr Pfarrer da nicht ein wenig übertrieben hat, sei dahingestellt. Jedenfalls sind die Quellen voll von Taten, die Zeugnis davon ablegen, wie sehr sich die Friesen von Föhr für die Erhaltung ihrer Freiheit einsetzten. – Politischen Zündstoff bot im 19. Jahrhundert die schleswig-holsteinische Frage. Da Föhr geteilt war, kam es auch hier zu offenen Auseinandersetzungen. Im deutsch-dänischen Krieg schließlich, der zur Niederlage der Dänen führte, kam die Insel Föhr 1864 an Preußen, nachdem die besiegten Dänen alle Besitzansprüche abgetreten hatten. –

St. Nicolai in Boldixum

Alte Dörfer auf Föhr

Auf der Insel Föhr, der zweitgrößten der nordfriesischen Inseln, gibt es eine ganze Reihe schöner Dörfer. In drei Ortschaften, in Nieblum, Süderende und Boldixum, stehen Kirchen, die Zeugnis ablegen von der Geschichte dieser seit dem 9. Jahrhundert von Friesen bewohnten Nordseeinsel.

Boldixum, eines der 16 Dörfer von Föhr, gehört zu Wyk und besitzt in der St. Nicolai-Kirche eine der berühmtesten Kirchen der Insel. Es ist erstaunlich, daß solche großen und aufwendigen Kirchenbauten auf der einst armen Insel haben entstehen können, da man doch nur sehr wenig zum Lebensunterhalt zur Verfügung hatte und mit dem wenigen sehr vorsichtig haushalten mußte. Selbst der Name ›Föhr‹ unterstreicht das; er leitet sich ab vom friesischen Wort ›feer‹, was soviel wie ›unfruchtbar‹ bedeutet. Die friesisch-sprachigen Bewohner der Nachbarinsel Amrum und die Bewohner der Halligen bringen diese einstige Armut in der Bezeichnung ›Feerlunn‹ noch heute zum Ausdruck, wenn sie von Föhr, dem ›unfruchtbaren Land‹ sprechen.

Die St. Nicolai-Kirche ist ein einheitlich gestaltetes, aus Backsteinen errichtetes Bauwerk aus der Mitte des 13. Jahrhunderts. Spätromanische und frühgotische Stilelemente kommen hier zusammen. Das dreischiffige reformierte Gotteshaus – auf einer Geesthöhe im Westen von Boldixum gelegen – hat im Laufe der Jahrhunderte viele Veränderungen und Zusätze erfahren. So wurde im Jahre 1707 ein barocker Nordflügel hinzugefügt; 150 Jahre später wurde der Südteil der Kirche erneuert und durch einen Anbau erweitert. Der Altar, eine Arbeit des Johannes Schnitker, stammt aus dem Jahre 1643 und trägt einen dreiteiligen im Stil der Spätrenaissance gehaltenen Aufbau. Der Mittelteil des Altars besteht aus neun Feldern; die aus Eichenholz geschnitzten Reliefs, von denen das mittlere bemalt ist, zeigen Szenen aus dem Neuen Testament. Aus der Zeit der Gründung von St. Nicolai stammt der pokalförmige Taufstein. Er wurde von Gotland, der in der Ostsee gelegenen großen schwedischen Insel, herübergeschafft. Die aus Messing gearbeitete Taufschale mit der Verkündigungs-Darstellung ist eine Arbeit aus dem 16. Jahrhundert. Gut 700 Jahre alt ist die eichene Figur, die den hl. Nicolaus darstellt; ihm, dem Bischof von Myra aus der ersten Hälfte des 4. Jahrhunderts, ist diese Kirche geweiht. Nicolaus gehört zu

Statue des hl. Nicolaus aus
St. Nicolai

Hutständer in St. Nicolai

den 14 Nothelfern. Wie kaum ein Heiliger hat er die Phantasie der Gläubigen ange-
regt, so daß sich zahlreiche Legenden um seine Person ranken. So soll der Kinder-
freund z. B drei zerstückelt eingepökelte Schüler wieder zum Leben erweckt haben.
Eine andere Legende berichtet, er habe armen Mädchen zur Heirat verholfen, indem
er ihnen Gold schenkte. Sein besonderes Wohlwollen genießen die Schiffer. Er gilt als
ihr Schutzpatron, der ihnen in Seenot zu Hilfe eilt. Der hl. Nicolaus hat alle Hände
voll zu tun, denn auch die Gefangenen, die Apotheker und Bäcker, die Juristen und
die Kaufleute und nicht zuletzt Kinder und Schüler betrachten ihn als ihren himm-
lischen Schutzpatron. –

Die St. Nicolai-Kirche spielte auch in der politischen Geschichte von Föhr eine
Rolle. Im Jahre 1426 versammelten sich hier die Vertreter der Pillwormingharde,
Belltringharde, Wrykesharde, Osterharde Föhr, von Sylt, sowie der Horssbullharde
und der Bockingharde. Zur Diskussion standen in dieser Versammlung Fragen des
Rechts. 23 Artikel umfaßt die ›Siebenhardenbeliebung‹ von 1426. Dabei handelt es
sich um die älteste Rechtsaufzeichnung der Uthlandfriesen; die Aufzeichnung gibt
uns Hinweise über das Strafrecht, das Erbrecht, das Vermögensrecht und das Strand-
recht. Die Einleitung der ›Siebenhardenbeliebung‹ gibt Auskunft über den Zweck
der Zusammenkunft in St. Nicolai:

»Dar wurden diese vorbenömeden eines, bewilligeden unde beleveden, dat si bi eren olden landrechte bliven wolden und nenerleye nye landrechte annemen und hebben ein del eres olden rechtens utgedrucket, als hirna geschreven steit in sondergen artikelen.« – Der Friedhof von Boldixum ist umgeben von einer Feldsteinmauer, wie man sie auf den Inseln oft finden kann. Die ältesten ›Stelen‹, die aus Sandstein hergestellten Grabplatten, stammen aus dem zweiten Drittel des 17. Jahrhunderts; viele von ihnen sind reich ausgeschmückt und zeigen Szenen und Symbole aus dem Bereich der Seefahrt (Abb. 65 und 66).

Boldixum ist stolz darauf, seinen friesischen Dorfcharakter beibehalten zu haben. Als Ortsteil des Seebades Wyk hebt es sich von diesem durch seine traditionelle Gebundenheit stark ab. – Die Dörfer der Insel Föhr sind miteinander verbunden durch eine Ringstraße, die ihren Ausgang in Wyk nimmt. Selbst die vom Fremdenverkehr weniger beachteten Orte der ca. 82 km² großen Insel können so rasch erreicht werden.

Auf dem Weg nach *Oevenum* durchfahren wir die Ortschaft *Wrixum*. Hier steht eine der drei noch erhaltenen Mühlen von Föhr. Bis zum Jahre 1960 versah das gute Stück seinen Dienst; 1971 wurde die Mühle restauriert. Ursprünglich arbeiteten auf Föhr viel mehr Mühlen; es gibt kaum ein Dorf, in dem nicht eine gestanden hätte. Schon vor der Reformation haben sich die Mühlenblätter gedreht. Bei diesen Geräten aus dem 15. Jahrhundert handelte es sich um Bockmühlen, auch unter der Bezeichnung ›Deutsche Mühlen‹ bekannt. Im Gegensatz zu den im 18. und 19. Jahrhundert gebauten holländischen Mühlen – den Erdholländermühlen – mußte bei den Bockmühlen die ganze Mühle gedreht werden, während sich bei dem holländischen Exemplar nur der obere Teil nach dem Wind richtete.

Wrixum und Oevenum sind – wie die meisten Ortschaften der Insel – stark landwirtschaftlich geprägt. – Nach dem Niedergang der Walfangzeit und der Handelsschiffahrt hatte man sich wieder vermehrt um Landwirtschaft und Viehzucht gekümmert. Viele Bewohner hatten es jedoch vorgezogen, ihr Glück in der Fremde zu suchen. Die USA und Australien waren in der Mitte des 19. Jahrhunderts die bevorzugten Auswanderungsländer. Wirtschaftliche Schwierigkeiten, aber auch Desinteresse am Kriegsdienst in der preußischen Armee – bis 1864 gehörte Föhr zu Dänemark – hatte viele dazu bewogen, ihre Heimatinsel zu verlassen. Von Preußen fühlten sich viele betrogen, da jetzt nicht mehr galt, was die Dänen im Jahre 1735 als Privileg erteilt hatten: die Befreiung der nordfriesischen Seefahrer vom Kriegsdienst auf ewige Zeiten . . . Die Ewigkeit hatte nicht einmal 150 Jahre gedauert; kein Wunder also, daß man von den neuen Herren anfangs nicht unbedingt begeistert war!

Bei Oevenum steht die Insel-Meierei, ein Zusammenschluß der Molkereien von *Midlum, Borgsum* und *Oldsum*. Zur Hauptsaison wird der größte Teil der Produkte auf Föhr selbst genutzt. Ein weiterer Teil geht zur Insel Amrum und aufs Festland. In früheren Zeiten war die Vogelkoje des Ortes eine wichtige Einnahmequelle; mehr als drei Millionen Enten hat man hier gefangen.

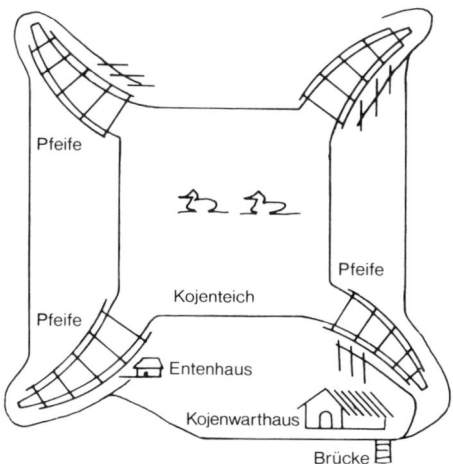

Pfeife

Pfeife

Kojenteich

Pfeife

Entenhaus

Kojenwarthaus

Brücke   Bauprinzip einer Vogelkoje

Oevenum liegt am äußersten Rand der Geest, dem ziemlich trockenen und unfruchtbaren Föhrer Landschaftstyp aus der Saaleeiszeit. Zwischen Wyk,
Oevenum / Midlum und Nieblum bildet die Föhrer Geest eine große zusammenhän-
gende Fläche, während sie an den meisten anderen Stellen nur wie mit Armen in das
Gebiet der Marschen hineingreift. Nach Norden hin ist die Marschlandschaft, die
etwa drei Fünftel von Föhr ausmacht, durch einen gewaltigen Deich vom Meer getrennt, der sich von Wyk bis auf die Höhe von Utersum im Westen der Insel erstreckt
(Abb. 54). Jetzt ist man vor Überraschungen, die das Meer bereit hält, gefeit; der
Deich ist an allen Stellen mindestens 6,50 m hoch. Der Föhrer Deich ist nicht erst in
den letzten Jahrzehnten entstanden, bereits gegen Ende des 14. Jahrhunderts hatte
man sich auf Föhr durch Deichbauten vor den Fluten der Nordsee zu schützen versucht. Durchschlagende Erfolge waren jedoch nicht zu verzeichnen. Immer wieder
war es zu Überflutungen gekommen, und erst nach 1962 hat man die Anlagen so erhöht, daß nach menschlichem Ermessen nicht mehr viel passieren kann. Im Marschland der Insel gibt es keine Dörfer, wohl aber eine ganze Reihe von Aussiedlerhöfen.
    Über Midlum und das typische Haufendorf *Alkersum* führt uns die Straße zum
Nordseebad *Nieblum*. Der schöne Ort liegt eingebettet von Wiesen und Feldern am
Südstrand von Föhr. Die malerische Schönheit von Nieblum läßt sich gut verglichen mit jener von Keitum auf Sylt. Im Innern des Dorfes schwindet die Vorstellung, daß man sich auf einer Insel befindet. Reetgedeckte Häuser, umstanden von
einer Vielzahl von Bäumen und gleich davor – in greifbarer Nähe – das mehr als
5 km breite Sand- und Schlickwatt machen Nieblum zu einem idealen Ferienort,
traditionsgebunden und doch dem modernen Fremdenverkehr aufgeschlossen. Der
westliche Teil des Sandstrandes ist ein Nacktbadestrand, der einzige auf Föhr.

Nieblum hat in der St. Johannis-Kirche eines der kultur- und kunstgeschichtlich bedeutendsten sakralen Bauwerke des nördlichen Deutschland (Abb. 57). Der ›Friesendom‹, wie St. Johannis genannt wird, ist die größte Kirche auf Föhr; mehr als 1000 Personen haben im Innern Platz. Der kreuzförmige Backsteinbau – heute ein Gemengebau – stammt aus der Zeit des Übergangs vom 12. zum 13. Jahrhundert und war einst Hauptkirche der Insel. Der romanische Taufstein aus Granit (Abb. 58) wird ebenso wie der romanische Türsturz in der Südwand (Abb. 59) etwa um 1200 entstanden sein. Die kunstvoll mit Weinlaubranken verzierte Taufschale aus Messing ist eine Arbeit aus dem 16./17. Jahrhundert. Der prachtvolle Dreiflügelaltar zeigt neben zwei Gemälden mit Abendmahl und Fußwaschung in Skulpturengruppen die Krönung Mariens mit flankierenden Aposteln. Die gemalten Außenansichten der Flügel sind mit spätgotischen Malereien zum Leben des Kirchenpatrons, Namensgebung und Predigt Johannes' des Täufers geziert (Abb. 56). Aus der Spätrenaissance stammt die reichgeschnitzte Emporenkanzel, vermutlich eine Arbeit des Flensburger Bildschnitzers H. Ringering, der u. a. auch den prächtigen Renaissance-Altar der Marienkirche zu Flensburg geschaffen hat. In der Nieblumer Johannis-Kirche befindet sich ein mit Doppelsäulen ausgestatteter schmucker Aufbau aus der Spätrenaissance. Dieser Epitaph Jacobs aus dem Jahre 1613 ist ebenfalls eine sehr bemerkenswerte Arbeit des Flensburger Künstlers. Sehr alte (Abb. 60) und schöne Grabsteine mit viel schmückendem Beiwerk aus Föhrs glorreicher Zeit der Seefahrt befinden sich außen am Querhaus von St. Johannis und auf dem besuchenswerten Friedhof. –

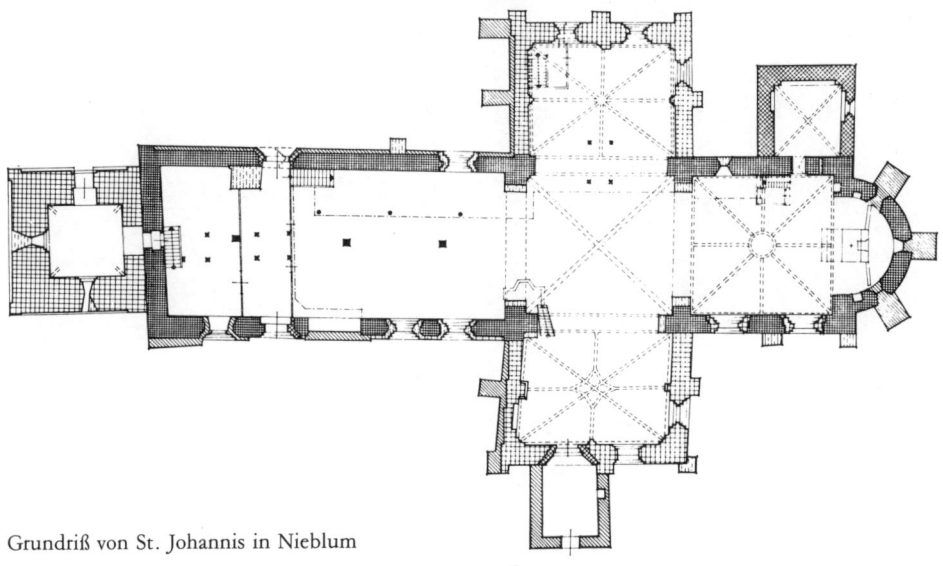

Grundriß von St. Johannis in Nieblum

Grabstele am östlich gelegenen Querhaus von St. Johannis

Von den vielen heimeligen Friesen-Häusern Nieblums seien erwähnt: das ›Haus Kretschmar‹ mit seinen prächtigen Türen, das ›Haus Fürchtnicht‹, das ›Haus Arfsten‹ mit dem Zahlenanker von 1761 und das ›Haus Due‹, früher ›Haus Christiansen‹, ein eingeschossiger schöner Backsteinbau (siehe auch Abb. 61–64).

In Nieblum muß der Gast auf nichts verzichten. Einladende Restaurants und Pensionen lassen selbst bei schlechtem Wetter keine Langeweile aufkommen. Sport wird in Nieblum groß geschrieben. Das Baden am ruhigen Südstrand ist für Familien mit kleinen Kindern besonders angenehm, da es hier keine gefährlichen Brandungswellen gibt; der Rhythmus von Ebbe und Flut bestimmt das Badeleben. Sehr ruhig gelegen ist der Golfplatz. Er ist der einzige von Wald umgebene Golfplatz an der Nordseeküste und verfügt auf 6242 m über neun Löcher. Auch Windsurfing kann man in Nieblum lernen, und wer gern segeln möchte, der hat dazu Gelegenheit in der Friesischen Segelschule an der Strandstraße. Als namhafte Schule mittlerer Größe wird der Segelunterricht nach den Richtlinien des Deutschen Segler-Verbands (DSV) erteilt. Es besteht die Möglichkeit, die vorgeschriebenen Prüfungen während der Ferien abzulegen. Noch ein Hinweis für Interessenten: In der kleinen Informationsschrift ›Von der Freude am Segeln‹, die von der Schule herausgegeben wird, sind die DSV-Führerscheine und weitere Qualifikationen wie folgt vermerkt:

A – Dieser Grundschein gilt für Segelboote jeder Größe auf Binnenfahrt. Er beinhaltet einen theoretischen und einen praktischen Teil

BR – Der Führerschein Revierfahrt gilt bis zur 3-Seemeilen-Grenze. Voraussetzung ist der A-Schein und 300 Seemeilen Revier-Erfahrung. Der BR-Schein beinhaltet ebenfalls einen theoretischen und einen praktischen Teil.

BK – Auf dem BR-Schein baut der BK-Führerschein für Küstenfahrt auf. Er gilt für die Nord- und Ostsee und alle Gewässer innerhalb der 12-Seemeilen-Grenze. Die Voraussetzungen von 1000 Seemeilen kann man in einem Törn erwerben. Das ›hohe C‹ ist die höchste Qualifikation im Segler-Sport. Dieser Führerschein für die allgemeine Seefahrt gilt für alle Gewässer und erfordert 2000 Seemeilen Segel-Erfahrung.

SSZ – Der staatliche Führerschein heißt Sportseeschifferzeugnis. Es beinhaltet neben der theoretischen Navigation und Wetterkunde vor allem Motorkunde und praktische Motorbootübungen.

Der Amtliche Sportbootführerschein – SBF – ist nötig für die Führung von Motorbooten und Segelyachten mit Motoren über 5 PS auf Seeschiffahrts-Straßen und in Küstengewässern.

Es ist also nicht so, daß man sich einfach ins Segelboot setzen und seine Runden auf dem Wasser ziehen könnte. Segeln will gelernt sein, sonst kann plötzlich die Angst größer werden als der Mut . . .

Ein besonderes Vergnügen sind Radwanderungen oder Tagesritte durchs Wattenmeer (Abb. 55). Im ›Reiterhof‹ und in der ›Reiterpension‹ kann man ein Pferd mieten und hat so Gelegenheit, die grüne Insel vom hohen Roß aus zu erkunden. Eine Spezialität sind Nachtritte; für Romantiker und solche, die es noch werden wollen, sehr zu empfehlen!

In der näheren Umgebung von Nieblum gibt es viele Siedlungsspuren aus der vorgeschichtlichen Zeit der Insel. Von den insgesamt mehr als 750 Grabhügeln Föhrs stammen die weitaus meisten aus der Zeit der Wikinger; nur ein kleiner Teil – knapp 30 – gehören der Steinzeit und der älteren Bronzezeit an. Ein wichtiges Gräberfeld, ein sogenannter Urnenfriedhof aus den ersten Jahrhunderten um Christi Geburt, wurde bei der ›Knorrbremse‹, die im Südosten von Nieblum liegt, entdeckt. Nicht alle Gräber aus der prähistorischen Epoche der Insel lassen sich heute noch so ohne weiteres erkennen, da viele der Hügel im Laufe der Jahrhunderte abgetragen wurden.

Zu Nieblum gehört der Ortsteil *Goting*. Auch hier gibt es viele Hinweise auf eine frühe Besiedlung, so z. B. ein Urnenfeld aus der Zeit um 800. Von den einst vielen Grabhügeln ist heute nur noch ein verschwindender Rest übrig geblieben. Eine interessante Erscheinung ist das Goting-Kliff. Die knapp 2 km lange und teilweise 9 m hohe Steilküste gibt Einblick in den geologischen Aufbau der Föhrer Geest. Uwe Bonsen schreibt in seinem ›Föhr‹-Buch ausführlich über die Geologie der Insel und stellt fest, daß »... die Geschiebe-Sände und Geschiebe-Mergel, die den Geestkern bilden, bis auf eine Tiefe von 7 bis 8 Metern stark verwittert sind. Nur in den untersten Bereichen des Kliffs treten offenbar noch unverwitterte dunkelfarbige Geschiebemergel zutage. Das Material ist teilweise geschichtet und gestaucht und enthält zahlreiche Findlinge von unterschiedlicher Größe. Sie liegen zum Teil noch deutlich sichtbar im Sand des vorgelagerten Nordmann-Grundes. Es findet sich im Geschiebematerial Gestein verschiedener geologischer Art und Herkunft. Neben dem allgegenwärtigen Feuerstein aus Gotland und Sandstein aus Schweden und Bornholm trifft man Rhombenporphyre aus Norwegen, Granit aus Smaland und Feldspatporphyre und Rapakiwigranit aus Finnland ...« Die gewaltige Menge an Geröll am Strand macht deutlich, in welch großem Maße das Goting-Kliff auch heute noch den ewigen Kräften der Natur ausgeliefert ist.

Nordwestlich von Goting liegen die kleinen Orte *Witsum* und *Borgsum*. Hier lebt man von der Landwirtschaft; der Fremdenverkehr ist von untergeordneter Bedeutung. Zwischen Witsum und Süderende treffen wir wieder auf Spuren der bewegten Föhrer Frühgeschichte. Das Urnengräberfeld, zu dem mehr als 100 Grabhügel gehören, ist jedoch nur noch in wenigen Resten erhalten.

Föhrs berühmteste prähistorische Sehenswürdigkeit ist die kreisrunde Anlage der Lembecksburg bei Borgsum. Man nimmt an, daß es sich dabei um eine Fluchtburg gehandelt hat, in die man sich bei drohender Gefahr von außen zurückziehen konnte. Der Innenraum der Burg hat einen Durchmesser von nicht ganz 100 m; ein etwa 8 m hoher Erdwall umschließt die Anlage. Bei Ausgrabungen ist man auf Reste eines gepflasterten Weges und auf Hausreste gestoßen. Die Wikinger-Anlage stammt aus der Zeit des 9./10. Jahrhunderts und leitet ihren Namen ab von dem wegen seiner üblen Herrschaft unbeliebten Ritter Klaus Lembeck, der im Jahre 1362 vom Dänen-König Waldemar Atterdag die Inseln Föhr, Amrum und Sylt als Lehen erhielt. –

Über *Hedehusum*, wo man auch ein großes Urnengräberfeld entdeckt hat – eines der größten auf Föhr – führt die Straße nach *Utersum*, dem dritten bedeutenden Nordseebad auf Föhr. In der Nähe des malerischen Familienbades liegt im Sanjberg das älteste Steingrab der Insel; es ist zugleich das einzige erhaltene seiner Art. Ein weiteres Grab, das jedoch inzwischen zerstört ist, wurde 1906 im Hünjbruadberg entdeckt. Die Totenkammer hatte eine Länge von 2,50 m und eine Breite von

Die Lembecksburg bei Borgsum, eine Wallanlage aus der Wikingerzeit

1,50 m. Das Grab war aus Findlingen errichtet worden; im Innern fand man Überreste von Begräbnisbeigaben aus der Jungsteinzeit. Zeugnisse aus der jüngeren Bronzezeit entdeckte man in einem anderen Grab bei Utersum, im Siikesberg. Im Nordwesten des Badeortes hat einst eine ähnliche Burganlage existiert wie jene von Borgsum. Mit etwa 80 m Durchmesser war sie etwas kleiner als jene. Heute ist davon praktisch nichts mehr zu sehen. Die ›Borreg‹, wie sie genannt wurde, war ebenfalls ein Relikt aus der Wikingerzeit; das Gelände hat man inzwischen aufgeforstet.

In Utersum regiert die beschauliche Variante des Fremdenverkehrs; die freundlichen Friesenhäuser strahlen Besinnlichkeit und Ruhe aus, eine Ruhe, die auch der einheimischen Bevölkerung eigen ist. Würde heute Föhrs Chronist Peter Sax aus dem Grab steigen, so müßte er eine Menge Korrekturen an seiner Darstellung aus dem Jahre 1637 vornehmen. Damals schrieb er: »Die Einwohner dieser Insul Foehr seien Friesen, und zwar noch ein recht lebendiges Exempel . . . an statur, Rechten, Sitten, Kleidung und Handtierung, und halte ich dafür, daß unter allen an noch vorhandenen Friesen kein gröber, unhöflicher und ungehobelter Volck sey, alss eben diese Leute, und Ihre lieben Nachbarn sein; wissen sonsten Ihr Bestes allezeit im täglichen Handell u. Wandel wohl in acht zunemen.«

Wie gesagt, so rundum freundlich klingt das nicht, und was da über die Einheimischen gesagt ist, das liegt weit zurück. Allerdings wußte man auf Föhr immer seine Interessen durchzusetzen, und wenn nötig, half man mit etwas List nach. So handelte auch Oluf Jensen, der Landvogt aus Utersum, um den sich verschiedene Sagen ranken. Im Jahre 1717 trat der Amtmann von Ripen an ihn heran, mit der Aufforderung, mehr Steuern zu zahlen. Jensen forderte daraufhin seine Ratsmänner auf, sie sollten sich die schlechtesten Kleider anziehen, und so zog das Trüpplein zum Amtmann von Ripen, holte den armen Kerl mitten in der Nacht aus dem Bett, verwies demonstrativ auf die armselige Kleidung und stellte die vorwurfsvolle Frage, wie man unter solchen Umständen noch mehr Steuern zahlen solle. Jensen war mit seinen Mannen nicht umsonst nach Ripen gezogen; bei soviel Armut wollte sich der Amtmann nicht asoziales Verhalten nachsagen lassen . . . Sieg für Oluf Jensen; in Ripen verzichtete man auf eine Erhöhung der Steuern!

Über *Dunsum* führt die Straße weiter nach Süderende. Auch das kleine Dunsum steht auf historischem Boden. Gegen Ende des 19. Jahrhunderts stieß man bei Grabungen in nächster Umgebung des Dörfchens auf Reste einer umfangreichen Siedlungsanlage, die nach K. Kersten ». . . in der vorrömischen Eisenzeit, vielleicht schon in der Bronzezeit begann und bis in die jüngere römische Kaiserzeit, das heißt bis in die Zeit um etwa 300 bis 400 nach Christi Geburt reichte. Es gelang einwandfrei, Häuser an dieser Stelle festzustellen, zu denen gepflasterte Böden, Lehmdielen, Herdstellen und dicke Brandschichten gehörten. Da man nur kleine Flächen aufdeckte, vermochte man aber nicht die sehr großen Häuser aus jener Zeit freizulegen, die an der cimbrischen Westküste eine Länge von 15 bis 30 Metern gehabt haben. Es war möglich, eine klare Überlagerung von Wohnplatzhorizonten aus verschiedenen

Wyker Festtracht,
ursprünglich Tracht der
Halligfrauen

Zeiten nachzuweisen. Sie lassen erkennen, daß die Dunsumer Siedlung über eine
Reihe von Jahrhunderten hinweg bestanden hat.«

Wie in allen Orten auf Föhr – Wyk, Nieblum und Utersum einmal ausgenommen – lebt man auch in Dunsum von der Landwirtschaft. Bis in die sechziger Jahre unseres Jahrhunderts war die Bewirtschaftung auf Föhr mit vielen Mühen verbunden. Das lag an der sonderbaren Besitzstruktur, was dazu geführt hatte, daß fast jeder Landwirtschaftsbetrieb durchschnittlich 25 Flurstücke zu bewirtschaften hatte, die selten größer als 0,8 ha waren. Seit Beendigung der Flurbereinigung im Jahre 1963/64 sind die Stücke im Durchschnitt nicht kleiner als 2,8 ha. Außerdem wurden mehr als 20 Landwirtschaftsbetriebe in die Marsch verlegt.

211

Fresken im Gewölbe von St. Laurentii

Viele Bauern vermieten nebenbei Zimmer an Gäste; vor allem für Familien mit Kindern können Ferien auf einem Bauernhof mit engem Kontakt zu den Tieren von Haus und Hof zu einem besonders schönen und nachhaltigen Erlebnis werden.

Bei *Süderende* steht Föhrs dritte berühmte Kirche. Sie ist dem heiligen Laurentius geweiht, einem als Märtyrer verehrten römischen Diakon aus dem dritten Jahrhundert. Als die staatlichen Behörden von ihm verlangten, die Kirchenschätze abzutreten, soll er darauf verwiesen haben, die Schätze der Kirche seien die Armen und die Kranken. Mit dieser Antwort gab man sich nicht zufrieden; Laurentius wurde daraufhin durch Flammen zu Tode gemartert. In dem ›Hymnus in passionem Laurentii martyris‹ des Aurelius Clemens Prudentius, einem der bedeutendsten christlichen Dichter der lateinischen Spätantike aus dem 5. Jahrhundert, wurde der Tod des hl. Laurentius durch mancherlei Ausschmückungen verklärt. Die St. Laurentii-Kirche von Süderende stammt aus dem Ende des 12. Jahrhunderts. Manche Veränderungen sind im Laufe der Jahrhunderte hinzugefügt worden. Das romanische Kirchenschiff ist aus Granitquadern errichtet. Das langgestreckte Gotteshaus wurde nach Westen durch einen spätromanischen Backsteinbau verlängert. Der Querhausarm nach Norden hin und der Chor nach Osten stammen aus der Mitte des 13. Jahrhunderts. Der Westturm und die Gewölbe des Schiffs sind Arbeiten aus dem späten Mittelalter.

Religiöse Bilder aus dem letzten Drittel des 17. Jahrhunderts schmücken die Schiffs-gewölbe. Zu dem pokalförmigen romanischen Taufstein aus dem 12./13. Jahrhundert gehört eine Messing-Taufschale von 1720. Aus der Mitte des 15. Jahrhunderts stammt der dreiteilige spätgotische Schnitzaltar mit den insgesamt zwölf Figuren. Die Kanzel aus der Spätrenaissance hat einen fünfseitigen Schalldeckel, der mit Engeln und Cherubin-Köpfen geschmückt ist. Auf dem Friedhof der St. Laurentii-Kirche geben kunstvoll gestaltete Inschriften auf den alten Grabsteinen Auskunft über bekannte Leute vergangener Jahrhunderte. Die Seefahrergrabsteine sind besonders schön ausgestaltet; sie stammen aus dem 17. bis 19. Jahrhundert und zeigen Wappen, Monogramme, Rosetten, Schiffsdarstellungen und religiöse Symbole. – Erwähnt sei auch das im Friesenstil gehaltene ›Alte Pastorat‹ von Süderende. Der reetgedeckte eingeschossige Backsteinbau wurde im Jahre 1762 errichtet; heute beherbergt er ein Feinschmecker-Restaurant, dessen lukullische Zubereitung des Helgoländer Hummers gerühmt wird. –

Bei Süderende liegt ein bedeutendes Urnengräberfeld. Typisch dafür sind Grabhügel, wie sie schon im ›Beowulflied‹, der nach ihrem Haupthelden benannten angelsächsischen Stabreimdichtung aus dem 8. nachchristlichen Jahrhundert, erwähnt werden. Als Beowulf nach dem Kampf mit einem Drachen im Sterben liegt, gibt er Anweisung, wie er beerdigt werden möchte:

> Die Helden nun heißet den Hügel mir wölben,
> Wenn ich Asche geworden, am Ufer des Meeres,
> Am Walfischhöft, daß weithin sichtbar
> Zum Gedächtnis dem Volke das Denkmal rage:
> Die Spitze nennen wohl später die Schiffer
> Beowulfs Berg, die die Barken führen
> Von ferne her durch die finstren Gewässer.

Im Heldenepos ›Beowulf‹ erfahren wir noch mehr darüber, wie man in der Frühzeit der Insel bedeutende Leute bestattete. In der einfühlsamen Übertragung durch Hugo Gering heißt es:

> Dort schichteten nun den Scheiterhaufen
> Die treuen Jüten dem toten Recken;
> Dran hängten sie Helme und Heerschilde,
> Wie geboten der Held, und blinkende Panzer.
> Dann legten sie trauernd den teuren Herrn
> In des Holzes Mitte, den herrlichen König.
> Dann ward von den Männern ein mächtiges Feuer
> Auf dem Berge entfacht, und brauner Qualm,
> Vom Klagegeschrei seiner Krieger begleitet,

Stieg gekräuselt empor aus der knisternden Lohe
In den stillen Äther, – die sterbliche Hülle
War hurtig verzehrt von den heißen Gluten.

Nun erhoben aufs neu' ob des Herrschers Verlust
Ihren Wehruf die Männer; die Witwe auch,
Der geschlungene Flechten die Schläfe umkränzten,
Beklagte den Gatten, die kummervolle:
Ihr schwan' es, sprach sie, von schweren Zeiten,
Von Gemetzel und Mord, von mächtiger Feinde
Schrecklichem Wüten, von Schmach und Gefängnis. –
Nun verflog der Rauch in die Fernen des Himmels.

Es wölbten nun der Wettermark Leute
Den Hügel am Abhang, gar hoch und breit
Und weithin sichtbar den Wogenfahrern.
In der Frist von zehn Tagen war fertig das Werk,
Des Ruhmreichen Mal. Die Reste des Brandes
Umschloß der Wall, so schien es würdig
Den weisen Männern. Das weite Grab
Nahm auch Ringe und Schmuck und Rüstungen auf,
Den ganzen Schatz, den gierige Krieger
Dereinst erbeutet: die Erde empfing
Das rote Gold – dort ruht es noch jetzt,
So unnütz den Menschen, wie's immer gewesen.

Dann umritten den Hügel die rüstigen Helden,
Der Edlinge zwölf, die nach altem Brauch
In Liedern sangen die Leichenklage
Und den König priesen. Die kühnen Taten
Rühmten sie laut und sein ritterlich Wesen.
In Wort und Spruch sein Wirken ehrend
In geziemender Weise. Das ziert den Mann,
Den geliebten Herrn durch Lob zu erhöh'n
In treuem Sinn, wenn des Todes Hand
Aus des Leibes Hülle erlöst die Seele. –
So klagten jammernd die Krieger der Jüten
Um des Brotherrn Heimgang, die Bankgenossen,
Der am höchsten stand vor den Herrschern der Erde
Als gütigster Geber, als gnädigster Fürst,
Der rastlos bestrebt war den Ruhm zu mehren.

Dörfliches Idyll in Oldsum

Nördlich von Süderende, in *Oldsum,* einem Ort, der mit *Klintum* und *Toftum* an der Grenze zum Marschland liegt, steht Föhrs dritte Mühle. Die einstmalige Genossenschaftsmühle versah ihren Dienst bis zum Jahre 1954. Heute gilt sie als ›Museumsmühle‹, und ist das einzige Schmuckstück ihrer Art im Nordwesten von Föhr. Die ruhige Ecke um Oldsum-Klintum und Toftum ist ganz landwirtschaftlich geprägt. Wie auch in den anderen Dörfern der Insel hängt die oft noch friesisch sprechende Bevölkerung an den althergebrachten Traditionen. Erwähnt sei das ›Biiken‹, ein Brauch, der auch auf den Nachbarinseln Sylt und Amrum noch heute lebendig ist. Das ›Biikenbrennen‹, ein ursprünglich heidnisches Fest, wird am Vorabend von Petri Stuhlfeier – Petrus in cathedra am 22. Februar – gefeiert. Die hoch lodernden Flammen des Feuers sollen zugleich den Winter vertreiben. Oft wird dabei eine Strohpuppe verbrannt, Symbolfigur des Übels. Den ›Piddersdai‹ selbst feiert man mit einem besonders guten Essen: Grünkohl mit Schweinebacke, dazu Grog und Glühwein.

Andere Volksfeste wechseln zum Teil von Dorf zu Dorf. Die meisten gehen auf ein vorchristliches Brauchtum zurück, das im Laufe der Jahrhunderte in christliches Gedankengut umgedeutet wurde.

Im Seebad Wyk

»Schulden, nichts als Schulden!« So oder ähnlich könnte man die Geschichte des Seebades Wyk beginnen lassen. Wahrscheinlich wären die Gemeinderäte – auf Grund der prächtigen Gegebenheiten – auch ohne finanziellen Ruin im Rücken auf die Idee gekommen, ein Kurbad zu gründen; doch damals sah das noch ganz anders aus. Die Ortschaft Wyk hatte sich im Laufe der Zeit eine gewisse Sonderstellung verschaffen können, ein Umstand, der die Bewohner von Westerland- und Osterland-Föhr nicht selten Neid verspüren ließ, wenn sie an Wyk dachten. Dies betraf vor allem den Hafen (Farbtafel 12), den die Nachbarn mit aller Gewalt verhindern wollten. Neuerungen stand man anfangs des 18. Jahrhunderts nicht gerade wohlwollend gegenüber, und das ganz besonders, wenn sie zu allem Überfluß auch noch von ›Fremden‹ importiert wurden . . . Offensichtlich waren den Inselbewohnern nicht alle Einwohner des neuen und rasch wachsenden Ortes Wyk geheuer. Dennoch gelang es den Wykern, den geplanten Hafen durchzuboxen; 1704 hatte die festländische Obrigkeit dazu ihren Segen gegeben. Sechs Jahre später erhielt Wyk das Marktrecht, und damit waren die besten Voraussetzungen für ein günstiges Gedeihen gegeben.

Die wichtigste Einnahmequelle bildeten die Erträge aus der Grönlandfahrt, ein Begriff, der eigentlich auf einem Mißverständnis beruhte. In Wirklichkeit war Grönland nichts anderes als Spitzbergen. Und das kam so: Im Jahre 1596 entdeckte der Holländer Willem Barents Spitzbergen, als er eine nordöstliche Durchfahrt nach Indien suchte. Doch Barents – nach ihm ist jener Meeresteil benannt – hielt Spitzbergen für Grönland, und so sprach man auch weiterhin von der ›Grönlandfahrt‹. Wie gesagt, die Grönlandfahrten waren für Wyk sehr gute Einnahmequellen. Handwerker zogen hierher, und auch die Kaufleute sahen sehr schnell, daß es in Wyk etwas zu verdienen gab. Hatte der Flecken 1658 nur 172 Einwohner, so waren es 1663 schon 223, und 1769 wohnten bereits 692 Menschen in Wyk. Schon den damaligen Bewohnern von Föhr muß der Ort sehr gefallen haben. So sind uns die Verse überliefert, die ein Pfarrer aus Nieblum schmiedete, Verse, in denen das Hohe Lied auf Wyk gesungen wird:

> Wyk, du bist (acht ich wohl) ein Lusthaus dieser Insel,
> Prunkst alle Jahre mehr, und hebst dein Haupt empor,
> Wann ich ein Maler wär', wie zierte dich mein Pinsel,
> Wär' ich ein Landesfürst, dir gäb' ich Rath und Thor,
> Und Freiheit einer Stadt, du hast, was ihr gebühret,
> Und was sonst eine Stadt in allen Stücken zieret.

Es ist jedoch nicht überliefert, ob der Herr Pfarrer ursprünglich selbst in Wyk aufgewachsen ist. . . .

Mit dem Wyker Hafen hatte es anfangs seine Schwierigkeiten. Rache ist süß, dachten die Nachbarn, wenngleich sie auch nichts mehr gegen die Genehmigung auszurichten vermochten. So half man sich eben auf andere Weise: Die Bewohner von Osterland-Föhr verlegten den Abwasserlauf nach Norden. Damit wurde die Durchspülung des neuen Hafens zu gering. Immer mehr Schlick verstopfte die Fahrrinne, so daß bald keine Schiffe mehr fahren konnten. Der neuen Hafenanlage erging es ähnlich, und erst bei der dritten Runde im Jahre 1806 hatte man einen Hafen, der den Ansprüchen der Schiffahrt genügte. Doch mit der Grönlandfahrt war es inzwischen nicht mehr so weit her. Die Fänge waren nicht mehr so ergiebig. Immer mehr Seeleute gingen auf die Handelsschiffe und blieben somit oft Jahre hindurch ihrer Insel fern. Ganz besonders schlimm aber waren die Auswirkungen der napoleonischen Kriegswirren. Die Kontinentalsperre machte es fast unmöglich, Handel zu treiben. Der Krieg zwischen Dänemark und England im Jahre 1807 tat sein übriges. Dänemark war lebensnotwendig daran interessiert, daß während der napoleonischen Kriege die neutrale Schiffahrt unangetastet blieb. Doch konnte sich Dänemark nicht durchsetzen; dauernd gab es Konflikte mit Frankreich und England. Die Dänen suchten ihr Heil deshalb in einem bewaffneten Neutralitätsbündnis mit Rußland und Schweden. Den Widerstand der Engländer hatte man sich wahrscheinlich weniger rigoros vorgestellt. 1801 gingen diese im Handstreich gegen Kopenhagen vor. Dabei wurde die Flotte der Dänen überwältigt; der Traum von einer nordischen Neutratlitätskoalition war somit zuende geträumt. Doch gab sich Dänemark nicht geschlagen. Als die Engländer aber im Frieden zu Tilsit verlangten, die Dänen sollten gefälligst ihre Kriegsflotte herausrücken, und Dänemark dieser Aufforderung nicht nachkam, gab es Krieg. Daß Dänemark dieses sonderbare Verlangen der Engländer ablehnen würde, war wohl klar, da das Land neutral bleiben, andererseits jedoch nicht so ohne weiteres von den Franzosen vereinnahmt werden wollte . . .

Als England daraufhin die dänische Hauptstadt mit Brandraketen angriff, kamen die Dänen nicht umhin, schließlich doch noch ihre Kriegsflotte auszuliefern. Damit war das Land praktisch bankrott, und nur höhere Steuern konnten dem Staat dazu verhelfen, allmählich wieder auf die Beine zu kommen. Und weil die Insel Föhr als Teil Schleswigs zu Dänemark gehörte, wurde sie kräftig zur Kasse gebeten, so kräftig, daß man nicht mehr wußte, wie die Schulden zu bezahlen seien. Der Niedergang von Seefahrt und Handel hatte sich besonders stark in Wyk bemerkbar gemacht. Viele Einwohner besaßen kein Einkommen mehr und zogen weg, doch die Schulden ·blieben. Inzwischen hatte der einst so blühende Ort kaum mehr als 500 Einwohner. Den Bewohnern von Osterland-Föhr erging es ein wenig besser. Hier hatte man nicht so einseitig auf eine einzige Erwerbsquelle gesetzt. In Wyk dachte man sich, daß es in der gegebenen Situation wohl besser sei, sich wieder an die Nachbarn anzuschließen, um so etwas von dem Schuldenberg herunterzukommen. Ähnliches hatte schon Föhrs höchster Verwaltungsbeamte, der Justizrat Hildebrandt, im Sinne. Ihm war es daran gelegen, Westerland-Föhr, Osterland-Föhr und Wyk zu einer Landschaft zusammenzufügen, wenn er schrieb: »Der nachteiligste Einfluß von diesen Separationen besteht indessen in der gänzlichen Erstickung des Gemein-Geistes. Daher kein Gedanke an irgend einer gemeinnützigen Anstalt, und deren Gedeihen. Ja selbst die allernothwendigsten Einrichtungen scheitern bei den mannigfaltigen Anstößen, die die Verfassungen erzeugen, oder kommen nur nach unendlichen Schwierigkeiten, außerordentlichem Zeit- und beträchtlichem Kosten-Aufwande erst zu Stande.« –

Doch die Einwohner von Osterland-Föhr wollten davon nichts wissen. Sie standen auf dem Standpunkt, daß sich die Wyker selbst in die Schwierigkeiten hineinmanövriert hätten, und da sollten sie auch selbst sehen, wie sie damit fertig würden. Neben der Schadenfreude hatte man jedoch auch berechtigte Sorge um das eigene Brot, das man in Notzeiten nun mit denen von Wyk teilen sollte.

Als Retter in der Not erwies sich der Gerichtsvogt von Wyk, H. F. von Colditz. Er hatte Kontakt mit dem Husumer Physikus Friedlieb, dieser hatte gegenüber von Colditz geäußert, da sich Wyk als Seebad geradezu anbiete, könnte der Ort durch eine solche Einrichtung doch nur gewinnen. – Gesagt, getan!

Im Jahre 1819 wurde das Seebad Wyk gegründet. Auf der Basis von Aktien beschaffte man das nötige Geld, und am 15. Juli desselben Jahres wurde die Badeanstalt der Öffentlichkeit übergeben.

Was jetzt noch fehlte, das waren die Gäste. Man macht sich heute kaum noch eine richtige Vorstellung von den Schwierigkeiten, mit denen damals ein Kurort zu kämpfen hatte. Es war ja nicht damit getan, Reklame zu machen und die Höhe der Kurtaxe festzusetzen. Auch in Wyk wußte man, daß man mit dem neuen Seebad nur eine sehr kleine Schicht der Bevölkerung ansprechen konnte. Wer damals in die Ferien fuhr, der besuchte meist Verwandte im näheren Umkreis seines Wohnortes. So blieb es nur wenigen Glücklichen vergönnt, weite Reisen zu unternehmen, in Kur zu fahren und sich den Wind fremder Welten um die Nase wehen zu lassen. In der Frühzeit der Industrialisierung gab es zwar eine Reihe von Leuten, die sich all das erlauben konnten, doch fuhren diese lieber an die italienische und an die französische Riviera oder sahen sich die Schweizer Alpen an. Luxus war gefragt, doch damit konnte Wyk noch nicht aufwarten. So mußten sich die ersten Badegäste mit dem Notwendigsten begnügen. Immerhin standen den Gästen in der ersten Saison bereits 80 Betten zur Verfügung, von denen 19 unbenutzt blieben. Im Jahre 1820 kamen fast doppelt so viele, doch schien der rechte Erfolg vorläufig auszubleiben. Und es dauerte dann auch fast 20 Jahre, bis mehr als 200 Gäste das Seebad Wyk besuchten. Inzwischen hatte die treibende Kraft, der Gerichtsvogt von Colditz, eine neue Stelle angetreten; Wyk hatte in ihm seinen wichtigsten Propagandisten an die Stadt Oldesloe verloren, wo von Colditz Bürgermeister geworden war. Es war nicht einfach, weitere Gäste nach Wyk zu ziehen. Finanzielle Schwierigkeiten stellten sich ein; es war nicht mehr möglich, den Inhabern der Aktien Dividenden zu zahlen.

Bei den damaligen Verkehrsverhältnissen war es auch kein Wunder, daß die Entwicklung des Seebades so schleppend vor sich ging. So benötigte man für den Weg von Hamburg nach Föhr etwa einen bis eineinhalb Tage. Der Weg führte per Eisenbahn nach Rendsburg, wo man das Dampfschiff nach Friedrichstadt nahm. Auf der Straße ging dann die Reise weiter nach Husum und von dort aus mit dem Schiff zur Insel Föhr. Eine Variante bestand darin, daß man von Husum nach Dagebüll fuhr und dort ins Dampfschiff einstieg, das den Gast zur Insel brachte. Außerdem gab es die Möglichkeit, in Hamburg den Zug nach Kiel zu besteigen. In Kiel angekommen, hieß es dann umsteigen ins Schiff nach Flensburg. Per Kutsche bemühte man sich dann nach Dagebüll oder nach Husum. Es gab noch eine dritte Variante von Hamburg aus, doch war auch dieser Weg zur Insel Föhr alles andere als angenehm. Ein kurzer Reisebericht, den M. und N. Hansen in ihrem Buch über Föhr zitieren, verschafft uns einen kleinen Einblick in die Mühen der Dampferfahrt in damaligen Zeiten: »Bei meiner Überfahrt sah ich sechs Badegäste nach dem unteren Raum transportieren, worin vorher ein Haufen Schafe einquartiert gewesen war. Es fehlte sogar in diesem schmutzigen Raum an einer Gelegenheit, wo die Gäste sich niedersetzen konnten. Die Überfahrt währte drei Stunden. Zwei Matrosen, die sehr roh und unbehilflich waren, lenkten das Boot, wovon der eine sich, nachdem die Segel aufgezogen waren, sehr unanständig auf dem Verdeck zum Schlafen hinstreckte. Die dunkle Nacht war bei der Ankunft zu Wyk durch keine Laterne erleuchtet, und es erschien nicht einmal ein altes Weib, um die Fremden nach dem Flecken zu geleiten.«

Die Dienstleistungsbranche als dritter Sektor der Volkswirtschaft steckte damals offensichtlich noch nicht einmal in den Kinderschuhen, und so ist es kaum verwunderlich, daß man das Seebad Wyk anfangs nicht so recht hochbringen konnte. Die zahlungskräftigen Gäste waren – was den Service anbelangte – etwas anderes gewöhnt, und die Leute, die nun als Badegäste erschienen, trösteten sich mit den niedrigen Kosten, die ihnen der Urlaub verursachte. Entsprechend unkompliziert waren auch die badetechnischen Einrichtungen. Man hatte zwar von Anfang an keine Provisorien geduldet, doch nach Luxus oder etwas in dieser Richtung suchte man vergebens. –

Wyks Dornröschenschlaf war mit einem Schlag vorbei, als sich 1842 König Christian VIII. von Dänemark zur Badekur einfand. Jetzt kam die große, weite Welt nach Wyk. Angehörige des Hochadels waren auch damals schon eine gute Reklame.

Wyk putzte sich heraus, unterstützt von den adligen Geldgebern. Ob der dänische König den neuen Badeort wirklich für das Non-plus-Ultra seiner Zeit hielt, ist nicht zu erfahren. Sicher haben auch handfeste politische Gründe dazu beigetragen, daß König Christian von 1842 bis zu seinem Tode im Jahre 1848 den aufstrebenden Badeort aufsuchte.

Dänemark war daran interessiert, daß die in Schleswig-Holstein wohnende Bevölkerung auch weiterhin beim dänischen Königreich verblieb. Doch schon seit Jahren gingen da die Meinungen auseinander, da sich weite Kreise der Einwohner dieser Region, allen voran die Oberschicht, mehr zu Deutschland hingezogen fühlten. Schleswig, von den Dänen als ›Slesvig‹ oder ›Sønderjylland‹ bezeichnet, gehörte damals zwar nicht zu Deutschland, wurde jedoch seit dem 14. Jahrhundert zusammen mit Holstein regiert, dessen Bevölkerung ebenso wie jene Schleswigs, nur an einer lockeren Verbindung mit Dänemark interessiert war. Als die schleswig-holsteinische Nationalbewegung immer stärker wurde, gab es in diesem Zusammenhang immer stärkere Reibereien. Eine herausragende Persönlichkeit jener Jahre war der friesische Beamte Uwe Jens Lornsen, der sich ganz der Durchsetzung der politischen Forderungen der Bewohner Schleswig-Holsteins verschrieben hatte. Auf der anderen Seite jedoch standen die Dänen mit ihrer Eiderpolitik. Sie verlangten die Loslösung Holsteins und Lauenburgs; Schleswig aber sollte unlösbar mit Dänemark verbunden bleiben. Außerdem war man darüber besorgt, Dänemark könnte wegen Holstein in den ›Deutschen Bund‹ hineingezogen werden. Jedenfalls schlugen die nationalen Wogen auf beiden Seiten so hoch, daß es König Christian VIII. geraten schien, mit einer Art ›Vorwärtspolitik‹ unter anderem auch die Insulaner von Föhr durch den mehrwöchigen Besuch auf die dänische Seite zu ziehen. Für Christian war das – trotz der großen Freude, die in Wyk über die königlichen Besuche herrschte – kein leichtes Unterfangen. Offen war auch, was zu geschehen habe, wenn die männliche Linie des dänischen Königshauses aussterbe. Für den Fall hatte Jahre zuvor Friedrich Christian August von Augustenburg seine Rechte auf Schleswig-Holstein angemeldet. In bezug auf Schleswig verwarf Christian in einem »offenen Brief« die Ansprüche der Augustenburger. Deutschland jedoch sah in der Haltung des dänischen Königs die eigenen Rechte und Interessen beeinträchtigt. –

Dies alles läßt die Vermutung zu, daß Christian bei seinen Wyk-Besuchen eine gewisse Popularität auf den Nordfriesischen Inseln erringen wollte. Und das hat er bis zu einem gewissen Grade auch fertig gebracht. Anläßlich seiner Besuche wurde der König als sehr volkstümlicher und wohlwollender Herrscher gefeiert. Die Leute waren mehr als begeistert. Ihm zu Ehren gab es Tanzveranstaltungen und Umzüge, an denen auch der König und die Königin teilnahmen. Überschwengliche Töne fand der Konsul Nommensen, in dessen Haus der König zu Gast war. In einem Brief an eine hochstehende Persönlichkeit drückte er das so aus:

»Wie jeder Föhrer, weiß ich das große Glück zu schätzen, dessen wir durch die Anwesenheit Seiner Majestät unseres geliebten Königs theilhaftig geworden, und unbegrenzte Freude erfüllt jede Brust jetzt, wo wir nicht allein die Wiederkehr seiner Majestät, sondern vielleicht auch unsere allverehrte Landesmutter, die Königin auf unserem Eilande erwarten dürfen; wobei uns nur die Sorge drückt, die Allerhöchsten Gäste nicht so aufnehmen zu können, wie es doch nur den billigsten Wünschen entsprechend... Ich freue mich sehr die Zeit herannahen zu sehen, wo es mir vergönnt seyn wird, persönlich Euer Hochwohlgeboren die Gefühle unserer unbegrenzten Hochachtung auszudrücken, mit denen ich die Ehre habe, zu verharren, als Euer Hochwohlgeboren untertänigster N. F. Nommensen.«

Mit dem Tode Christians VIII. im Jahre 1848 wurde auch Wyks erster Aufschwung zu Grabe getragen. Offenbar war das Seebad noch nicht ›in‹ genug, um weiterhin kapitalkräftige Badegäste anzulocken. Zu ihrer Verwunderung mußten die Bewohner von Wyk erkennen, daß die eigentliche Attraktion des Badeortes die adligen Herrschaften aus Dänemark gewesen waren...

Allerdings hatte man sich inzwischen einiges einfallen lassen, damit sich der Gast wohlfühlen konnte. Bäume waren gepflanzt worden, man hatte die Häuser verschönert und auch sonst noch manches getan, um Wyk ein ansprechendes Aussehen zu geben. Auf lange Sicht gesehen, war doch nicht alles nutzlos gewesen. Im Laufe der Jahre stellten sich auch deutsche Adlige als Badegäste ein. So war z. B. die Prinzessin Luise von Glücksburg gekommen, und auch der Kronprinz und die Kronprinzessin von Preussen hatten sich ein Stelldichein gegeben. Doch das wichtigste Argument für einen Aufenthalt in Wyk – der Heilfaktor Nordsee – kam erst um die Jahrhundertwende ins Spiel. Die Ärzte erkannten die heilsame Wirkung des Nordseeklimas. Hier sind besonders die Ärzte Dr. Gmelin und Professor Häberlin zu nennen. Auch ein Dr. Gerber hatte auf die heilende Wirkung von Luft und Wasser aufmerksam ge-

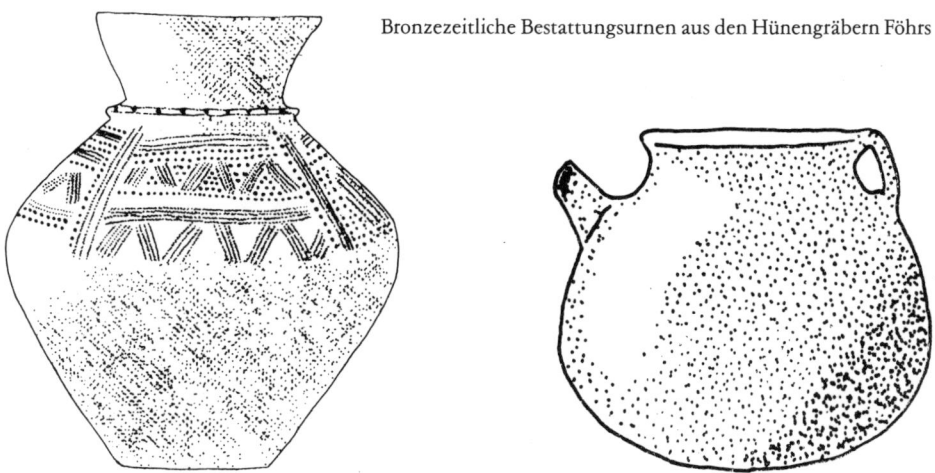

Bronzezeitliche Bestattungsurnen aus den Hünengräbern Föhrs

macht. Die Ärzte waren auf Föhr tätig und leiteten mit ihren medizinischen Erkenntnissen ein neues Kapitel des Nordseebades Wyk ein. Selbst im Kriegsjahr 1918 kamen etwa 7500 Erholungssuchende auf die Insel. Heute stehen in Wyk ca. 6000 Gästebetten zur Verfügung, und in der Saison zählt man um die 50000 Besucher.

Natürlich war das ein weiter Weg, bis man sich auch unter den konkurrierenden Nordseebädern an der Küste und auf den benachbarten Inseln behaupten und immer mehr Gäste anziehen konnte. Doch mit der den Friesen eigenen Hartnäckigkeit setzte man sich schließlich durch. Von dem einmal eingeschlagenen Weg ließen sich die Wyker auch nicht durch noch so laute Unkenrufe abbringen. Doch nicht alle Leute waren erfreut über die vielen Neuerungen, die man einführte, um Wyk attraktiv zu machen. Vielen Bewohnern war das alles zuwider, und mancher mag wohl um den Fortbestand des Abendlandes in Sorge und Aufregung geraten sein, wie jener Pfarrer Asmussen, der aus Anlaß der Einweihung eines neuen Glockenturmes glaubte reimen zu müssen:

> Wie hoch es ist, wie lang, wie breit,
> man schwindelt und wird stumm,
> und doch vielleicht nach kurzer Zeit,
> so fällt es wieder um!
> Denn oft zeigt es die Gottheit an,
> durch Zeichen Ihrer Welt,
> was niemals gut gelingen kann,
> und was ihr nicht gefällt!

Offenbar hat sich aber die Gottheit an Wyk gewöhnt. Das ist ja auch kein Wunder, wenn man die schönen Anlagen und die urgemütlichen alten Häuser sieht. Altes und Neues schließt einander nicht aus. Zumindest war man bemüht, in vielen Bereichen das vertraute Bild der vergangenen Jahre zu bewahren. Ein sehr schönes Beispiel dafür ist die Carl-Häberlin-Gasse (Farbtafel 31), benannt nach dem Arzt, dem Wyk einen großen Zulauf von Gästen verdankt.

Häberlin war einer der Wortführer für die Gründung des Naturwissenschaftlich-Kulturhistorischen Vereins. Dieser Verein, im Jahre 1902 gegründet, hatte sich das Ziel gesetzt, ein Museum einzurichten, in dem Dinge, die vor allem mit der Insel Föhr zu tun haben, einem breiten Publikum zugänglich gemacht werden sollten. Heute ist das Museum eine wahre Fundgrube für jene, die sich für das Volkstum und die Kunst auf Föhr interessieren. Zwei gewaltige Kieferknochen eines Wals sind vor dem Museum so zusammengefügt, daß sie einen Torbogen bilden (Farbtafel 30). Das Gelände selbst ist umgeben von einem Wall von Findlingen. Eine Reihe von Gegenständen im Innern geben Zeugnis vom Wirken des Menschen in frühen Zeiten. Die Schätze, die der Boden der Insel freigegeben hat, gehen z. T. zurück bis in die Zeit der Wikinger. Andere wiederum geben Auskunft über die handwerklichen

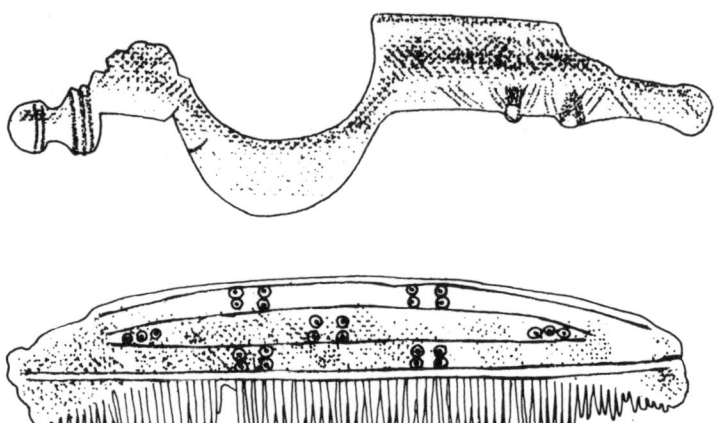

Schnalle und Kamm
aus der Wikingerzeit
Föhrs

Fähigkeiten der Bewohner aus der Stein-, Bronze- und Eisenzeit. Auch die Zeit des Walfangs und des Robbenschlags ist in eindrucksvollen Bildern und guten Ausstellungsobjekten vertreten. Erwähnt seien außerdem die sehr schönen Beispiele für Arbeiten von Handwerkern, deren Berufe oft schon vor langer Zeit von der modernen Technik überrollt wurden. Ein wichtiger Bestandteil der Friesentrachten ist der Filigranschmuck. Auch mit solch feinen Goldschmiedearbeiten kann das Friesenmuseum in Wyk aufwarten.

Dem Besucher wird neben dem Museum das mit Reet gedeckte schöne alte Friesenhaus auffallen. Ursprünglich stand das Gebäude in Alkersum. Das Haus Olesen, zugleich das älteste Haus auf der Insel Föhr, stammt aus dem Jahre 1617 und wurde 1927 von Alkersum nach Wyk gebracht, wo es seinen neuen Standort beim Museum fand. Auch die Bockmühle ist kein Wyker ›Eigenbau‹; im Jahre 1915 wurde sie als kleine Bauernmühle auf der Hallig Langeneß, der größten der zehn Halligen, errichtet.

Wyk verfügt über viele schöne Hotels, Restaurants und Cafés. Wyk ist Verwaltungssitz der eng mit der Stadt verbundenen ›Wyker Dampfschiffs-Reederei‹, abgekürzt WDR. Im Jahre 1885 durch den Kapitän Steffen-Heinrich Boetius mitbegründet, nannte sich die spätere GmbH zuerst ›Wyker Rhederei-Gesellschaft‹; heute ist die Gesellschaft mit ihren Fahrgastschiffen und Autofähren das wichtigste Bindeglied zum Festland und zu den anderen Inseln. –

Am Südstrand liegt Föhrs Flugplatz. Aus der Luft erschließt sich einem die Inselwelt der Nordsee auf ungewohnte Weise; ein Rundflug über Föhr, Amrum, Sylt und die Halligen wird immer als ein außergewöhnliches Ferienerlebnis in Erinnerung bleiben. Übrigens ist Wyk über einen Liniendienst mit Westerland/Sylt und Hamburg verbunden.

54   Am Deich der Insel Föhr

56 Der prachtvolle Fünfflügelaltar in der Kirche St. Johannis von Nieblum (Föhr)

◁ 55 Sandwatt

57 Kirche St. Johannis in Nieblum

58 Romanischer Taufstein mit dem ›Löwentöter‹ (St. Johannis)

59 Türsturz in der Südwand von St. Johannis

60 Älteste Grabsteine
auf dem Kirchhof
von St. Johannis

61–64 Der Türschmuck der friesischen Häuser zeugt von alter Handwerkskunst

65/66 Alte Grabsteine auf dem Kirchhof von St. Nicolai in Boldixum (Föhr)

67 Am Goting-Kliff, Südküste der Insel Föhr

68 A. Renger-Patzsch: Halligen-Krabbenfischerin (1926)

69 Das große Pastorat auf der Kirchwarft von Hallig Hooge

70 Der Eingang zum ›Königspesel‹ von Hallig Hooge   71 Die ›Waltür‹ an der Kanzel der Hooger Kirche

72 Die Prachtstube des ›Königspesel‹

73 Renaissance-Kanzel der kleinen Hallig-Kirche von Hooge

74 Ausschnitt aus dem Hauptaltar der Kirche von Hallig Oland

75 Warft Hilligenley auf Langeneß

76 Oland-Warft mit Kirche

DE CRVTZIGVNG
CHRISTI MATTHEI 27.

TIDT KARCKSWA ER. NE
VENST SINER DOEGET
SAI EN HVSFRVWEN
NOMMEN HANSES GADE

77 Renaissance-Kanzel der Kirche von Hallig Oland

79 Lorenbahn zwischen den Halligen Oland und Langeneß
◁ 78 Watt und Priel zwischen der Vogelhallig Norderoog und Hallig Hooge

Zwischen Föhr und Amrum – eine Wattwanderung

Zu den interessantesten und schönsten Erlebnissen eines Inselaufenthaltes gehört die Wanderung durch das Wattenmeer. Zwischen Föhr und Amrum ist eine solche Wanderung besonders zu empfehlen. Gehört man nicht gerade zu den ganz langsamen Spaziergängern, so schafft man die Strecke in etwa zwei Stunden. Bei Ebbe sehen die Watten, wie das Wattenmeer auch genannt wird, recht harmlos aus. Auch bei Hochwasser wird das Gebiet zu einem großen Teil nur bis etwa 1,50 m mit Wasser bedeckt. Doch ist hier allergrößte Vorsicht geboten.

Die Leute vom Festland sind sich häufig der Gefahren nur sehr wenig bewußt und unterschätzen das oft tückische Gebiet des Wattenmeeres. Schließlich kann der Mensch ja schwimmen! – Meint er ... Wichtig ist eine strikte Beachtung des Tiden- (Gezeiten)-Kalenders, der auf die Hoch- und Niedrigwasserzeiten hinweist. Denn bei bald einsetzender Flut ist es überaus gefährlich, das Watt zu betreten. Bei aufkommender Flut kann sich der Wanderer nicht mehr orientieren und verliert im weichen Boden den festen Halt. Da hilft auch nicht mehr der mitgenommene Spazierstock. Darum Vorsicht und nicht zu spät mit dem Marsch beginnen, so daß man das andere Ufer nicht erst bei wieder einsetzender Flut erreicht – falls man es dann noch erreicht ...

Das Wattenmeer darf man sich nicht als eine zur Ebbezeit durchwegs ›trockene‹ Fläche vorstellen. Vielmehr wird sie durchzogen von einer Anzahl kleinerer oder größerer Priele, die oft auch während der Ebbe mit Meereswasser gefüllt sind. Ein Teil dieser Priele fällt trocken; das sind die weniger tiefen Priele, die anderen aber, die als Wattströme oder auch als Balgen oder Baljen bezeichnet werden, führen dauernd Wasser. Auch hier heißt es wieder: aufpassen! Die Priele sind oft mehrere Meter breit und haben eine Tiefe bis zu etwa 4 m. Da bleibt dem Wanderer nichts anderes übrig, als um den Priel herumzugehen. Ein Durchschwimmen empfiehlt sich aus eben genannten Gründen nicht, wenn man auch noch die weiteren Ferientage im Diesseits verbringen möchte ...

Je nach Beschaffenheit des Wattbodens unterscheidet man verschiedene Bodentypen. Beim Sandwatt findet man die am schönsten geformten Sandwellen, die sich in kurzer Folge wie Rippen über das Gebiet verteilen (Farbtafel 66). Zum größten Teil besteht das Sandwatt aus sehr feinkörnigen Sanden, denen nur wenig Ton beigemengt ist. Im Gegensatz dazu enthält das Schlickwatt feinkörnigen Ton und Silt mit einer großen Menge an organischen Stoffen; die Variante des Übergangs zwischen dem Sandwatt und dem Schlickwatt bildet das Mischwatt. Hierbei sind sowohl feinkörnige Sande als auch mehr oder weniger große Anteile an Ton, Silt und organischen Substanzen beteiligt. Die Wattfläche ist sehr verschiedenartig gestaltet; dies zeigt sich sowohl in den Ablagerungen als auch in der Unterschiedlichkeit der bereits erwähnten Rippen. Die im Meerwasser befindlichen Schwebestoffe lagern sich je nach Schwere ab. Die schwersten Sedimente, wie Grobsand, Kies, Muschelbruch etc. sinken als erste auf den Boden, während die sehr feinkörnigen Sande noch lange vom Wasser mitgetragen werden. Dies bedeutet, daß sich im Bereich der Uferzonen die eher festen Sedimente, in Richtung Meer jedoch die feineren Ablagerungen befinden. Jedoch ist das nicht ein für alle Fälle zutreffendes Merkmal; Unterschiede in dieser Anordnung sind häufig. Bedingt werden sie vor allem durch die Oberflächenbeschaffenheit des Watts, durch die Küstenformen oder auch etwa durch spezielle Strömungsverhältnisse und Umlagerung früher bereits abgelagerter Sinkstoffe. Strömung und Seegang verursachen die verschiedene Ausbildung der Rippen. Hier spricht man auch von sogenannten ›Rippelmarken‹. Man unterscheidet sie nach dem Abstand von einer Rippe zur anderen und unterteilt sie in Kleinrippeln, Großrippeln und Riesenrippeln. Kleinrippeln sind solche, bei denen der Abstand von Rippelkamm zu Rippelkamm bis etwa 50 cm ausmacht. Bei Rippeln, die zwischen 50 cm und 30 m auseinander liegen, spricht man von Großrippeln. Was darüber hinaus ist, heißt Riesenrippel. –

Das Wattenmeer hat eine Art Zwitterstellung: mal ist es Meer, mal Land – ohne jeweils in des Wortes richtiger Bedeutung (Farbtafel 14). Diese Zweigestaltigkeit hat im Bereich des Wattenmeeres zu sehr eigenwilligen Lebensbedingungen geführt. Das trifft nicht nur auf die Pflanzen und Tiere zu; selbst Wattwasser und Wattboden verhalten sich anders, als dies unter ›normalen‹ Voraussetzungen üblich wäre. Schlick ist ein schlechter Wärmeleiter. Bei Ebbe kommt es deshalb zu einer raschen Erwärmung, während die darunter liegenden Schichten relativ kühl bleiben. Ebenso rasch wie die Erwärmung des Schlicks tritt wieder seine Abkühlung ein, wenn bei Flut das Wasser seinen Einzug hält. Und da der Wechsel von Ebbe und Flut nur wenige Stunden ausmacht, kommen in schneller Folge Temperaturdifferenzen bis zu mehr als 15 °C vor. Schlickschicht und Meereswasser ›bearbeiten‹ sich sozusagen gegenseitig! So ist z. B. das Wasser des Wattenmeers um einige Grade wärmer als das freie Wasser der offenen See, weil das Watt bei Flut einen großen Teil der Wärme wieder abgibt. Dies wiederum führt zu einer größeren Verdunstung; ein höherer Salzgehalt ist die Folge. Der hohe Gehalt an organischen Stoffen beeinflußt sehr nachhaltig die Lebensbedingungen im Watt. Die meisten dieser Substanzen kommen im Bereich des feinkörnigen Schlickwatts vor; hier gibt es einen Anteil bis zu zehn Prozent! Der relativ rasche Wechsel zwischen Kühl und Warm bewirkt zudem die sehr starke Zersetzung der organischen Substanzen. Bei diesen chemischen Reaktionen wird eine große Menge an Sauerstoff verbraucht. Der Boden riecht deshalb oft nach Fäulnis, die z. T. durch eine vorübergehende Armut an Sauerstoff bedingt ist. Die schnelle Zersetzung von organischen Stoffen führt jedoch zu einer starken Anreicherung des Watts mit wichtigen Nährstoffen, die wiederum Voraussetzung ist für den großen Reichtum an Plankton, der lebensnotwendigen Nahrung vieler Lebewesen des Wattengebietes (Farbtafel 19). –

Die Muschel- und Schneckenhäuschen (Farbtafel 25) sind meist von einer derartigen Zartheit, daß man gut daran tut, sie in eine Umhängetasche zu legen, die mit Watte oder anderem weichen Material ausgepolstert ist. Sonst hat man nachher mehr Muschelbruch als Muscheln!

Nicht alles, was uns auf unserer Wattwanderung als schön anmutet, lohnt sich mitgenommen zu werden. So ist es z. B. wenig sinnvoll, Pflanzen einzustecken. Meist entpuppen sie sich im trockenen Zustand als wenig angenehm riechende Exemplare, und schöner sind sie inzwischen auch nicht geworden . . . Im übrigen ist die Ausbeute an Pflanzen nicht besonders groß. Das liegt in der Natur der Dinge. Wohl nirgendwo wird den festsitzenden Pflanzen das Leben so schwer gemacht wie im weichen Sand des Meeres. Der Boden ist nicht besonders geeignet zum Wurzelschlagen, und das dauernde Hin und Her des Wassers mit seinem hohen Salzgehalt ist auch nicht die ideale Voraussetzung dafür, daß eine Pflanze blühen und gedeihen kann. Tang und Algen finden wir nur an Stellen mit felsigem Boden, woran sich die Pflanzen mit Hilfe ihrer Haftfüße festklammern können; manchmal müssen dafür jedoch auch Muscheln herhalten. Unter diesen schwierigen Lebensbedingungen bleibt ein Leben im Wasser nur wenigen ›hartgesottenen Gesellen‹ vorbehalten.

Zu den wenigen Pflanzen, die hier dennoch wachsen, gehören der Queller und das ›Salzkraut‹, auch unter der Bezeichnung ›Gemeiner Queller‹ bekannt. Im Bereich der Weltmeere ist die Pflanze, von der es etwa acht verschiedene Arten gibt, fast überall vertreten. An den deutschen Küsten handelt es sich um die ›Salicornia herbacea‹. Es ist dies eine blattlose Pflanze mit fleischigen, kurz gegliederten Stengeln. Früher hatte man für den gemeinen Queller noch eine spezielle Verwendung. In der alten Bezeichnung ›Glasschmalz‹ kommt dies zum Ausdruck: Aus der Asche der Pflanze gewann man einst Soda, das wiederum zur Seifenherstellung oder auch in den Glasbläsereien gebraucht wurde.

Nicht zu übersehen sind die Grünalgen. Am schönsten sehen sie im Frühling aus; dann vermehren sich die Algen in einem solchen Ausmaß, daß man schon von einem Algenteppich sprechen muß. Der Volksmund bezeichnet diese Erscheinung auch als ›Wattblühen‹.Algen haben eine gewisse Verwandtschaft mit den Pilzen. Von diesen unterscheiden sie sich vor allem durch ihren Chlorophyllgehalt, der es ihnen möglich macht, aus Kohlensäure und Wasser organische Verbindungen zu erzeugen. Allerdings gibt es auch Algen, die neben dem Chlorophyll noch andere Farbstoffe aufweisen, so daß die grüne Färbung nicht eindeutig hervortritt.

Das Seegras findet man in jenem Bereich, wo das Watt allmählich aufhört. Es hat grasartige lange Blätter. An wenig tiefen Stellen wuchert das Seegras so sehr, daß es zur Bildung ausgedehnter Wiesen kommt. Das Seegras fand früher eine ähnliche Verwendung wie der Queller und das Salzkraut. Außerdem brauchte man es zur Gewinnung von Jod, doch war es ebenso nützlich als Polstermaterial. Ein kurzer Blick auf die Medizin sei gestattet. Wegen der Wellenbewegung werden die Gräser oft zu großen, kugelähnlichen Gebilden geformt. Diese Meer- oder Seebälle wurden einst als Heilmittel gegen Hautkrankheiten und zur Heilung von Kröpfen genutzt.

Auch Tang – meist braun gefärbt – kommt vor; diesem Sammelsurium verschiedener Meeresalgen wurden ebenfalls heilende Kräfte zugeschrieben. Es würde hier den Rahmen sprengen, wollte man auf alle pflanzlichen Varianten zu sprechen kommen; doch werfen wir noch einen Blick auf die wichtigsten Vorkommen der Tierwelt im Watt.

Ein nur flüchtiges Hinschauen könnte den Eindruck hinterlassen, das Watt sei so gut wie ausgestorben – von den Muschelschalen einmal abgesehen! Doch der erste Eindruck ist – entgegen einem Sprichwort – hier nicht der beste. Ähnlich wie die Pflanzen so haben auch die Tiere besondere Verhaltens- und Anpassungsformen entwickelt. Fast alle Tiere können sich in den Sand eingraben. Eine Ausnahme davon machen nur einige wenige Muschel- und Schneckenarten. Zur Zeit der Flut haben sie genügend Wasser aufgenommen, so daß es ihnen nichts mehr ausmacht, die Zeit der Ebbe an der Oberfläche zu verbringen. Die anderen schützen sich durch Eingraben vor Austrocknung und nicht zuletzt vor ihren natürlichen Feinden, die ihnen ans Leben wollen. Und davon gibt es eine ganze Reihe. Vor allem sind es Vögel, die hier auf Nahrungssuche gehen ...

Die Zahl der im Watt lebenden Tierarten ist zwar nicht besonders groß, dafür aber kommen sie oft in jeweils großen Mengen vor. Dazu gehören vor allem die Wattschnecken, die jedoch bei Ebbe unter der Oberfläche verschwinden. Sie erreichen eine Länge bis 6 mm; oft bevölkern sie zu mehr als 50 000 Exemplaren einen einzigen Quadratmeter Wattfläche. Etwa gleich lang und ähnlich dicht vertreten ist der Schlickkrebs. Er gehört bereits zur Gruppe der höheren Krebse, den ›Malacostraca‹, d. h. zur Familie der Flohkrebse. Einerseits ist er für die Fische eine wichtige Nahrungsquelle, auf der anderen Seite jedoch sorgt er – in Hunderttausenden von Exemplaren – dafür, daß die Kadaver von Meerestieren, selbst solche von großen Fischen, in kürzester Zeit vertilgt sind. Außerdem betätigt er sich als ›Musikant‹ und sorgt für das Wattgeräusch, das beim Einschaufeln von Schlick in die 3 bis 4 cm unter der Oberfläche befindlichen ›Wohn-Röhren‹ entsteht. Weit verbreitet sind natürlich auch Muscheln. Eine interessante Sorte stellt darunter die Pfeffermuschel dar, die fast 6 cm lang wird und bei der Aufnahme von Nahrung eine sternförmige Spur hinterläßt.

Miesmuschel

Auch die Sandklaffmuschel ist weit verbreitet. Sie wird über 10 cm lang und befindet sich meist in einer Bodentiefe von ca. 30 cm. Es gibt Gegenden, wo sie auch als Speisemuschel Verwendung findet. Es macht keine besonderen Schwierigkeiten, in kurzer Zeit eine ganze Menge Sandmuscheln einzusammeln, da diese Muschelart – sie ist die größte im Bereich des deutschen Wattenmeeres – in sehr großer Dichte vorkommt. Probeausgrabungen haben zu dem Resultat geführt, daß unter $1/10$ Quadratmeter Schlickfläche mehr als hundert Exemplare leben können!

Ähnlich zahlreich vertreten ist die Nordische Plattmuschel, auch Rote Bohne oder Baltische Tellmuschel genannt. Tellmuscheln kommen in allen Meeren vor; insgesamt gibt es von ihnen mehr als 500 verschiedene Arten. Wie viele andere Muscheln, so graben auch sie sich in Sand und Schlick ein. Die Muschel wird etwa 3 cm lang und gräbt sich bis in eine Tiefe von ca. 5 cm in den Wattboden. Diese Muscheln sind erkennbar an den gleichseitigen klaffenden Schalen, die zart und schmal wirken. In manchen Gegenden des Nordseeraumes kommt die Tellmuschel so zahlreich vor, daß man ihre leeren Schalen früher zum Kalkbrennen verwendete. –

Auch die Herzmuschel ist in großen Mengen vertreten. Ihre Schale ist ziemlich dick und meist der Länge nach gestreift oder gerippt. Die Herzmuschel unterteilt sich in eine Vielzahl von Arten und kommt in allen Meeren vor. Besonders artenreich jedoch ist die Herzmuschel in den tropischen Gebieten, und es gibt sogar Arten, die selbst im Süßwasser – jedoch unter Veränderung ihrer Organisation – vertreten sind. Herzmuscheln finden sich – in fossiler Form – bereits im Silur; von der am meisten verbreiteten Variante sind bis heute etwa 400 Arten ausgestorben. –

Die sogenannte Bohrmuschel hält sich gern mit dem Sekret ihrer besonders groß geratenen Byssusdrüse an Steinen, Uferbauten und Pfählen fest, weshalb sie auch als Pfahlmuschel bezeichnet wird. Vorwiegend im Sandwatt treffen wir die bekannte Miesmuschel an, die auf den nordfriesischen Speisekarten einen festen Standort hat. Sie ist von blau-schwarzer Färbung und kann bis 10 cm lang werden. Die eßbare Miesmuschel ist in allen Meeren weit verbreitet. Das Tier selbst ist gelblich und wird gern als Fischköder verwendet. Miesmuscheln werden auch in sogenannten ›Muschelbänken‹ gezüchtet. Nach drei bis vier Jahren haben sie dann die nötige Größe erreicht, so daß die Muschelbauern die Bänke mit ihren Streicheisen abfischen können. So gut die Miesmuscheln auch schmecken mögen, so giftig können sie werden, wenn das sie umgebende Wasser verschmutzt ist. Vor allem in Gegenden, in denen

245

die Abwässer in zu wenig oder ungereinigter Weise wieder ins Meer abgeleitet werden, kann es beim Genuß der Tiere leicht zu schweren Vergiftungen mit tödlichem Ausgang kommen.

Mehr im Schlickwatt trifft man die Gemeine Strandschnecke an. Ähnlich wie die Miesmuschel ist die bis 4 cm hohe und fast ebenso breite Schnecke genießbar. Auch sie klammert sich gern an Pfählen und Steinen fest. Die Strandschnecke lebt an der Oberfläche des Wattengebietes. Von wissenschaftlichem Interesse ist es, daß sich diese Algenfresser nachgewiesenermaßen am Stand der Sonne orientieren!

In großen Mengen finden wir im Schlickwatt den Wattringelwurm. Durchschnittlich ist er etwa 20 cm lang und lebt in ca. 30 cm tiefen Röhren. Er kommt nicht oft an die Oberfläche, da er die meiste Zeit in einem sehr kompliziert gebauten Gangsystem lebt. Eine gewisse Ähnlichkeit mit dem Wattringelwurm zeigt der hauptsächlich im Mischwatt anzutreffende Köderwurm, auch als Gemeiner Sandwurm, Sandpier oder Pierwurm bezeichnet. Der Wurm wohnt in einer etwa 20 cm tiefen U-förmigen Röhre und kann über 30 cm lang werden. Erwähnt seien auch die Borstenwürmer des Sandwatts, die der Gruppe der Vielborster und der Wenigborster zuzuzählen sind. –

An gewisse Urformen in der Tierwelt erinnert die Strandkrabbe. Sie kommt in den gemäßigten und in den warmen Meeren der Erde vor. In der Nordsee ist die Strandkrabbe eine häufig anzutreffende Krabbenart. Das Tier aus der Familie der Kurzschwanzkrebse gehört zu den Zehnfußkrebsen; in der Zoologie unterscheidet man mehr als 4000 Krabbenarten. Der Rückenpanzer ist etwa 6 cm breit; das Tier zeigt eine olivgrüne, bräunliche z. T. auch rötliche Unterseite und ernährt sich von Würmern, kleinen Fischen, Flohkrebsen und Weichtieren. Während der Ebbe vergräbt sich die Strandkrabbe, läßt sich jedoch mit einem Stöckchen leicht aufscheuchen. Lustig sind die Bewegungen des Tieres. Ein großer Schwimmkünstler ist es zwar nicht, dafür läuft es auf den Sandböden des Wattenmeers umso besser – nur seitwärts ... Diese Eigentümlichkeit hat der Strandkrabbe im Plattdeutschen den Namen ›Dwarslöper‹ eingebracht. –

Ein interessantes Leben zeigen die vom Land weiter entfernten großen Priele, die zur Ebbezeit nicht mehr ganz trockenfallen. Abgesehen von der Krabbe und den oft unliebsamen Quallen (Farbtafel 20) kommen hier die Nordseegarnelen in großen Mengen vor. Verschiedene Bezeichnungen sind auch für dieses zur Gruppe der zehnfüßigen Krebse gehörende Meerestier üblich; so ist es ebenso bekannt unter den Namen Nordseekrabbe, Shrimp, Granat oder Crevette. In fast allen Meeren der Erde gibt es mehrere Garnelenformen, und fast überall ist die Garnele als Speisetier beliebt. Daneben ist sie auch als Fischnahrung von großer Bedeutung. Die Garnele ist recht zart gebaut und hat einen langgestreckten Hinterleib; oft ist sie nahezu glasklar, wird jedoch beim Kochen hellrosa. Die Garnele gilt als eine der ältesten Delikatessen des Abendlandes. Es wird berichtet, daß schon bei den römischen Kaisern des

Altertums Garnelen sehr gefragt waren. Damals war es vor allem Tunis, das alte Karthago, das für den Nachschub an Garnelen auf dem kaiserlichen Tisch sorgte.

Die Tiere werden mit besonderen Fanggeräten gefangen. Diese ›Reusen‹ genannten Vorrichtungen bestehen aus Korbgeflecht oder aus Netzzeug. Man stellt sie mit Vorliebe in den Rinnen und Prielen des Wattenmeeres auf. Dabei zeigt die Öffnung gegen das ablaufende Ebbewasser. Die Reusen sind nicht mit Booten verbunden. Um den Fang einholen zu können, benutzt man sogenannte Schlickschlitten, die von den Garnelenfängern auch als Kraier bezeichnet werden. Außerdem benutzt man für den Fang ein Sacknetz, die Garnelenkurre. Auch mit Schiebenetzen, die man – im Wasser watend – vor sich her schiebt, ist der Garnelenfang möglich. – Es ist nicht sehr sinnvoll, Garnelen zu sammeln und sie dann in der Tasche wohlverpackt mitzunehmen in der Absicht, sie dann abends kochen zu wollen. Sobald sich die Garnelen nicht mehr im Wasser befinden, sind sie der Wärme ausgesetzt und sterben schnell ab. Überhaupt sollte man mit Meeresgetier vorsichtig verfahren, da sich bei falscher Behandlung nicht selten rasch Gifte bilden, die zu schweren gesundheitlichen Schäden führen können. –

Ebenfalls in den Prielen leben die Schwimmkrabbe (Farbtafel 21) und der Einsiedlerkrebs (Farbtafel 24) – auch Diogenes- oder Bernhardinerkrebs genannt –, der die Eigentümlichkeit hat, sich in ›fremde Betten‹ zu setzen. Die Einsiedlerkrebse beziehen leere Schneckenschalen oder solche, deren Besitzer sie zuvor herausgefressen haben . . . Von Zeit zu Zeit bietet das Gehäuse jedoch Schwierigkeiten, da es seinerseits nicht mitwächst, der Einsiedlerkrebs aber größer wird. Dann muß sich das Tier ein neues Gehäuse suchen, und da sein Hinterleib ziemlich weich und deshalb für viele Fische ein Leckerbissen ist, muß ein solcher Umzug rasch geschehen, damit es nicht selbst in Bedrängnis gerät. Hierbei sei verwiesen auf eine von Wissenschaftlern gemachte sehr interessante Beobachtung. Auf dem Einsiedlerkrebs bzw. auf dem Schneckengehäuse nisten Seeanemonen, Tiere, die zur Gruppe der Aktinien gehören. Diese verfügen über nesselnde Fühler und schützen so den Krebs vor unliebsamen Gegnern. Andererseits verhilft der Krebs seiner Mitschwimmerin durch seine Ortsbewegung zu einer um vieles erleichterten Nahrungsaufnahme. Man hat im Aquarium beobachten können, daß der Einsiedlerkrebs beim Umzug von einem Schneckengehäuse zu einem größeren sehr viel Mühe dazu aufgewendet hat, den ›Kumpel aus der ersten Etage‹ mit Hilfe seiner Schere vorsichtig abzulösen. Sodann hat er ihn auf dem neuen Gehäuse so lange festgehalten, bis sich die Saugvorrichtungen wieder angeheftet hatten. –

Zu den Prielbewohnern gehören auch der Herzigel und die Wellhornschnecke. Der Herzigel hat meist ein herzförmiges oder kugeliges Aussehen und gehört zur Gruppe der Stachelhäuter. Den Seeigel gab es bereits in früheren Erdzeitaltern; das erste Vorkommen reicht zurück bis ins Silur. Besonders vielfältig war er jedoch im Jura und in der Kreide vertreten. Heute kennt man mehr als 2000 fossile Formen. – Die Wellhornschnecke (Farbtafel 23) kommt in allen nördlichen Meeren vor. In der

Nordsee wird sie bis ca. 12 cm lang; ihre Schale ist gelblich bis grauweiß, das Tier selbst ist schmutziggelb mit dunklen Tupfen und dient auch als Nahrungsmittel.

Auf einen letzten sehr bekannten Bewohner sei noch hingewiesen, den Seestern (Farbtafel 22). Wie der Strandseeigel gehört auch der Seestern zu den Stachelhäutern. Er ist von platter Gestalt und besitzt fünf Arme, die ihm ein sternförmiges Aussehen verleihen. Es gibt aber auch Seesterne, die bis zu 20 Ecken aufweisen. Die warzige Haut ist meist mit einer starken Kalkschicht bedeckt, weshalb das Tier in seiner Beweglichkeit oft eingeschränkt ist. Die Normallage des Seesterns ist so, daß der Mund, der sich in der Mitte befindet, nach abwärts gerichtet ist. Dieser Mund führt in einen geräumigen Magen, der taschenähnliche Aussackungen zeigt. Das Tier verfügt auch über Augen; sie befinden sich meistens an der Spitze der Arme. –

Die Halligen und Marschinseln

Ein Blick auf die Halligen

Eine Welt für sich bilden die Halligen. Zu dieser Inselgruppe im Wattenmeer vor der Küste Schleswig-Holsteins gehören zehn Inseln: Südfall, Süderoog (Farbtafel 18), Norderoog, Hooge (Farbtafel 26), Nordmarsch-Langeneß (Farbtafel 8), Oland (Farbtafel 38), Gröde-Appelland, Habel, Nordstrandischmoor und Hamburger Hallig. Bis auf Norderoog und Habel – im Winter auch Südfall – sind sie alle bewohnt. Wenngleich heute auch die Halligen durch Steinböschungen einigermaßen gesichert sind, so werden sie dennoch bei Sturmfluten zu einem großen Teil vom Meer überflutet. Die Halligen sind Reste des Marschlandes, das in früheren Zeiten

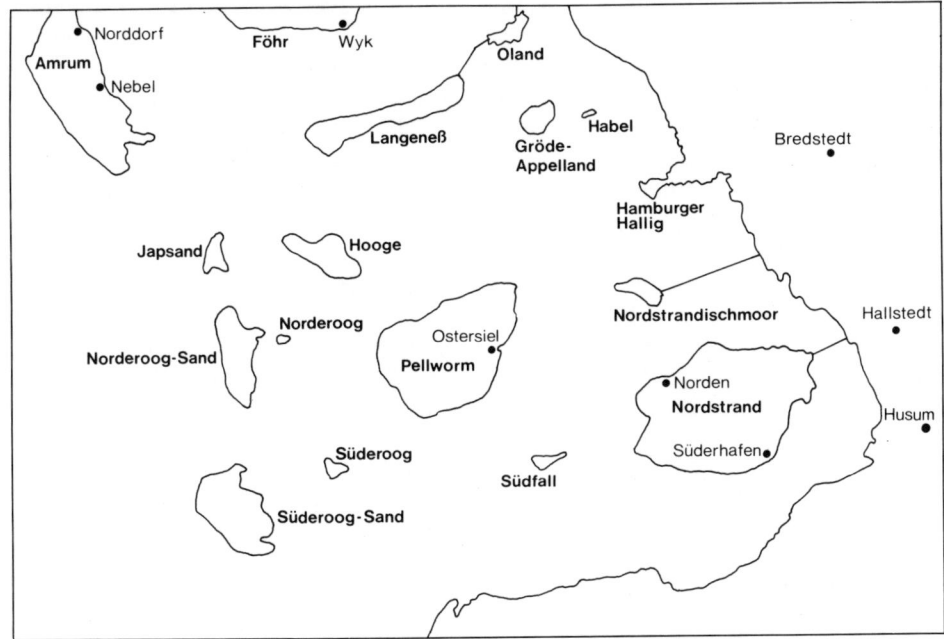

weiter nach Westen reichte und große Teile des heutigen Wattenmeeres in diesem Bereich ausmachte. Da die Halligen seewärts den großen Küstendeichen vorgelagert sind, haben sie in bezug auf den Schutz der Festland-Küste oft die Funktion eines Wellenbrechers. Das Leben auf einer Hallig ist nicht jedermanns Sache, muß er doch immer wieder mit Überraschungen rechnen, die ihm das Meer bereit hält. Die Halligleute müssen auf das Schlimmste gefaßt sein, und viele ihrer Vorfahren sind in den vergangenen Jahrhunderten in den Sturmfluten umgekommen. –

Die größten Landverluste begannen um die Mitte des 14. Jahrhunderts, als Sturmfluten, denen das Land schutzlos ausgeliefert war, über die Gebiete hereinbrachen. Besonders schrecklich muß es im Katastrophenjahr 1634 gewesen sein, als die hereinbrechenden Wasser des Meeres die mühsam errichteten primitiven Schutzwerke mit sich fortrissen. Allein auf Nordstrand ertranken damals 6000 Menschen. Man vermutet, daß nicht die Sturmfluten allein zu den furchtbaren Ereignissen vergangener Jahrhunderte geführt haben. Wahrscheinlich liegt der tiefere Grund für die Katastrophen wohl in einer allmählichen Senkung des Landes. War man bis dahin den Naturgewalten ziemlich machtlos ausgeliefert, so verstärkte sich vor allem seit der zweiten Hälfte des 18. Jahrhunderts der Wunsch und der Wille, die verlorenen Landmassen wenigstens zum Teil wieder zurückzugewinnen. Im 19. Jahrhundert versuchten Deichverbände den Küstenschutz zu organisieren. Doch war ihnen größerer Erfolg erst beschieden, als gegen Ende des vorigen Jahrhunderts der Gedanke aufkam, die Halligen durch Damm- und Buhnenbauten abzusichern vor weiteren Einbrüchen des Meeres. Als erste wurde die Hamburger Hallig im Jahre 1860 durch einen Damm mit dem Festland verbunden, andere folgten.

In welchem Ausmaß die Landverluste zu verzeichnen sind, zeigt eine Untersuchung, wonach zwischen 1230 und 1915 etwa 673 km² Marschland von der Nordsee weggerissen wurden. Allein in der Sturmflutkatastrophe von 1634 gingen 170 km² Boden verloren. Die Halligen werden durchzogen von einer großen Zahl von Gräben und stromähnlichen Prielen (Abb. 78). Meistens steht das Wasser darin nur wenig mehr als einen halben Meter über dem Normalhoch. Eine Beruhigung jedoch ist das nicht, vor allem wenn man sich vor Augen hält, daß die Priele bei anhaltendem Sturm schnell um mehrere Meter überflutet werden. Mit diesen Überschwemmungen ist einerseits ein Landverlust verbunden, andererseits bestehen für die Bewohner große Gefahren für Leib und Leben. Die folgende Darstellung macht den starken Landverlust am Beispiel der Hallig Hooge deutlich:

Jahr: 1642	Größe: 1440 ha
Jahr: 1758	Größe: 1050 ha
Jahr: 1794	Größe: 860 ha
Jahr: 1825	Größe: 730 ha
Jahr: 1900	Größe: 582 ha
Jahr: 1970	Größe: 591 ha

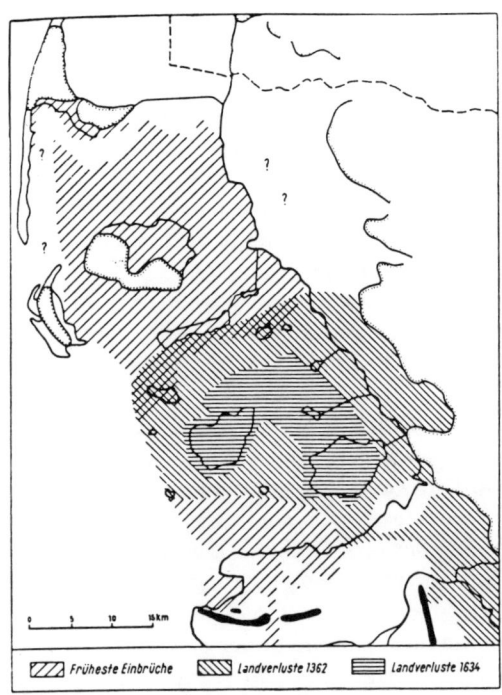

Die mittelalterlichen Landverluste durch
Sturmfluten

| ⬚⬚⬚ Früheste Einbrüche | ⬚⬚⬚ Landverluste 1362 | ☰ Landverluste 1634 |

Künstlich herbeigeführte Auflandung im Osten der Hallig Hooge führte zu einem
geringfügigen Flächenzuwachs. –

Um sich vor andrängenden Wassermassen zu schützen, haben die Halligbewohner
ihre Häuser auf künstlichen Hügeln errichtet. Diese Warften bzw. Wurten sind zwischen 4 und 5 m hoch; die Front der Häuser ist nach Süden gerichtet. Die Wurten
– im niederländischen Teil Frieslands als Wörden, Wierden oder auch Terpen bezeichnet – waren bereits den Römern der Antike bekannt; Plinius der Ältere wußte
von ihnen zu berichten.

Die Hallighäuser werden im Boden verankert. Dazu benutzt man Balken aus Eichenholz, die im Boden durch Querbalken mit einander verbunden sind. Kam es
bei Sturmfluten dennoch zum Einsturz der Mauern, so blieben diese Ständer, die bis
zum Dach hinauf reichten, einigermaßen erhalten, so daß man sich auf diese Weise
in Sicherheit bringen konnte, da man darauf rechnete, daß dem Ständerwerk durch
die Wellen kein allzu großer Schaden zugefügt werden konnte. Im allgemeinen ist
das Hallighaus gebaut nach dem Schema des uthländischen Friesenhauses. Das Hallighaus wird durch einen Flur, der in gerader Linie das ganze Haus durchmißt, in
zwei Hälften geteilt. Der eine Teil umfaßt die Viehställe mit den bäuerlichen Ne-
benräumen, der andere wird bewohnt von dem Halligbauer und seiner Familie.

251

Zum Wohnteil gehörten das Wohnzimmer, die Küche, die Schlafzimmer und der Pesel. Das Wohnzimmer, auch Döns genannt, ist jener Raum, in dem man sich in der freien Zeit am längsten aufhält. Die Döns ist im Raume Schleswig-Holstein erst seit Ende des Mittelalters bekannt. Der Dithmarscher Chronist Neocorus erwähnt sie zum ersten Male ums Jahr 1600. Offensichtlich wurde dieser Raum aus dem oberdeutschen Gebiet übernommen und fand dann Eingang ins Friesenhaus der Halligen. Auch der Pesel hat eine ähnliche Funktion wie das Wohnzimmer. Doch ist er meist größer und wird nur zu besonderen Gelegenheiten benutzt (siehe Königspesel auf Hallig Hooge Abb. 72).

Da die Halligen von salzhaltigem Meereswasser umgeben sind, war es immer ein großes Problem, genügend Süßwasser zu haben. Zwei Halligen verfügen zwar über artesische Brunnen, die zum Grundwasser führen. Doch ist auch dieses Brackenwasser noch zu stark salzhaltig, als daß es für normale Zwecke genutzt werden könnte. Zu den Warften gehört deshalb ein großer mit Holzbohlen ausgelegter Wasserspeicher, der sogenannte Fething (Farbtafel 8 und Abb. 75), der vom Regen gespeist wird. Auf den Halligen Hooge, Oland, Gröde, Langeneß und Nordstrandischmoor ist das Wasserproblem durch eine Leitung gelöst worden; diese Halligen erhalten das Süßwasser vom Festland. Die einzelnen Warften, auf denen – je nach Größe – ein oder mehrere Häuser stehen, tragen Namen. So gibt es z. B. die Mayenswarft, die Peter-Heitz-Warft, die Hanswarft, um nur einige zu nennen. Diese Bezeichnungen deuten auf Familien oder einzelne Besitzer der Anlagen hin. –

Für festländische Ohren sind das oft recht eigenartige Namen. Vor allem trifft das für eine große Zahl an gebräuchlichen Vornamen zu. Noch heute sind auf den Halligen z. B. Bandik, Haye, Ketel, Tade und Meinert übliche männliche Vornamen. Und Mädchen heißen nicht selten: Kaike, Antje, Eicke und Stienke.

Die Namengebung deutet hin auf eine ziemlich bodenständige Bevölkerung. Die friesische Sprache wird jedoch heute, einer 1972 durchgeführten statistischen Erhebung zufolge, von nur 20 Prozent der Halligbevölkerung verstanden. Da es sich dabei um meist ältere Leute handelt, dürfte der Prozentsatz im Laufe des nächsten Jahrzehnts weiter zurückgehen. Die Umgangssprache ist heute zum allergrößten Teil das Plattdeutsche. Dieser Sprache bedienen sich auch die meisten jener Menschen, die Friesisch sprechen können. Die Eigentümlichkeit des Halligfriesisch kommt besonders gut zum Ausdruck im ›Vaterunser‹, einer Übersetzung von Lorenz Lorenzen aus dem 18. Jahrhundert:

> Öhsen Baabe! die dö beest öhne Hemmel
> Halligt waarde dann Nohme,
> To ös kame dinn Kenningrick
> Dann Walle schien öf dä Eerde, allick
> ös ön dä Hemmel
> Dühn ös delling ös daagliks Bruud,

En verjeef ös öse Schöll, allick ös wie verjeefe
öse Scheelners,
en feehr ös eech hannin öhn Verseeking
Men help ös vohnt Evel en Erg
Dirram dat dat Kenningrick dinn is, en dä Krafft
en dä Huchheit öhn Iwigkeit.   Amen.

Eng verbunden mit dem Niedergang des Friesischen sind auch die Änderungen, die Brauchtum und Sitten erfahren haben. Gab es noch im vorigen Jahrhundert zu den verschiedenen kirchlichen und familiären Feiern und Festtagen eine ganze Reihe von Bräuchen, so sind heute davon nur noch wenige, wie etwa das Biikenbrennen und das Rummelpott- oder Reibtrommellaufen übrig geblieben. Ähnlich ist es auch den wunderschönen Trachten ergangen, die aus dem Alltag verschwunden sind. Und nur ganz selten kommt es noch vor, daß man eine dieser malerischen Trachten zu Gesicht bekommt. –

Das Leben der Halligbewohner ist hart. Wegen der ständig drohenden Überflutungen ist der Ackerbau nicht möglich, da das Salzwasser die Pflanzen zerstören würde. Auf den Halligen gab es früher ein paar Mühlen. Der Besucher könnte da falsche Schlüsse ziehen. Denn die Mühlen wurden nicht zum Mahlen der eigenen Weizen- oder Roggenproduktion benutzt. Vielmehr bezog man das Getreide vom Festland und verarbeitete es selbst.

Die Viehzucht auf den Halligen umfaßt Rinder- und Schafzucht (Farbtafel 27), wobei jedoch die Rinderzucht stark im Vordergrund steht. Früher war das einmal anders. Damals wurden viel mehr Schafe gehalten; die Wolle wurde z. T. zum Festland verkauft. So besserte man das schmale Einkommen ein wenig auf. Allerdings ist auch die Rinderzucht seit mehreren Jahrhunderten von großer wirtschaftlicher Bedeutung für die Halligleute. So schrieb der Chronist Lorenz Lorenzen schon um das Jahr 1750: »Und wenn der Sommer gut war, so wurde viel Butter und Käse verfertigt, weil unsere Kühe alsdann eine treffliche Milch geben. Die Butter verkaufen unsere Frauensleute auf Föhr. Vieles wird auch nach Hamburg geführet und von den Halligen insgesamt ein ganzes Fahrzeug damit beladen, woraus man sieht, daß unsere Inseln auch weitentlegenen Ländern etwas von ihrer Fettigkeit mitteilen.«

Eine in früheren Jahrhunderten wichtige Einnahmequelle war das Salzsieden. Das gewonnene Salz diente vornehmlich der Konservierung der Fischfänge. Doch wurden den Halligleuten Schwierigkeiten gemacht. Da man sie als unliebsame Konkurrenten betrachtete, versuchte man ihnen seitens der Regierung das Salzsieden zu verbieten. Doch wurde das Verbot aus der Zeit Kaiser Karls V. nicht eingehalten, schließlich mußte man ja von irgendetwas leben! In seinem Büchlein über die Halligen schreibt G. Quedens: »Noch um 1725 fanden auf der Hallig Galmsbüll an die hundert Leute ihr Brot bei der Salzsiederei. Dort und auf Föhr wurden noch bis Ende des 18. Jahrhunderts einzelne Brennereien registriert, deren dunkle Rauchwolken ein vertrautes Zeichen im Seehimmel waren. Schließlich setzte sich jedoch die Qualität des Lüneburgischen Salzes über das bittere Salz Nordfrieslands durch.« – Auch Jagd und Fischfang dienten dazu, das Einkommen zu verbessern. Gewerbsmäßiger Fang war jedoch in früheren Jahrhunderten nur in geringem Maße üblich. Was gefangen wurde, brauchte man meist selbst. Gute Fangstellen boten die Priele. Zur Ebbezeit konnten die Fische nicht mehr entkommen, und so war es recht einfach, Butte, Schollen, Hornfische und Aale mit Hilfe von Reusen oder sogar mit bloßer Hand zu fangen.

Die Jagd auf Seehunde war besonders beliebt. Man konnte nicht nur das wertvolle Fell gut gebrauchen, sondern nutzte auch den Tran als Lampenöl. Es wird berichtet, daß noch um das Jahr 1900 im Halligmeer ca. 150 Seehunde erjagt wurden. –

Eine der wichtigsten Einnahmen früherer Zeiten war die Handelsseefahrt und der Walfang. Vor allem waren es die Holländer, die tüchtige Seeleute brauchten und ihre Mannschaften z. T. auf den Friesischen Inseln und den Halligen zusammenstellten. Besonders vergnüglich war die Arbeit auf den Schiffen nicht, doch stellten viele Friesen »ihr Licht nicht unter den Scheffel«, sondern packten hart zu und wurden oft schnell befördert. Und manche von ihnen brachten es in fremden Diensten sogar bis zum Schiffs-Commandeur. Was einerseits einen gewissen Wohlstand ermöglichte, war andererseits nicht selten Ursache für Trauer und wirtschaftliche Not. Es gab Hal-

Walfang im Eismeer

ligen, die fast ausschließlich von Frauen und Kindern bewohnt waren, während Männer und Söhne auf den Walfangschiffen ihrer schweren Arbeit nachgingen. Und kaum ein Jahr verging, in dem nicht eine Halligfamilie vom Tode des Ernährers oder eines Sohnes betroffen war. Über die schweren Hiobsbotschaften geben die Totenregister mancher Kirchgemeinde beredt Auskunft ...

So wird berichtet, daß z. B. auf der Hallig Nordmarsch gegen Ende des 18. Jahrhunderts zwei Drittel der Frauen Witwen waren; auf anderen Halligen sah es oft nicht viel besser aus. –

Offensichtlich ist es den Besatzungen und den Eignern von Handelsseeschiffen etwas besser ergangen, sofern sie nicht auf versteckte Sandbänke aufliefen, von schweren Krankheiten dahingerafft wurden oder den räuberischen und mordgierigen Seepiraten zum Opfer fielen. –

Im Laufe der Zeit kam man zu der Erkenntnis, daß das Heil nicht auf den Meeren lag. Einerseits sorgten die Napoleonischen Kriege für dieses Umdenken, andererseits jedoch wurden die Männer gebraucht, wenn die inzwischen in den Mittelpunkt des Interesses getretene Viehzucht vorangetrieben werden sollte. Die Freude am Seemannsdasein ging immer mehr zurück, und heute gibt es nur noch sehr wenige Halligbewohner, die noch etwas mit der christlichen Seefahrt im Schilde führen ... –

Auf sehr eigentümliche Art betrieben die Halligbewohner früher die Krabbenfischerei. Der berühmte Fotograf A. Renger-Patzsch hat 1926 eine in voller Kleidung auf Krabbenfang gehende Halligfrau für seinen Fotoband über ›Die Halligen‹ abgelichtet (Abb. 68). Diese Frau trägt den kescherähnlichen ›Gliep‹, den die Frauen – bis zum Bauch im Wasser watend – über den Boden schoben und von Zeit zu Zeit dann hoben, um die eingefangenen Tiere herauszunehmen.

Südfall

Auf den insgesamt zehn Halligen leben etwa 500 Personen. Das 57 ha große Südfall ist aber ausschließlich Naturschutzgebiet. Die Hallig wird von Nordstrand aus verwaltet, und man erreicht sie am besten mit dem Pferdewagen von Nordstrand aus. Im Watt vor Südfall soll die versunkene Hafenstadt Rungholt liegen.

Süderoog

Das 62 ha große Süderoog ist seit dem Jahre 1967 Eigentum des Landes Schleswig-Holstein, nachdem es zuvor etwa 100 Jahre lang in Privatbesitz war. Das Heckbild der am 2. Dezember 1870 im Eis gestrandeten spanischen Bark ›Ulpiano‹ ziert heute die Tür des Kapitänshauses auf Süderoog (Farbtafel 18). Die Hallig diente seit 1927 als Zentrum für internationale Jugendtreffen, da die pädagogisch stark engagierte

Familie Paulsen hier ein Jugendhaus errichtet hatte. Deshalb heißt die Hallig auch ›Hallig der Jungs‹, obwohl seit 1966 das pädagogische Hilfswerk für Kinder eingestellt werden mußte. Wie Südfall steht auch Süderoog heute wegen seiner zahlreichen Vogelbrutplätze unter Naturschutz, und man hat die beliebten Brutflächen vom Nutzweideland durch Einzäunungen abgetrennt. Süderoog vorgelagert ist Süderoog-Sand, eine Sandbank, die in früheren Jahren eine gefürchtete Gefahrenquelle für die Schiffahrt darstellte. Auf Süderoog-Sand wurde daher 1876 eine Bake errichtet, die noch heute gültiges Seezeichen ist.

Norderoog

Die nur 9 ha große Hallig Norderoog darf nur mit besonderer Genehmigung besucht werden, denn sie ist wegen ihrer großen Vogelbrutkolonien reines Naturschutzgebiet und wird vom Verein Jordsand betreut. Die Hallig ist nur im Sommer bewohnt, wenn ein Vogelwärter von einer Wohnbake aus die Vogelbrutstätten überwacht.

Hooge

Auf der bekannten Hallig (569 ha) leben auf zehn Warften etwa 150 Menschen. Die Hallig ist eingedeicht, so daß sie nur selten von Überflutungen heimgesucht wird. Die bestimmenden Sehenswürdigkeiten auf Hooge (Farbtafel 26) sind die Kirche (Abb. 69) und der ›Königspesel‹ (Abb. 70). Im sogenannten ›Königspesel‹ übernachtete 1825 der dänische König Friedrich VI., als sein Schiff wegen schlechter Wetterverhältnisse die Hallig nicht rechtzeitig verlassen konnte. Der herrliche Pesel ist ganz mit holländischen Kacheln ausgestattet (Abb. 72), die neben Schiffsmotiven Szenen der biblischen Geschichte darstellen. Im ›Königspesel‹ kann man auch beide Versionen der friesischen Kachelbilder vorfinden, einmal die einzelne Kachel mit bildlicher oder ornamentaler Verzierung oder das aus vielen Kacheln zusammengesetzte Kachelbild (Farbtafel 62). Die Bemalung ist immer blau auf weißer Kachel wie die berühmten Delfter Kacheln. Links im Raum befindet sich der Alkoven, den der Dänenkönig damals für seine Nachtruhe auswählte. Das Haus gehörte einst dem Kapitän Tade Hans Bandix, weshalb die Warft mit dem Königspesel ›Hanswarft‹ heißt. Alles im Hause vom Mobiliar bis zum gußeisernen Ofen (Farbtafel 61) hat man so erhalten, wie es von dem Kapitän und seiner Frau eingerichtet wurde, so daß hier ein hervorragendes Beispiel friesischer Wohnkultur zu besichtigen ist.

Einen Besuch lohnt auch die Hooger Kirche. Die Tür der reichverzierten Renaissance-Kanzel (Abb. 73) wurde von einem Grönlandfahrer auf hoher See gefertigt und zeigt eine Walmutter mit ihrem Jungen (Abb. 71). Einen Blick sollte man auch auf das geschnitzte Gestühl mit seinem reichen Band- und Rankenwerk sowie auf die Sonnenuhr aus dem Jahre 1733 werfen.

Hooger Kachelbild von 1750, heute im Landesmuseum Schloßgottorf, Schleswig

Langeneß

Die Hallig Langeneß, was soviel bedeutet wie ›lange Nase‹, ist mit ihren 917 ha die größte Hallig und besitzt 20 Warften. Die Größe erklärt sich aus der Tatsache, daß die Insel eigentlich aus den drei Halligen Nordmarsch, Butwehl und Langeneß infolge der Marschlandbildung zusammengewachsen ist. Mit der Nachbarhallig Oland ist Langeneß durch einen Damm verbunden, und bis zur großen Flut von 1634 gab es sogar eine natürliche Landbrücke zwischen den beiden Halligen. Bekannt ist vor allem die Warft Hilligenley (Abb. 75), die einem Roman des Dichters Gustav Frenssen den Titel gab. Sehenswert auf dieser 9 km langen Hallig ist vor allem die 1894 erneuerte Halligkirche, deren Innenraum durch die reich bemalte Holzdecke geprägt wird. Die von Akanthusranken umgebenen Bildovale illustrieren Szenen aus dem Alten und Neuen Testament.

Auf Langeneß kann man auch sehr typische Hallighäuser mit ihren Krüppelwalm-
dächern finden, so etwa das ›Haus Sönnichsen‹ mit einem herrlichen Beilegeofen aus
dem Jahre 1731 und reicher Kachelung. Der Wandschrank – mit Landschaftsmale-
reien verziert – datiert aus dem Jahr 1740. Das Haus steht auf der Ketelswarft, wo
man auch noch einen Blick auf die Häuser ›Boysen‹ und ›Tadsen‹ werfen sollte, sowie auf der Peter-Heitz-Warft auf das ›Haus Bonken‹ mit seinen typischen Wand-
betten und Kachelwänden. Auf der Honkenswarft ist die Friesenstube täglich zu besichtigen.

Oland

Die Nachbarhallig Oland (12 ha) ist wesentlich kleiner als Langeneß und besitzt nur
eine winzige Warft. Eine Dammverbindung führt zum Festland und nach Langeneß. Letztere wird von einer Motorlore (Abb. 79) befahren, die früher noch mit dem
Segel angetrieben wurde.
  Auf Oland sollte man keineswegs einen Besuch der Halligkirche aus dem Jahre
1824 (Abb. 76) versäumen. Sie besitzt eine reich geschnitzte und bemalte
Renaissance-Kanzel (Abb. 77) sowie einen schreinartigen Altar (Abb. 74) mit 13
Schnitzfiguren, die ursprünglich wohl zu zwei spätgotischen Altären gehörten und
den sitzenden Christus, elf stehende Apostel und einen stehenden Heiligen zeigen.
Wie viele nordfriesische Kirchen besitzt auch Oland einen romanischen Taufstein
aus dem 12./13. Jahrhundert sowie ein frühgotisches Kruzifix aus dem 13. Jahrhundert. Ein Votivschiff aus dem Jahre 1733 trägt den Namen ›Olands Wolfar‹. Die
Decke des Innenraums ist mit Akanthuswerk und Blütengehängen ausgemalt. Wie
auf Langeneß kann man auf Oland noch deutlich in der Warftmitte die Konstruk-
tion eines Fethings mit den Holzbalken in der Wassermulde sehen.

Gröde

Die Hallig (242 ha) mit zwei Warften – der Kirch- und Knutswarft – wird nur von
zwei Familien bewohnt. Ein Besuch der Insel lohnt sich besonders im Juli, wenn der
hier reich vertretene Strandflieder (Farbtafel 58) seine Farbenpracht entfaltet. Die
Schule auf Gröde darf sich die kleinste der Bundesrepublik nennen, und die Kirche
von Gröde mußte nach Zerstörungen durch diverse Sturmfluten siebenmal wieder
aufgebaut werden, der jetzige Bau wurde 1779 errichtet und 1955 erneuert. Die Halligkirche ist mit dem Pastorat (jetzt Lehrerwohnung) verbunden. Der Kirchenraum
(Farbtafel 7) mit Holzbalkendecke besitzt einen Klappflügelaltar aus dem Jahre
1592, dessen Reliefbilder Szenen aus dem Leben Jesu darstellen. Bemerkenswert
sind auch das Triumphkreuz aus der Spätgotik um 1500 sowie die spätgotische be-

Hallig-Landschaft

malte Zweifigurengruppe einer Marienkrönung aus der zweiten Hälfte des 16. Jahrhunderts (Vordere Umsthlagklappe). Als Zeugnis gelungener Volkskunst sollte man auch der Erinnerungstafel aus dem Jahre 1700 Aufmerksamkeit schenken.

Die reetgedeckten Häuser der Knutswarft, die sich um einen Fething gruppieren, bieten einen malerischen Anblick. Interessant ist vor allem das Haus Nr. 6, dessen Flur mit einem Fliesenboden gekachelt ist und dessen Stubentüren eine reiche Blumenmalerei aufweisen.

Habel

Nach einem Zeugnis aus dem Jahre 1362 befand sich auch auf dieser kleinen Hallig (3,5 ha) eine Kirche. Siedlungsreste und ein Friedhof im Watt bestätigen diese Angabe. Heute dient das kleine Habel vorwiegend als Schafweideland, und abgesehen von einigen Sommermonaten ist die Hallig unbewohnt.

Nordstrandischmoor

Diese 180 ha große Hallig mit vier Warften wird auch ›Lütt-Moor‹ (Klein-Moor) genannt, sie ist einst Teil der bei der großen Sturmflut von 1634 auseinandergefallenen
Insel Strand gewesen. Seit 1933 hat die Hallig eine Dammverbindung zum Festland,
auf der eine Lore verkehrt. Im Jahre 1656 erbauten die Inselbewohner eine Kirche,
die jedoch nach der Flut von 1825 wegen Einsturzgefahr abgerissen werden mußte.
Anders als auf den sonstigen Nordfriesischen Inseln sind hier die marmornen Grabplatten des Friedhofs flach auf den Boden gelegt, damit die Flut sie nicht hinweg-
schwemmen kann.

Hamburger Hallig

Das Naturschutzgebiet (110 ha) ist durch Deichbau und Anlandung heute Teil des
Festlandes und lockt die sommerlichen Besucher vor allem durch seinen schönen
grünen Badestrand an. Wie Nordstrandischmoor ist auch die Hamburger Hallig ein
Rest der alten großen Insel Strand, deren weitere Landreste die Marschinseln Pellworm und Nordstrand sind.

Heringsfang bei Nordstrandischmoor, Zeichnung des Sylter Chronisten Christian Peter Hansen

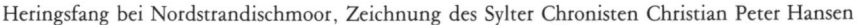

Die Marschinseln – Reste der alten Insel Strand

Noch bis um die Mitte des 14. Jahrhunderts gehörte die einstige Insel ›Strand‹ zu den größten und reichsten Nordfriesischen Inseln. Doch von gewaltigen Sturmfluten und damit verbundenen Meereseinbrüchen blieb vor allem Strand nicht verschont. Im Laufe der Jahrhunderte sorgte die See dafür, daß die Insel unter dem Ansturm der Naturgewalten schließlich in verschiedene Teile zerfiel. Brachte schon die sogenannte ›Manntränke‹ im Jahre 1362 verheerende Folgen mit sich, so waren die Überschwemmungen vom 11. und 12. Oktober 1634 von einer derartigen Kraft, daß die Insel auseinandergerissen wurde. Mehr als 6000 Menschen und etwa 50000 Stück Vieh sollen bei der Katastrophe ums Leben gekommen sein. Aus der einstigen Insel Strand waren jetzt vier Teile geworden: die Insel Nordstrand, die Hallig Nordstrandischmoor, die Hamburger Hallig und die Insel Pellworm. Wenngleich auch die großen Kriege im Laufe der Geschichte den Inseln nur wenig anhaben konnten, so haben doch gewaltige Sturmfluten – Kriege, die von den Naturgewalten in eigener Regie geführt werden – enorm viel Leid mit sich gebracht. Zwischen den Jahren 1380 bis 1483 war es zu ganzen Serien von Sturmfluten gekommen. Inhaltlich sind sich die Berichte aus jener Zeit sehr ähnlich. So erfahren wir etwa in der ›Strandensia‹ über die Flut vom 1. November 1436: »Anno 1436 in allerhilligen Nacht gink grote Manndrank und geschah groter Schade in alle Spade Lander.«

Die sogenannten ›Allerheiligenfluten‹ von 1532, 1533 und 1536 müssen ebenso verheerend gewesen sein. Karl Hansen, der ehemalige evangelische Pfarrer von Pellworm, hat in seinem lesenswerten Büchlein die wichtigsten Fluten zusammengetragen. Genannt seien die ›Walpurgisflut‹ (1. Mai) 1380, 1387, 1393, 1395, die ›Elisabethflut‹ (19. November) der Jahre 1404 und 1421, die ›Cecilienflut‹ (22. November) anno 1412, die ›Michaelisflut‹ (29. September) von 1426, 1427 und 1428, die große Springflut vom 15. Juni 1405 und die erste ›Gallenflut‹ vom 16. Oktober 1434.

Über die Flut vom 4. September 1300, bei der mehr als 7000 Menschen umgekommen sind, heißt es in einer Handschrift: »Anno 1300 am Dage Marcelly heft sick de Westsehe vom stroem erhaven, und iss dat Water 4 ehlen aver de högesten Dicke gegahn, Stede und Dörper in Dithmarschen, Nordstrand und gantz Eiderstedt umbgeworpen und sind 28 Carspel Kerken undergegahn. Disem Floth iss de gröteste, un afschüligste, so na der Sündfloth in disen Landen gewest ...«

Zu den wichtigsten Quellen, in denen über die schlimmen Fluten berichtet wird, gehören die Aufzeichnungen des Chronisten und einstmaligen Pfarrers auf Nordstrandischmoor Anton Heimreich. Wenngleich auch seine Berichte aus mündlichen Überlieferungen stammen, legen sie doch ein beredtes Zeugnis von jenen schweren Schicksalsschlägen ab, denen sich Insel- und Halligbewohner immer wieder haben unterordnen müssen. Über die schlimmste aller Fluten, die seit Menschengedenken über die einstige Insel Strand hereingebrochen ist, heißt es beim Chronisten Heimreich: »Daß Gott der Herr durch Auslassung der Wasser das Land könne umkehren, solches haben diese Nordfriesischen Landschaften nebst allen an der Westsee liegenden Marschländern am Tage Buchardi des 1634sten Jahres müssen erfahren, und zwar dazumal, wie man am sichersten gewesen und die Deiche so wohl gestanden, daß Ocke Levesen in unserm Nordstrande sich vernehmen lassen, daß man nun einen eisernen Deich hätte und Iven Acksen zu Rödemis gesagt, man könne nun sicher hinter den Deichen schlafen, ja man auch wohl auf denselben getrotzet, wie der Deichgraf in Risummohr, nach verfertigtem Deiche den Spaten auf den Deich gesetzet und vermessentlich gesaget: Trotz nun blanke Hans! – Den 11. Oktober hat sich ein ungeheuer Sturmwind aus dem Südwesten erhoben, so sich in folgender Nacht auf halber Springflut nach dem Nordwesten gewendet. Da denn auch die finstere Nacht nicht allein die abhandene große Gefahr bei vielen hat verborgen, sondern ihnen auch alle Mittel, derselben zu entkommen geraubet. In unserm Nordstrande sein, wenn die umliegenden Halligen mit eingerechnet werden, ertrunken 6408 Personen, unter welchen 9 Prediger gewesen. Die Kirchen und Gotteshäuser haben zwar hin und wieder Schaden genommen, doch ist derselben damals noch keines untergegangen. Der Deichbrüche oder Wehlen hat man 44 befunden, unter welchen doch vier der größten und gefährlichen sein geachtet, dadurch das salze Wasser täglich ins Land und wiederum hinausgestürzet, derer die eine zu Lieth nahe bei der Schanze, die andere zu Stintebüll, die dritte zu Balum und die vierte zu Buptee eingerissen. Wie viel aber an Menschen in diesem Lande am Leben geblieben, weiß man eigentlich nicht, wird aber erachtet über 2500, oder wie andere anmerken, 2375 Hauswirte und 258 Käthner, deren einige bisher im Lande geblieben, andere in benachbarten Ländern sich haben niedergelassen, und ein gut Theil derselben sich nach Holland begeben, und daselbst sich mehrere Theil bey Handwerkern, ein Theil zur See und auf der Schiffahrt, auch andere bey anderer Handarbeit sich bestellen lassen, deren hernach ein Theil nach dem geendeten 30jährigen Kriege in Deutschland, sich von dannen ins Churfürstenthum Brandenburg in der Ukermark erhoben, daß also die annoch übergebliebenen Nordstrandinger wundersamer Weise in der Welt seyn zerstreuet.«

Eine exakte Zusammenstellung gibt uns Auskunft über die Verluste an Menschen und Gütern. In der Akte ›Verzeichnis der Menschen, so den 11. Oktober 1634 in der Nacht im Nordstrande in der hogen Wasserfluth jämmerlich ertrunken und umgekommen, item was sonsten für Schäden daselbst geschehen‹ heißt es: »6123 Menschen ertrunken und umgekommen, darunter 9 Prediger, 12 Klöster; 1339 Heuser gantz wechgetrieben; 375 Hausswirte oder Land Eigener und 58 Kätener behalten; 28 Windmühlen wechgetrieben; 6 Klock Türme wechgetrieben. – An Beesten und lebige Haabe, alss Pferde, Ochsen, Kühe, Schafe und Schweine sindt ertrunken, mehr und nicht minder über 50 000 Stück. Der Schade an wechgetriebenem Korn item an Mobilien und Inngütern als Kisten und Zapfen, Zinnen und Kupffer, Leinen und wullen Bette und Bettegewandt, Kleider und sonsten, wie Imgleichen dass uff und wegkgetriebene Mohr wie auch den Schaden des aussgeseyeten Kornss, solches alles ist unmöglich zu taxieren oder zu berechnen, beläuft sich ein grosses. Inngleichen seindt in dieser Wasserfluth umbss gantze Landt, Klein und gross, etzliche und Viertzigh wehlen eingelauffen.«

Pellworm

Trotz des gewaltigen technischen Fortschritts, den auch der Deichbau im Laufe der letzten Jahrhunderte zu verzeichnen hat, bleibt das Meer dennoch unberechenbar. Um Pellworm zieht sich der Seedeich und umschließt 13 Köge; dies sind dem Meere abgerungene Landstücke, die wiederum von Deichen umgeben sind: Bupheverkoog, Großer Norderkoog, Ütermarkerkoog, Ostersielskoog, Kleiner Norderkoog, Großer Koog, Süderkoog, Hunnenkoog, Westerkoog, Alter Koog, Mittelster Koog, Kleiner Koog und Johann-Heinrichs-Koog.

In der Nordostecke des Ütermarkerkoogs liegt Pellworms Vogelkoje. Sehr interessant sind die zum Teil ganz mit Schilf bewachsenen Pütten; besonders jene im Bereich des Pellwormer Westdeichs zeigen eine Vielzahl von Vögeln. Aber auch außerhalb des Deiches kann man, mit dem Feldstecher bewaffnet, viele Tiere beobachten.

Pellworms Steindeich mit einer Höhe von etwa 8 m macht auf den Besucher einen gewaltigen Eindruck. Doch erklärt sich die ungewöhnliche Höhe daher, daß die etwa 38 km² große Insel durchschnittlich um einen halben Meter tiefer liegt als das tägliche Normalhochwasser. So stabil auch der Deich erscheinen mag, er sinkt trotzdem, und von Zeit zu Zeit wird es immer wieder notwendig, den Deich zu erhöhen. Das bringt große Kosten mit sich, hat der Seedeich doch eine Gesamtlänge von ca. 30 km! In anderen Gegenden entsprechen Deichbauten meist einer Präventivmaßnahme – für den Fall, daß ... Der Pellwormer Seedeich aber erfüllt tagtäglich seine Aufgabe: ohne ihn wäre die Insel praktisch keine Insel; dann nämlich würde das Land zweimal am Tage unter Wasser stehen, und das bei ganz normaler Flut ... Man lebt mit den Gefahren, man weiß um sie, und doch käme es dem Pellwormer nicht in den Sinn, von hier wegzuziehen. Die Verbundenheit mit der Inselheimat spiegelt sich sehr schön wider in K. Hansens ›Pellworm-Lied‹:

De Wolken trecken öwert Land. De See de schümt an Diek un Sand.
Holl geiht de See, de graue Floot, un butendiek, dor wohnt de Dod.
Stah fast, stah fast in See un in Storm! Stah fast, stah fast, Pellworm!

Hier waakt de Diek, de Ring ut Klei – O See, slah ni den Ring entwei!
Du taage Klei, waak an de Kant – un brüllt de See ock an dien Rand!
Stah fast, stah fast in See un in Storm! stah fast, stah fast, Pellworm!

De See, dat Land, de hooge Diek. Un öwer allns de Hewen wiet.
Pellworm, du maakst dat Hart mi groot! Di heff ick leev un ock de Floot!
Stah fast, stah fast in See un in Storm! Stah fast, stah fast, Pellworm!

De Wolken trecken öwert Land. De See, de schümt an Diek und Sand.
De See, de See, de graue Floot, un butendiek dor wohnt de Dod.
Herr, hol Dien Hand in See un in Storm! Herr, schütz, Herr schütz Pellworm!

Die Marscheninsel Pellworm wird überwiegend landwirtschaftlich genutzt; etwa zwei Drittel sind Weideland, ein Drittel ist Ackerland. Um die 1400 Menschen leben auf der Insel. Die Weiden, die man hier ›Fennen‹ nennt, sind sehr wertvoll und bieten dem schwarz-weiß gefleckten Vieh ein gutes Futter (Abb. 29/30). Auf den Äckern baut man Hafer, Weizen, Gerste, Mengkorn, Bohnen, Erbsen und Raps an. Die Häuser in den Koogen wurden auf Warften errichtet. Somit hatte man bei Sturm und schwerer See die Möglichkeit, sich auf diese künstlichen Hügel mitsamt dem Vieh zurückzuziehen. Erst mit dem Bau von Seedeichen wurden Warften mehr oder weniger überflüssig. Die Mitteldeiche – auch Innendeiche genannt – waren einstmals Seedeiche, die Pellworm vom Meer trennten.

Neben der Landwirtschaft ist auch der Fischfang – obwohl in letzter Zeit wegen geringer Fangergebnisse im Rückgang begriffen – von einiger Bedeutung. Doch hat dieser Erwerb auf Pellworm nur wenig Tradition. Von einem ›Fischerei-Gewerbe‹ kann man erst seit Beginn unseres Jahrhunderts sprechen. Ein wichtiges Fangprodukt sind die Krabben, hier auch ›Porren‹ genannt. Während man anfangs nur für den Insel-Bedarf auf das Meer hinausfuhr, geht heute der größte Teil der Fänge aufs Festland. Die Fangzeit dauert etwa zehn Stunden; dann können zwischen 150 und 350 kg Krabben im Netz sein. Beim Heringsfang bringt ein Auslauf – wenn das Ergebnis gut ist – um die 5000 kg. Neben Krabben und Heringen fängt man auch Miesmuscheln, Seezungen, Scharben und Schollen; das Fanggut geht den Pellwormer Fischern im Gebiet Süderhever, Rummelloch, Norderhever und Schmaaltief in die Netze.

Früher jagte man in großem Maße Seehunde; heute jedoch hat die Seehundjagd praktisch keine Bedeutung mehr. Einerseits hängt das mit den verschärften Tierschutzgesetzen zusammen, andererseits jedoch ist die Zahl dieser lustigen Meerestiere stark gesunken. Die moderne Technik mit ihrem Motorenlärm hat die meisten von ihnen vertrieben. Um Pellworm gibt es noch Seehunde; sie liegen vorwiegend auf den Sanden zwischen Pellworm, Nordstrandischmoor und Eiderstedt, außerdem zwischen Norderoog und Süderoog. Hin und wieder kommt es vor, daß sich ein junger Seehund – ein ›Heuler‹ – am Strand oder am Deich verirrt. Da diese Tiere dann oft recht hilflos sind, sollte man Mitteilung machen an den örtlichen Polizeiposten, an eine Dienststelle der Wasserschutzpolizei, an die Kurverwaltung oder an den zuständigen Kreisjägermeister. Über Schutzgebiete, Lebensraum, Aufzuchtstationen der Seehunde informiert das lesenswerte Büchlein ›Seehunde – geliebt und unbekannt‹ des Seehundkenners Winhold Schumann. –

Ganz Pellworm ist eine Sehenswürdigkeit; eine bauliche Attraktion jedoch ist die Alte Kirche, unmittelbar hinter dem Seedeich im Westen der Insel. Die Kirche St. Salvator steht im Alten Koog. Mit der Turm-Ruine – nur wenige Meter daneben – ist die Alte Kirche zugleich Pellworms Wahrzeichen. Die Ruine ist der Rest eines Gotteshauses, das im Jahre 1611, vom umkippenden Kirchturm getroffen, in sich

zusammenfiel. Das Jahr der Grundsteinlegung dieser ›Ur‹-Kirche ist unbekannt, doch glauben einige Chronisten, die Datierung des Turms auf das Jahr 1095 festsetzen zu können: »Anno 1095. Uff den Dach Sanct Urbani ist dat Fundament des Thorms tho Pillworm gelecht. Dartho de dogetsahme Fruwe Pelle und ihre Dochter Worm dat geldt gelecht und ist dat Carspell na disser Fruwe und ihrer Dochter genohmet, Pellworm.«

Was die Erklärung der Bezeichnung ›Pellworm‹ anbelangt, so ist es sicher nicht richtig, den Inselnamen aus Fruwe ›Pelle‹ und ihrer Dochter ›Worm‹ ableiten zu wollen. Bis heute nämlich gibt es keine schlüssige philologische Interpretation, die nicht umstritten wäre.

Die Alte Kirche ist eine der ältesten Kirchen Frieslands. Manche Historiker rechnen sie zur Gruppe der sogenannten ›Knutskirchen‹, benannt nach Knut dem Großen, König von Dänemark, England und Norwegen. Er regierte zwischen 1016 und 1035 und gilt als eine der berühmtesten Herrscher-Persönlichkeiten in der dänischen Geschichte. Sein Vater, der Dänenkönig Sven Gabelbart, wollte sich Südengland untertan machen, hatte jedoch in dem angelsächsischen König Ethelred einen harten Gegner. Doch beging Ethelred den entscheidenden Fehler, plötzlich alle in Südengland ansässigen Dänen ermorden zu lassen. Angesichts dieses Blutbades vom 13. November des Jahres 1002, bei dem auch Frauen und Kinder nicht geschont wurden, drang Sven Gabelbart weiter vor und eroberte fast ganz England. Sein Sohn Knut heiratete schließlich Ethelreds Witwe und verstand es, sich ein Nordseeimperium aufzubauen, das Dänemark, England und Norwegen umfaßte. Als christlicher Herrscher war er sehr bemüht um die Verbreitung des Christentums unter den nordischen Völkern. Er unterstützte die Missionare bei der Erfüllung ihres bildungspolitischen und religiösen Auftrags und setzte sich ein für die Errichtung von Kirchen und Klöstern.

Das ursprüngliche Bleidach der Alten Kirche – zwischenzeitlich durch Schieferbedeckung ersetzt – ist heute wiederhergestellt. Bei der Renovierung in den Jahren 1913/14 hatte man sich auch der 1911 entdeckten Fresken angenommen. Im Laufe der Jahrzehnte jedoch waren die Wandmalereien wieder so stark zerfallen, daß man eine neuerliche Aufarbeitung nicht mehr vorgenommen hat; seit der letzten Renova-

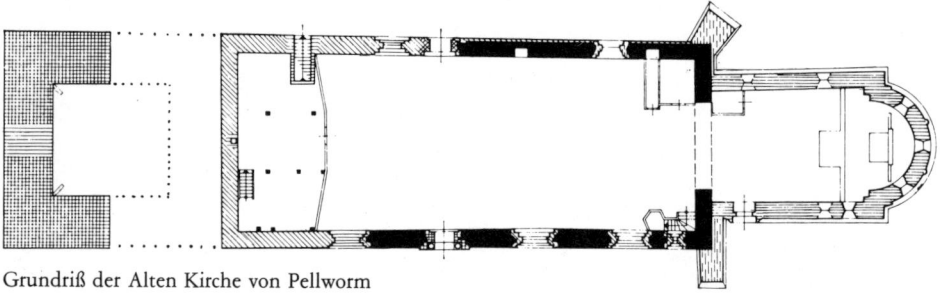

Grundriß der Alten Kirche von Pellworm

Leuchter aus der Alten Kirche von Pellworm

tion im Jahre 1968 sind die Fresken nicht mehr zu sehen. Das Prunkstück von St. Salvator jedoch ist – abgesehen von dem sehr schönen, 1960 restaurierten Altarblatt aus der Mitte des 15. Jahrhunderts – die prächtige Orgel. Sie ist eine Meisterarbeit des berühmten Orgelbauers Arp Schnitker; im Jahre 1711 hat er sie geschaffen. Arp Schnitker wurde 1648 in Schmalenfleth bei Brake (Unterweser) geboren, verbrachte seine Lehrjahre im holsteinischen Glückstadt und zog dann 1682 nach Hamburg. Um die 160 Werke hat Schnitker geschaffen. Er gilt als bedeutendster Vertreter des norddeutschen Orgelbaus.

Außer der Schnitker-Orgel ist vor allem der spätgotische Schnitzaltar aus der Zeit um 1470/80 bemerkenswert (Farbtafel 4), der im Mittelschrein eine figurenreiche Kreuzigungsszene, in Sondergefachen (oben) Anna selbdritt und den sitzenden hl. Andreas, in den längsgeteilten Flügeln und den Seitenfeldern sechs Szenen aus der Passion Christi enthält. Die gemalten Außenflügel illustrieren Szenen aus dem Leben Jesu und Mariens sowie aus der Gregorsmesse und einer Märtyrerlegende. Neben der Taufe aus dem Jahre 1475, einem Kessel, der auf vier Diakonen als Trägerfiguren ruht, sind die Renaissance-Kanzel (um 1600), das Gestühl und der ornamentierte Beichtstuhl beachtenswert.

Unmittelbar neben dem Turm der Alten Kirche befindet sich der Friedhof, auf dem angeschwemmte namenlose Tote ruhen. Die alten Grabsteine, die man am Fuß der Turm-Ruine finden kann, stammen teilweise sogar aus der Zeit der großen Flut, auch die Grabsteine vor den Türen des Lehrerhauses reichen bis ins 17. Jahrhundert zurück.

Im Großen Koog steht Pellworms zweite Kirche, die Nige Kark. Der turmlose, etwas klobige Bau, so wie er sich uns heute darstellt, stammt aus dem Jahre 1867. Damals war die Kirche renoviert und zudem auch erweitert worden. Der Ursprung der

Neuen Kirche aber geht zurück in die vorreformatorische Zeit des 16. Jahrhunderts, als der letzte katholische Bischof Gottschalk von Ahlefeld, der seinen Sitz auf Schloß Schwabstedt an der Treene (Schleswig-Holstein) hatte, die Genehmigung zur Errichtung einer Kapelle gab. In einer alten Mitteilung steht darüber: »Anno 1528 ist die Klene Kerke to Pillworm engefangen to Buen, durch Verlag des Ehrenfesten Jochim Leving, Staller Wumbke Knutse, Harre Bansen und Fedder Hansen.« Neben dem schönen eichenen Beichtstuhl beachte man vor allem den prächtig geschnitzten Flügelaltar, er zeigt in der Predella Standfiguren der Maria und Anna selbdritt, im Mittelschrein eine Kreuzigungsszene. Die Flügel sind mit Episoden aus den Leidensstationen Christi bemalt. Dieser Altar, eine Arbeit aus dem Ende des 15. Jahrhunderts, stand einst in der Kirche von Illgroff, die in der Sturmflut von 1634 versank. Die Taufe, ein spätgotischer Import aus Belgien, datiert in das Jahr 1587.

Wie in den meisten alten Dörfern der Nordfriesischen Inseln finden wir auch auf Pellworm einerseits zahlreiche Beispiele friesischer Wohnkultur, die von der Seefahrt geprägt wurde, wie auch die ärmlicheren, heute allerdings sehr idyllisch anmutenden Reetkaten (Abb. 28) der landwirtschaftlich tätigen Einwohner. Eine interessante Mischung aus beiden Elementen stellt der Vier-Flügelbau des ›Hauses Schulze‹ aus dem mittleren 18. Jahrhundert dar, ein prächtiges Beispiel bäuerlichen Rokokos mit seinen Rocaille-verzierten Täfelungen an Türen und Alkoven sowie einer reichgestalteten Bildkachelung um den Türrahmen (Farbtafel 64).

Im Großen Norderkoog steht das Momme-Nissen-Haus. Sehenswert sind hier die schönen Glasfenster mit Darstellungen des alten ›Strand‹. Ein treffliches Beispiel für friesische Bauweise stellt auch das Anton-Heimreich-Haus dar; in dem ehemaligen Pastorat sind heute eine Begegnungs- und Freizeitstätte und das naturkundliche Informationszentrum untergebracht.

Auf der Tammwarft sollte man das malerische Wrack der ›Ormen Friske‹ besichtigen (Abb. 31), das auf sehr tragische Weise die Gefahren der alten Wikingerseefahrt vermittelt hat. Dieses nachgebaute schwedische Wikingerschiff brach nämlich 1950 bei Helgoland auseinander und ein Schiffsteil strandete zwischen Süderoog und Norderoog; bei der Katastrophe kamen 14 junge schwedische Studenten ums Leben. Auf dem sogenannten ›Liliencron-Hof‹ lebte für kurze Zeit der Dichter Detlev von Liliencron. Eine mit dem nordfriesischen Wappen und den drei Lilien des Liliencron-Geschlechts geschmückte Gedenktafel erinnert an die Tätigkeit des Lyrikers als Hardesvogt von 1882 bis 1883 auf Pellworm.

Ein Hinweis sei gestattet auf den im Jahre 1906 erbauten Pellwormer Leuchtturm. Mit seiner Höhe von 37 m über dem Meeresspiegel hilft er der Schiffahrt bei der Einfahrt in den Heverstrom. Seit 1977 wird die Leuchtanlage des Turms von einer zentralen Stelle aus automatisch gesteuert. – Aus der alten Zeit der Insel ist nur noch die Nordermühle erhalten geblieben. Sie steht im Kleinen Norderkoog und wird heute als urgemütliches Restaurant und Café geführt. Früher hatte es 14 von diesen Windmühlen gegeben. Sie gehörten zur Gruppe der sogenannten ›Holländerwindmühlen‹, ein Mühlentyp, der mit dem aus Holland stammenden Deichbau-Ingenieur Jan Adrianz Leeghwater um die Mitte des 17. Jahrhunderts auf Pellworm heimisch wurde.

Die Insel erreicht man per Schiff über den Hafen Strucklahnungshörn von Nordstrand aus, und zur eingedeichten Marschinsel Nordstrand führt ein 4 km langer Autodamm vom Festland (Husum/Schobüll/Wobbelbüll). Während Pellworm und Nordstrand lange Zeit in der Urlaubsgunst weit im Schatten der bekannten Ferienhochburg Sylt standen, sind die Marschinseln gerade für Familien mit Kindern ein beliebtes Ferienziel geworden. Die Pellwormer haben gute Sportmöglichkeiten und elf großzügige Badestellen (auch FKK) eingerichtet, die mit einem Netz ungestörter Wanderwege das Freizeitprogramm der Insel abrunden.

Im Jahre 1974 wurde die Insel für nicht wenige Besucher noch attraktiver. Mit den neuen Kureinrichtungen kommt Pellworm einem großen Bedürfnis der erholungssuchenden Gäste entgegen; im ›Haus des Kurgastes‹ findet man vieles von dem, was dazu beiträgt, die Ferien noch erholsamer werden zu lassen. Und selbst wenn das Wetter mal nicht ›Ferien-like‹ ist, hat man im beheizten Schwimmbad mit angeschlossenem Sprudel- und Kaltbad Gelegenheit, den witterungsbedingten Gegebenheiten zu entkommen.

Nordstrand

Durch die Dammverbindung zum Festland ist Nordstrand verkehrsgünstig gelegen: bis Husum sind es nur 18 km, Schleswig ist 45 km entfernt, Flensburg etwas mehr als 50 km, und ebenso weit ist es auch nach Dänemark.

Die Marschinsel setzt sich aus einer Vielzahl von Kögen zusammen: Elisabeth-Sophien-Koog, Pohns-Hallig-Koog, Morsum-Koog, Neu-Koog, Trendermarsch-Koog, Alter Koog und Oster-Koog. Weit verstreut liegen die schönen Marschenhöfe; man betreibt Ackerbau und Weidewirtschaft. Auch die hiesigen grünen Strände bieten dem Feriengast ausreichende Bademöglichkeiten, wichtig ist aber, daß man hier die Gezeiten besonders sorgfältig beachtet. Die Gezeiten sind im Veranstaltungskalender notiert. Im ›Haus des Kurgastes‹ kann man die Freiluft- und Seebäderkur durch medizinische Bäder ergänzen. Reizvoll sind auch die hier zahlreich veranstalteten Wattfahrten mit dem Pferdefuhrwerk (Abb. 32) zum Vogelschutzgebiet der Hallig Südfall, zu den anderen Halligen und nach Pellworm. Ebenso bietet das Wandern zu Fuß und mit dem Fahrrad etwa durch die Marsch des Trendermarsch-Koogs (Abb. 35) vielfältige Möglichkeiten individueller Entdeckungsfreuden in der Natur sowie im Bereich des Kunsthandwerks. So sind die geschmackvollen Töpferarbeiten aus dem Trendermarsch-Koog sehr geschätzt.

Aus dem Kulturangebot der Insel ist vor allem die Kirche St. Vincenz von Odenbüll zu nennen, die einen schönen spätgotischen Schnitzaltar und interessante alte

Grabplatten mit magischen Totenkopfdarstellungen in ihrer Westmauer aufweist (Abb. 33). Die St. Vincenz-Kirche ist protestantisch, während die Theresienkirche in Osterdeich den Altkatholiken und die Kathrinenkirche den römisch-katholischen Gläubigen gehört. Die Katholiken kamen nach der großen Sturmflut mit den Holländern auf das zuvor rein protestantische Nordstrand. Infolge eines Kirchenstreites bildeten sich später zwei Richtungen, die ›Janseniten‹ (heute Alt-Katholiken) und die Römisch-Katholischen.

Die Idylle weidender Kühe und Schafe bestimmt das Bild der wie Pellworm vorwiegend landwirtschaftlich genutzten Marschinsel (Farbtafel 27). Aber die ruhigen Wintermonate haben hier manchen Bauer zum Heimatforscher gemacht. Während auf Pellworm der Briefträger Heinrich Liermann auf seinen langen Märschen durch das Watt zahlreiche Zeugnisse der Vor-und Frühgeschichte zusammentrug, erforschte der Nordstrander Bauer Andreas Busch in unermüdlicher Arbeit den legendären Untergang der Stadt Rungholt in der Marcellusflut vom 16. Januar 1362. Funde von Deichen, Brunnen und Menschenknochen im Watt vor Südfall hatten ihn 1921 auf die Spur dieser versunkenen Siedlung gebracht. Neben der Rungholt-Forschung beschäftigte sich Busch auch mit der Heimatkunde der Insel und sammelte Geschichten aus dem ›Leben und Treiben auf einem Nordstrander Bauernhof um die Mitte des vorigen Jahrhunderts‹. Darin erzählt uns Busch auch die Entstehungsgeschichte des friesischen Nationalgetränks ›Pharisäer‹ auf Nordstrand: »Als 1870 nach einer Kindtaufe der Pastor an der Kaffeetafel teilnahm, war der Kreis zwar gesellig, aber die rechte Stimmung fehlte. Aber der Gastgeber durfte doch in Gegenwart eines Pfarrers keine alkoholischen Getränke anbieten. Er ging daher in die Küche und bat die Mamsell, die Tassen nicht bis zum Rand mit Kaffee zu füllen, sondern einen kräftigen Schuß Rum mit Zucker hinzuzufügen. Aber den Duft des Rums würde man doch feststellen. Deswegen ließ er den Kaffee mit einer dicken Schlagsahneschicht abdecken. Er wies die Mamsell an, auf jeden Fall zu vermeiden, daß der Pastor eine solche Tasse bekäme. Alles lief wie besprochen; aber der Pfarrer wunderte sich, daß die Taufgesellschaft plötzlich so lebendig und redselig wurde. Versehentlich erhielt auch der Pastor eine Kaffeetasse mit Rum. Nun konnte er sich die Aufgeschlossenheit und die Fröhlichkeit der Runde erklären. Er rief dem Gastgeber und den geladenen Gästen schmunzelnd zu: ›Oh, ihr Pharisäer!‹« (nach Frido Becker).

Raum für Ihre Reisenotizen

Inhalt der praktischen Reisehinweise

Praktische Reisehinweise

Sylt

So gelangt man nach Sylt

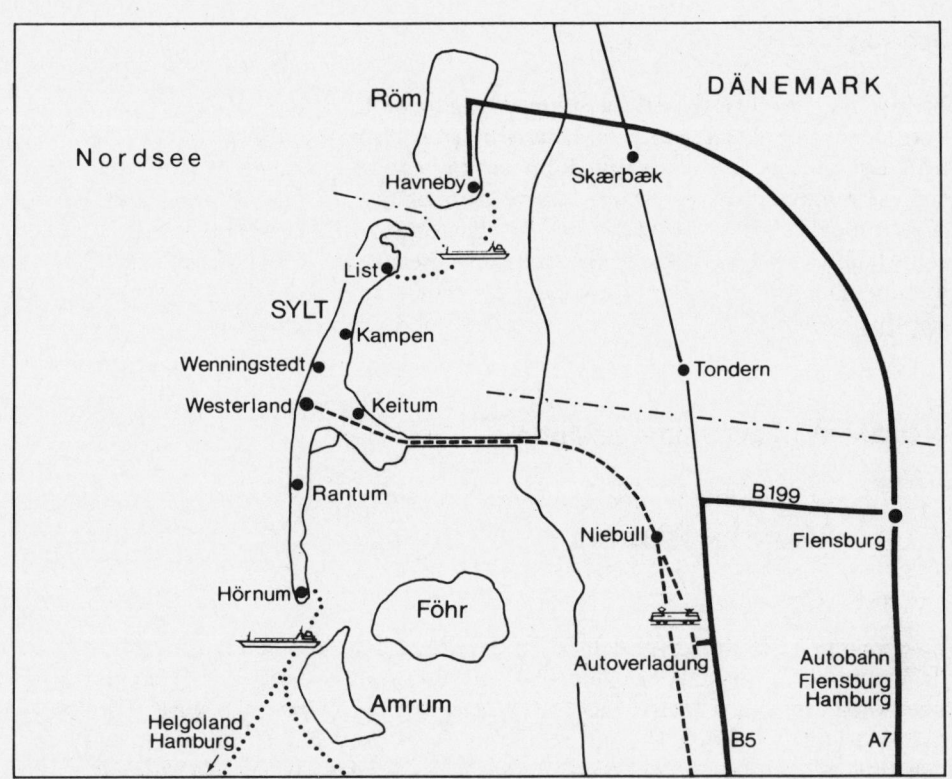

Eisenbahn und Auto

Aus allen Teilen der Bundesrepublik Deutschland gibt es durchgehende D- und Eil-
zugverbindungen nach Westerland; DB-Kursbuch 120. Zudem gibt es während der
Saison spezielle Autoreisezüge nach Westerland: Berlin und Stuttgart.

Wer mit dem Auto in den ›Hohen Norden‹ fahren will, dessen Weg führt über
die Bundesstraße 5 oder über die Bundesautobahn bis Flensburg nach Niebüll. Dort
muß man den Wagen auf einen Autozug der DB fahren, der dann über den Hindenburgdamm nach Westerland fährt. Abfahrt der Autozüge DB-Kursbuch 120.
Man kann das Auto aber auch auf dem Festland stehen lassen; in Niebüll und Klanxbüll, der letzten Bahnstation auf dem Festland, gibt es Parkplätze, auf denen das
Auto über einen längeren Ferienzeitraum hinweg geparkt werden kann. Die Überfahrt über den Damm dauert etwas mehr als eine halbe Stunde; mitfahrende Personen müssen nicht extra zahlen.

Seeweg

Besonders reizvoll ist die Strecke über die dänische Insel Röm, die man über Flensburg oder Niebüll erreicht. Die Überfahrt vom Hafen Havneby auf Röm hinüber
nach List dauert ca. 55 Minuten. Röm ist über einen Straßen-Damm mit dem Festland verbunden. Auf den Auto- und Personenfähren ist der zollfreie Einkauf von
Waren möglich. Kraftfahrzeuge mit Reservierungen müssen spätestens 20 Minuten
vor Abfahrt eintreffen. Personalausweis oder Reisepaß – auch für Kinder – notwendig. Die grüne Versicherungskarte braucht man jedoch nicht. Wenn gültiger
Impfpaß vorhanden, so können auch Hunde und Katzen mitgenommen werden.

Platzbestellungen und Auskünfte:

> KILEBRYGGEN, *Havneby,* Tel.: 00454/755303
> LINDINGERBRÜCKE, *List,* Tel.: 04652/475
> und in allen Reisebüros

Eine weitere Verbindung für den Personenverkehr besteht – von Anfang Mai bis Ende September – mit dem Seebäderschiff der Seetouristik GmbH & Co. ab Hamburg
über Cuxhaven nach Helgoland, von da an mit der Wyker Dampfschiffsreederei
nach Hörnum/Sylt. In der Hauptsaison verkehren die WDR-Schiffe montags, dienstags und donnerstags, in der Nebensaison nur am Dienstag und Donnerstag.

Auskünfte: Seetouristik GmbH & Co., Flensburg, Tel.: 0 40/37 33 74; Wyker Dampfschiffsreederei Föhr-Amrum GmbH, Tel.: 0 46 81/8 00 und alle Reisebüros.

Flugverkehr

Für ganz Eilige gibt es Flugverbindungen. Während der Saison von Berlin, Frankfurt a. M., München, Düsseldorf und Hamburg nach Westerland. Zwischen Berlin und Sylt fliegt die British Airways.

Auskünfte: alle Reisebüros oder direkt bei:
HANSE-EXPRESS, Hamburger Flughafen, Tel.: 0 40/5 08 29 00
WESTKÜSTENFLUG, Föhr, Tel.: 0 46 81/81 39
BRITISH AIRWAYS, Westerland, Tel.: 0 46 51/66 69
Flug Berlin – Westerland – Berlin: Berlin, Tel.: 0 30/69 10 21

Der Flugplatz Westerlands kann auch von Privatmaschinen angeflogen werden. Es stehen zwei Landebahnen zur Verfügung mit Längen von 1 696 und 2 125 Metern. An- und Abflug täglich in der Sommerzeit von 8.00 bis 20.00 Uhr, im Winter von 8.00 Uhr bis eine halbe Stunde nach Sonnenuntergang (Sunset + 30 Minuten). Erlaubte Gewichtsklasse bis LCN 38. Es muß ein Funkgerät mitgeführt werden für folgende Frequenzen: Tower – 119.75 MHz, Boden – 121.825 MHz.

Landkarten

Kompaß-Wanderkarte
            1 : 40 000/Sylt
Amtliche Karte Sylt 1 : 35 000
Falk-Plan Sylt   1 : 100 000 (mit Ortsplänen und Straßenverzeichnis)

Falk-Verlag Wanderkarten 1 : 15 000, verschiedene Blätter sind erhältlich: Kampen-Wenningstedt, Listland, Morsum-Archsum-Keitum, Hörnum, incl. Helgoland, Hallig Hooge, Föhr, Amrum.

Wichtiges über Sylt

Geographische Lage

Die Insel liegt zwischen 54° 44' und 53° 03' nördlicher Breite und zwischen 8° 16' und 8° 30' östlicher Länge. Zur englischen Küste sind es knapp 600 km.

Die kürzeste Distanz zu Schleswig-Holstein beträgt 8 km, die größte ca. 28 km.

Die Insel Sylt ist 38,5 km lang, die größte Breite beträgt 12,6 km, an der schmalsten Stelle ist Sylt nur 600 bis 800 m breit.

Einwohnerzahlen
(auf- bzw. abgerundet, Stand 1988)

Westerland	9400
Sylt-Ost	4800
List	2200
Wenningstedt	1500
Hörnum	870
Kampen	600
Rantum	460

Fremdenverkehrseinrichtungen

Städtischer Kurbetrieb Westerland
Postfach, 2280 *Westerland,*
Tel.: 0 46 51/8 12 24

Zimmernachweis Westerland
Pavillon am Bundesbahnhof,
2280 *Westerland,* Tel.: 0 46 51/2 40 01

Kurverwaltung Kampen
im ›Kaamp-Hüs‹,
2285 *Kampen,*
Tel.: 0 46 51/4 10 91/92/93
Zimmernachweis, Tel.: 0 46 51/4 33 00

Kurverwaltung List
2282 *List,* Tel.: 0 46 52/10 14/15

Kurverwaltung Wenningstedt
2280 *Wenningstedt,*
Tel.: 0 46 51/4 47-0

Zimmernachweis,
Tel.: 0 46 51/4 32 10 oder 4 16 92

Kurverwaltung Sylt-Ost
Am Tipkenhoog 5, 2280 *Keitum,*
Tel.: 0 46 51/3 10 50/51
Kurbüro Tinnum Tel.: 0 46 51/3 17 92
Kurbüro Archsum Tel.: 0 46 54/2 51
Kurbüro Morsum Tel.: 0 46 54/2 49

Kurverwaltung Rantum
2280 *Rantum,* Tel.: 0 46 51/60 76

Kurverwaltung Hörnum
2284 *Hörnum,* Tel.: 0 46 53/10 65

Bädergemeinschaft Sylt e.V.
Stephanstraße 6, 2280 *Westerland,*
Tel. 0 46 51/2 24 50

Camping

Campingplatz **Hörnum**
Eigentümer: Kurverwaltung, Tel.:

0 46 53/10 65, Tel.: Campingplatz 0 46 53/2 95 (vom 1.4.–30.9.). 18 000

Quadratmeter Belegungsfläche unmittelbar am Weststrand in einem Dünental. 300 Stellplätze für Zelte und Wohnwagen. Haustiere sind nicht zugelassen.

Campingplatz ›Am Mühlenhof‹, **Morsum**

Eigentümer: H. M. Jürgensen. 20 000 qm Belegungsfläche nahe dem Ortskern. Ruhig gelegener Wiesenplatz mit großzügigen Stellplätzen (100 qm). 50 Wohnwagen und Zelte. Kein Hundeverbot. Ganzjährig geöffnet.

Campingplatz **Rantum**

Eigentümer: Kur- und Gemeindeverwaltung, Tel.: 0 46 51 / 60 76; vom 1. 5. – 30. 9. Tel.: 0 46 51 / 2 54 21. 22 000 qm Belegungsfläche am Rantum-Becken, 370 Stellplätze für Zelte und Wohnwagen. Kein Hundeverbot. Geöffnet: 1. Mai bis 30. September.

Campingplatz ›Südhorn‹, **Tinnum**

Eigentümer: Adolf Jensen und Uwe Dau, Tel.: 0 46 51 / 36 07. 20 000 qm Belegungsfläche am Ortsrand, Stellplätze für 180 Zelte und Wohnwagen. Hundeverbot (Ausnahmen vorbehalten). Ganzjährig geöffnet.

Campingplatz **Wenningstedt**

Eigentümer: Kurverwaltung, Tel.: 0 46 51 / 4 10 81 / 84. 27 000 qm Belegungsfläche, ruhig gelegen hinter den Dünen mit eigenen Wegen zum Strand. Stellplätze für 180 Zelte und Wohnwagen. Geöffnet: 15. 4. – 15. 10.

Campingplatz ›Felix Heinzius‹, **Westerland**

Eigentümer: Stadt Westerland, Pächter: Felix Heinzius, Tel.: 0 46 51 / 2 25 12 (15. 5. – 15. 9.) oder 0 46 51 / 3 14 28 (Mo bis Fr 8.00 bis 12.00 Uhr (16. 9. – 30. 4.). 40 000 qm Belegungsfläche, direkter Übergang zum FKK-Strand. Stellplätze für 150 Zelte und 400 Wohnwagen. Geöffnet: 15. 5. – 15. 9.

Campingplatz ›Günther Kierstein‹, **Kampen**

Eigentümer: Kurverwaltung Kampen, Pächter: Günther Kierstein. Gelegen zwischen Trimm-Dich-Wäldchen und Dünen, 130 Stellplätze für Zelte und Wohnwagen. Geöffnet von Ostern bis 15. 10. Keine Hunde erlaubt. Tel. in der Saison: 0 46 51 / 4 20 86, außerhalb: 0 46 51 / 4 10 91 / 92.

Jugendzeltplatz ›Dikjen-Deel‹

Nur für Jugendgruppen und Alleinreisende bis zu 18 Jahren. Eigentümer: Gemeinnütziger Verein für Jugenderholung e. V. Tel.: 0 46 51 / 2 28 83 und 0 46 61 / 43 78. Geöffnet: Mai bis September.

Übrigens: § 41,1 des Landschaftspflegegesetzes verbietet auf Sylt jegliches Übernachten in Wohnmobilen und Wohnwagen außerhalb der genehmigten Zelt- und Campingplätze. Wer sich nicht entsprechend verhält, muß mit einer Geldbuße bis zu 5000 Mark rechnen!

Heilanzeigen (Auszug)

Kuren sind auf Sylt ganzjährig möglich. Die tages- und jahreszeitliche Ausgegli-chenheit der Lufttemperatur und die im Bereich des Meeres dauernde Luftbewegung sind von großer Bedeutung für das gesundheitliche Wohlbefinden. – Frühjahr, Herbst und Winter eignen sich besonders für Linderung und Heilung folgender Störungen und Erkrankungen:

Allergische Erkrankungen: Asthmoide Bronchitis – Asthma bronchiale – Beruflich bedingte Ekzeme – Chronische Ekzeme – Spastische Erkrankungen – Neurodermitis

Erkrankungen der Luftwege: Katarrhe von Nase, Rachen, Luftröhre und Bronchien

Vegetative Dystonien: Rekonvaleszenz nach Operationen und Infektionen – Nicht-fixierte Blutdruckstörungen – Noch nicht manifeste hormonale Störungen – Schlaflosigkeit – Leichtere Formen von Kreislaufstörungen – Vegetative Stigmatisationen

Vorbeugungs- und Abhärtungskuren: Anfälligkeit gegen Infekte – Praesklerose – Beginnendes Versagen mit Nachlassen der Arbeits- und Spannkraft

Hervorragende Wirkung zeigt der Sommer für: Bronchitiden – Bronchiektasen – Sinusitis – Beginnendes Emphysem – Heuschnupfen – Akne – Seborrhoe – Rhinitis vasomotorica – Psoriasis – Übermäßiger Fettansatz – Hormonerkrankungen – Chronische, nicht sanierungsfähige Herderkrankungen

Kinderkuren

Auch für Kinder ist das Sylter Heilklima bestens geeignet; gute Wirkung zeigen

Frühjahr, Herbst und Winter bei allergischen Erkrankungen und Erkrankungen der Luftwege ebenso bei:

Diathesen: Erschöpfungszustände – Vegetative Diathesen – Blutarmut – Rekonvaleszenz – Konstitutionelle Schwächlichkeit – Deformitäten – Unterernährung – Bindegewebsschwächen

Extrapulmonale Tuberkulose: Hauttuberkulose – Tuberkulose der Sinnesorgane – Knochen – Gelenk – Lymphknoten

Im Sommer: Chronische Bronchitiden – Bronchiektasen – Exsudative Bronchien – Chronische Drüsenschwellungen – Heuschnupfen – Rhinitis vasomotorica – Lymphatisch-exsudative Diathesen – Chronische, nicht sanierungsfähige Erkrankungen der Nasennebenhöhlen – Übermäßiger Fettansatz – Entzündliche Hauterkrankungen – Exsudative Formen der extrapulmonalen Tuberkulose, insbesondere stark fistelnde Prozesse

Gegenanzeigen: Offene und exsudative Tuberkulose – Entzündliche Erkrankungen der Nieren- und Harnwege – Feuchte Rippenfellentzündung – Lungenabszeß im frischen Stadium und Zustand nach Lungenoperationen – Dekompensierte Herz- und Kreislauferkrankungen – Infektionskrankheiten – Geistes- und Gemütskrankheiten – Manifeste hormonale Störungen

Spezielle Heilanzeigen entnehme man den Prospekten der Kurverwaltungen!

Kur-Tips (nach Prof. Dr. med. U. Jessel, Westerland)

Frischluftwandern

Das Frischluftwandern ist nützlich bei chronischer Bronchitis, Hypotonie und Wetterempfindlichkeit. Ganzjährig durchführbar

Richtlinien

Wandern unmittelbar am Wassersaum. Hier ist es am kühlsten, die Luft ist hier am stärksten mit Meersalz angereichert.

Besonders günstig ist die Niedrigwasserzeit. Der Strand ist fest; Beginn der Festigkeit ca. 3 Stunden nach Hochwasser, Dauer der Festigkeit ca. 6 Stunden.

Zuerst gegen den Wind wandern, dann mit dem Wind wieder zurück; etwa halb/halb.

Konsequentes Wandern ist wichtig. Folgende Wanderdauerzeiten haben sich bewährt:

> 1. Tag: 60 Minuten
> täglich steigern um 10 Minuten
> Endwanderdauer: 3 Stunden (wird am 13. Tag erreicht)

Wanderzeiten gelten von und bis Haustür. Nach beendeter Wanderung sollte man grundsätzlich ins Haus zurückkehren.

Die Kleidung der Jahreszeit anpassen! Bewährt haben sich luftdurchlässige, aber nicht wasserabstoßende Kleidungsstücke. Segelkleidung nicht zum Wandern geeignet.

Durchführung des Wanderprogramms bei jedem Wetter. Es empfiehlt sich, keine Regenschutzkleidung zu tragen, sondern die Kleidung gegebenenfalls naß werden zu lassen.

Effektprüfung

Erwünschter Effekt: Spätestens eine halbe Stunde nach Beendigung des Wanderns und Rückkehr ins Haus sollen die Hände wieder warm und das Gesicht gerötet sein.

Verbotener Effekt: Tritt die Wiedererwärmung nicht zur obigen Zeit ein, so ist das ein Zeichen für zu starke Auskühlung. Merkmale sind eine fahle Gesichtsfarbe und negative Stimmungslage. Jetzt hilft am besten eine heiße Dusche (Wasser! nicht Grog...)

Hinweise

Frischluftwanderungen sind in erster Linie Kälteanwendungen; die Haut des Körpers soll in angemessener Weise ausgekühlt werden. Dadurch geht allmählich die Kälteempfindlichkeit zurück.

Die Abkühlung der Haut bedingt auch eine Abkühlung der Schleimhaut. Das Ausatemwasser schlägt sich an der abgekühlten Schleimhaut nieder; dies bewirkt Schleimhautbefeuchtung.

Die Brandungsluft ist angereichert mit abgesprühtem Meersalz. Da Meersalz schleimhautfreundlich ist, trägt es zur Heilung der Atemwege bei.

Durch täglich wiederholte und in ihrer Dosis gesteigerte Kälteanwendungen kommt es zu einer wiederholten Stimulierung des Nebennierensystems. Körpereigene Abwehrkräfte werden dadurch mobilisiert.

Seebaden

Das Baden im Meer hat sich bewährt bei chronischer Bronchitis, Hypotonie, Akne und Ekzem. Man kann von Ende Mai bis Anfang Oktober freiluftbaden.

Richtlinien

Am 1. Tag soll man noch nicht ins Wasser gehen, sondern in Badekleidung etwa 10 Minuten lang unmittelbar am Wassersaum auf und ab gehen.

Am 2. Tag verhält man sich ebenso, geht jedoch mit den Füßen wiederholt bis zu den Knien ins Wasser.

Am 3. Tag kann man mit dem Baden beginnen. Folgende Badedauerzeiten haben sich bewährt:

Erstbadedauer: 3 Minuten
tägliche Steigerung: je 1 Minute
Endbadedauer: 12 Minuten (am 12. Tag erreicht)

Nach dem Baden nicht abtrocknen, sondern das Salz auf der Haut antrocknen lassen. Dazu geht man ca. 10 Minuten am Wassersaum auf und ab. Erst danach Badekleidung wechseln.

Effektprüfung

Erwünschter Effekt: In der Wiedererwärmungsphase nach dem Baden soll sich eine gehobene Stimmungslage einstellen und ununterbrochen anhalten, speziell auch in der Zeit zwischen der 30. und 60. Minute nach Beendigung des Bades.

Verbotener Effekt: Das Absinken der Stimmungslage in der ›kritischen Zeit‹ (30. bis 60. Minute nach Beendigung des Bades), verbunden mit dem Auftreten fahler Gesichtsfarbe, ist ein Zeichen für zu starke Auskühlung. In diesem Falle hilft am besten eine heiße Dusche.

Hinweise

Seebäder sind Kälteanwendungen höchster Intensität. Sie bedürfen einer sorgfältigen Bemessung. Bei richtiger Dosierung sind sie vorzügliche Hilfsmittel zum Abbau der Kälteempfindlichkeit und zur Anregung der körpereigenen Cortisonproduktion.

Nach dem Seebad bleiben ca. 1 bis 2 Gramm Meersalz an der luftgetrockneten Haut haften. Dieses dringt zur Hälfte in die Oberhaut ein, zur Hälfte schilfert es im Laufe des Tages wieder ab. Meersalz ist hautfreundlich. Es entschuppt die Haut und strafft sie.

Die bewachten Badestrände

List
Textilstrand
FKK-Strand / Strandsauna
Kampen
Textilstrand
FKK-Strand (2 Abschnitte)
Wenningstedt
Textilstrand
FKK-Strand / Strandsauna
Westerland
Textilstrände: Nordseeklinik
Nordstrand
Zentralstrand
Campingplatz
FKK-Strand ›Oase zur Sonne‹
Rantum
Textilstrand
FKK-Strand Samoa / Strandsauna
Sansibar

Hörnum

Textilstrände: Strandweg
                Zeltplatz
FKK-Strand / Strandsauna

Für alle Strände:

Die Strände sind beaufsichtigt täglich
von 10.00 bis 17.00 Uhr; Westerland ab
9.00 Uhr.

Hinweise

Am Westrand von Sylt ist das Baden unabhängig von Ebbe und Flut. Besondere
Vorsicht im Bereich von Buhnen! Sehr
gefährlich; das Baden ist hier verboten.
Ebenfalls verboten ist das Baden im Bereich des Ellenbogens (im Norden von
Sylt) und an der Südspitze, weil in diesen Gebieten besondere Strömungsverhältnisse herrschen. Außerhalb der beaufsichtigten Badestellen / -zeiten geschieht das Baden auf eigene Gefahr!

Man beachte unbedingt die Warnbälle!
1 Warnball: Baden nur unter Aufsicht
                  der Rettungsschwimmer
                  erlaubt.
2 Warnbälle: Baden verboten!!

 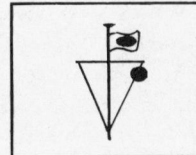 

Ausflüge

Schiffstagesfahrten nach Helgoland,
Föhr, Amrum, Hallig, Hooge, Röm und
zu den Seehundbänken von List und
Hörnum aus.

Mit der Eisenbahn Fahrt zum Nolde-
Museum in Seebüll (Station Niebüll), es
gibt auch Busveranstaltungen dorthin.

Sport und Freizeit

Die Geschäfte sind auf Sylt von Mitte
Mai bis Ende September zu folgenden
Zeiten geöffnet:

An Werktagen bis 20.00 Uhr
an Sonn- und Feiertagen
            von 10.30 bis 13.30 Uhr
            und 16.30 bis 19.30 Uhr

Es gibt wohl kaum eine Sportart, die
man auf Sylt nicht ausüben könnte. Die
Palette der Angebote ist so vielfältig,
daß hier nur auf einen Teil eingegangen
werden kann. Ein Ziel der Wassersport-
ler ist der Yachthafen Munkmarsch, zwischen Kampen und Keitum gelegen, an
der Ostseite von Sylt. Schiffe bis 1,50 m

Tiefgang können den Hafen, der bei Niedrigwasser zum Teil trocken fällt, anlaufen; das schöne Club-Lokal gehört dem Sylter Segler Club e. V., der auch die Anlage betreut. In Munkmarsch gibt es eine weithin bekannte **Windsurfing-Schule.** Bereits in einem zehnstündigen Grundkursus wird man mit dem Wesentlichen vertraut (Information und Auskunft, Tel.: 0 46 51/3 18 71). Unterricht im Surfen erteilt auch die Surf- und Segelschule List/Sylt (Mai bis September, Tel.: 0 46 51/4 18 03), in Rantum die Surf Line Sylt-Schulen (Anmeldung, Tel.: 0 46 51/77 34), in Westerland Syltsurfer (Tel.: 0 46 51/3 19 11) und in Hörnum Windsurfing (Tel.: 0 46 53/12 25). **Wasserski** ist ebenfalls in Munkmarsch zu erlernen. Wer sich auf die dünnen Planken eines **Catamaran** begeben will, hat hierzu bei Hobie Cat Sylt in Hörnum (Tel.: 0 46 53/10 10) bestens Gelegenheit. Entsprechende Kurse bietet auch der Lister Yachtclub (Tel.: 0 46 52/2 74) an. **Schwimmunterricht,** möglichst vorab, kann im Westerländer Wellenbad sowie im Keitumer Meerwasserschwimmbad (nur im Sommerhalbjahr!) genommen werden. Fürs **Segeln** gelten die bereits unter Windsurfen angegebenen Adressen. Weitere Möglichkeiten, Wassersportarten zu betreiben, nennen die Kurverwaltungen bzw. die Bädergemeinschaft Sylt.

Die ›Königin der Nordsee‹ ist auch als **Angelparadies** zu bezeichnen. Grundsätzlich sind ein Bundesfischereischein bzw. eine Ausnahmegenehmigung für 40 Tage erforderlich (zu bekommen beim Amt Landschaft Sylt in Keitum, im Westerländer Rathaus, bei der Gemeindever-

waltung List oder in der Keitumer Kurverwaltung). Regelmäßig werden Preisfischen und Nachtangeln angesetzt, Petrijünger erwarten u. a. Forellen, Hechte, Zander, Wels, Barsch, Aale, Hornhechte, Schleien und Makrelen. Makrelenangelfahrten mit dem Kutter starten von List (Auskunft Hafenamt, Tel.: 0 46 52/3 74).

Minigolf, eine erfreuliche Abwechslung an warmen wie unfreundlichen Tagen, ist u. a. in Wenningstedt und Westerland möglich. Ein veritabler Golfplatz steht zwischen Kampen und Wenningstedt zur Verfügung.

Immer größeren Anklang findet das **Radwandern** auf Sylt – die vielen Zweiräder auf den Autodächern dokumentieren es. Und wer ein Fahrrad mieten will, hat dazu an rund 25 Stellen rund um die Insel Gelegenheit. Mag auch der (Gegen-)Wind manchmal lästig sein, sollte der Feriengast dennoch gelegentlich auf sein Auto verzichten. Die Sylter sind diesem Bedürfnis in den vergangenen Jahren mit gut ausgebauten Radwegen sowie grün-weißen Hinweisschildern für Radtouren entgegengekommen. Hier hat sich besonders Sylt-Ost mit einer eigenen Broschüre über Radwandertips einschließlich Kurzbeschreibungen von Sehenswürdigkeiten am Wegesrand verdient gemacht.

Zum **Wandern** gibt es auf Sylt 56 mit Symbolen markierte Wanderwege. Die Symbole entsprechen den Eintragungen in den 4 ›Illustrierten Wanderkarten‹: Listland, Kampen-Wenningstedt, Sylt-Ost und Hörnum mit den Ausflugszielen Amrum, Föhr, Helgoland und Hooge (Falk-Verlag, Hamburg).

Über weitere Möglichkeiten, seine Freizeit auf Sylt mit sportlicher Betätigung sehr angenehm und unterhaltsam zu verbringen, informiert der jährlich erscheinende Einkaufsführer ›Alles über Sylt‹, erhältlich beim Archiv-Verlag Hoppenstedt Dr. Merten KG, Moltkestraße 48, 4300 Essen, Tel.: 0201/286081; DM 5, – .

Mindestens ebenso beliebt ist auf Sylt der **Reitsport.** Für die Reiter hat man auf der Insel ein großes Herz; es gibt sogar spezielle Reitpisten im Bereich der Luftkurorte Morsum, Archsum, Tinnum und Keitum. Sehr schöne Reitpfade führen durch Küsten- und Wattengebiete, aber auch durch die Heide- und Marschlandschaft; in Sylt-Ost gibt es insgesamt mehr als 50 km Reitpisten. Reitställe bzw. Reitschulen findet man in Kampen, Westerland, Rantum, Wenningstedt, Tinnum, Morsum und Keitum. Die Adressen entnehme man dem Telefonbuch oder erfrage sie bei den Kurverwaltungen. Eine auf Sylt heimische sehr beliebte Sportart ist das **Ringreiten.** Auskünfte erhält man beim Sylter Ringreiter Corps, beim Keitumer Ringreiterverein, dem Archsumer oder Morsumer Ringreitercorps oder direkt bei der Kurverwaltung Sylt-Ost, Tel.: 04651/

31050; in Archsum, Keitum und Morsum werden im Sommer Turnier-Veranstaltungen abgehalten.

Auch die Freunde des **Tischtennis** kommen auf ihre Kosten; Gelegenheit zum Spiel hat man in Westerland, List, Kampen, Tinnum, Morsum und Hörnum. Meist stehen in den Kurzentren Tischtennisplatten, auf denen man nach Voranmeldung spielen kann. Auskünfte bei den Kurverwaltungen. Die Kurverwaltung von Sylt-Ost bietet zudem Gästeturniere an.

Den **Tennis**-Spielern stehen rund ums Jahr, innen wie außen, reichlich Möglichkeiten zur Verfügung, ihrem geliebten Sport nachzugehen. Dies gilt für List ebenso wie für Rantum und Wenningstedt. Tennis-›Hochburgen‹ sind zweifellos Tinnum mit seinem ›Vic Braden Tennis-College‹ (fünf Hallen-, zwei Außenplätze sowie zwei Squashboxen), Tel.: 04651/31188, sowie in Westerland die Tennisschule Janke, Tel.: 04651/21433. Nach erfolgreichem Abschluß erhält jeder Lehrgangsteilnehmer ein Diplom. Und wer gerne eine gar nicht so ruhige Kugel schiebt, ist bestens im Kegel- und Bowling-Center Sylt aufgehoben.

Ausstellungen – Museen – Kunst – Kunsthandwerk

Sylter Heimatmuseum, Keitum am Kliff. Geöffnet vom 1. April bis 31. Oktober täglich (außer montags) von 10.00 bis 12.00 und von 14.00 bis 17.30 Uhr; außerhalb der Saison sonnabends von 10.00 bis 12.00 und von 14.00 bis 17.30

Uhr. Sehr guter Einblick in Kultur und Handwerk der Insel.

Altfriesisches Haus, Keitum, einst Wohnhaus des Sylter Lehrers und Chronisten C. P. Hansen. Typische Einrichtung. Geöffnet vom 1. April bis zum 31. Oktober täglich (außer dienstags) 10.00 bis 12.00 sowie von 14.00 bis 17.30 Uhr; außerhalb der Saison sonnabends von 10.00 bis 12.00 und 14.00 bis 17.00 Uhr.

Alte Post, Westerland. In dem vollständig renovierten ehemaligen Postgebäude ist ein ›Bürgerhaus‹ entstanden, das die verschiedensten Sammlungen Sylts sowie historische Hinweise enthält. Neben dem Archiv und der Stadtbücherei ist auch die Bädergemeinschaft in der Stephanstraße 6 beheimatet.

Aquarium und Seehundbecken, Westerland, täglich ab 10.00 Uhr.

Fliesensammlung des H. W. Jessel, Kurverwaltung Westerland; zu besichtigen im Fernsehraum.

Naturkundliches Informationszentrum Hörnum, Kuno-Ehlfeldt-Haus, Rantumer Straße. Geöffnet von 10.00 bis 12.00 und von 14.00 bis 17.00 Uhr. Das Informationszentrum gibt Einblick in die Tier- und Pflanzenwelt der Insel und befaßt sich mit Problemen des Umweltschutzes sowie des Landschafts- und Naturschutzes; Trägerschaft ›Naturschutzgesellschaft Schutzstation Wattenmeer e. V.‹.

Naturkundliches Informationszentrum Wenningstedt-Braderup; verfolgt ähnliche Ziele wie das Informationszentrum von Hörnum. Die Trägerschaft liegt in Händen der ›Bürgerinitiative e.V.‹ und der ›Naturschutzgemeinschaft e.V.‹

Vor- und frühzeitliche Denkmale:
Denghoog-Thinghügel, Wenningstedt; das ca. 4000 Jahre alte Hünengrab (5m lang und 3 m breit) kann in den Monaten Mai bis September in der Zeit von 9.30 bis 11.30 und von 15.00 bis 17.30 Uhr besichtigt werden; sonntags geschlossen.

Tinnumburg (Ringwall) und Großsteingräber in Archsum, Kampen, Keitum sowie Grabhügelgruppe in Morsum – Nösse aus der Wikingerzeit (nähere Informationen siehe im Textteil).

Künstler in Kampen

Von den in Kampen lebenden Künstlern ist vor allem *Siegward Sprotte* zu nennen, dessen Werk auch eng mit der Insel verbunden ist. Seine Galerie liegt in der Alten Dorfstraße und steht jedermann offen. Sprotte veranstaltet zudem in den Sommermonaten Konzerte und Dichterlesungen. Sehenswert ist auch die benachbarte Galerie des 1988 verstorbenen Malers *Otto Eglau,* in der seine Witwe seit 1989 Radierkurse namhafter Künstler anbietet. Der dritte große Künstler der Insel ist Dieter Röttger. Sein Atelier liegt zwischen Munkmarsch und Keitum, Munkmarscher Chaussee 36.

Schwierig ist es, in Kampen die Galerien aufzuzählen, weil es sich – wie bei Boutiquen in Westerland – häufig um ›Eintagsfliegen‹ handelt, die nur über eine Saison bestehen. Hier eine kleine Auswahl der etablierten Galerien: Sehr zu empfehlen die ›Galerie Iris Eckert‹, Moderne Kunst, Hoogenkampweg, sowie die ›Galerie im Achtersteven‹, Wattweg, wo sowohl renommierte als auch weniger bekannte Künstler zum Zuge kommen.

Galerien

Galerie 1900, Braderuper Weg, Jugendstil und französische Impressionisten, Galerie Bleeker, Galerie Flachsmann, Galerie Igl-Art-Hüs, Galerie bei der Kupferkanne, Galerie Niekamp, Galerie Peerlings, Kampener Galerie, Kaamp-Hüs, wechselnde Ausstellungen der Sylter Kunstfreunde e. V.

Web- und Töpferwaren

Mag Kampen, noch immer, als d a s Künstlerdorf Sylts angesehen werden, gilt Keitum als dasjenige der Kunsthandwerker.

Zwar sind Gelegenheiten, Kunsthandwerkliches zu erstehen, auf der gesamten Insel gegeben, doch im ›Grünen Herzen‹ Sylts bietet sich zudem die Chance, dem Kunsthandwerker bei der Arbeit über die Schulter zu blicken. Zusammen mit der Goldschmiede in Morsum und der Kerzenwerkstatt in Archsum gibt es insgesamt zwölf Adressen, die einen Abstecher lohnen. Neben Web- und Töpferwaren werden auch mundgeblasene Gläser, originelle Textilien oder ungewöhnlicher Schmuck angeboten.

Wichtige Landschaftsschutz- und Naturschutzgebiete

Norder Haff (Wattenmeer, östlich von Sylt)
Rotes Kliff und ›Nordsylt‹
Archsumer Kliff
Kampen-›Nielönn‹
Kampen Nordgrönning
Munkmarscher Ufer
Braderuper Ufer und Heide
Keitumer Ufer

Rantumer Dünen – ›Baakdeel‹
Hörnum-Odde
Tinnumburg
Rantum-Becken – Eidum-Vogelkoje
Morsum-Kliff und Baggerkuhle
Vogelkoje Kampen und Schilfland
Kampen-Südostheide
Kampener Dünen
Insel Uthörn
Listland und Ellenbogen

Interessante Pflanzen auf Sylt

Arnika (Bergwohlverleih)
Besenheide
Dünenrose
Fettkraut
Ginster, Englischer
Glockenheide (Erika)
Grasnelke

Kamtschatkarose
Knabenkraut, Geflecktes
Königsfarn
Lungenenzian
Mauerpfeffer
Queller
Salzaster

Seegras
Sonnentau
Stranddistel oder Männertreu
Strandflieder
Strandhafer
Strandplatterbse
Thymian
Tüpfelfarn
Wacholder
Wintergrün
Wollgras

Die Sylter Pflanzenwelt hat auffallende Ähnlichkeit mit der Alpenflora. Dies zeigt sich z. B. in dem häufigen Vorkommen von Lungenenzian und Thymian.
Eine interessante Geschichte hat die sog. Kamtschatkarose, sie wurde von den Inselkapitänen in früheren Zeiten importiert und fand hier günstige Bedingungen zur üppigen Vermehrung (daher auch ›Sylter Rose‹ genannt).

Bekannte Vogelkojen und Vogelschutzgebiete auf Sylt

Vogelkoje Kampen; das Naturschutzgebiet und Informationszentrum der ›Söl'ring Foriining‹ ist während der Saison täglich von 9.00 bis 18.00 Uhr geöffnet.
Der 1986 in Nachfolge des ›Deutschen Bundes für Vogelschutz‹ aufgetretene Pächter will einmal den urwaldartigen Charakter der 1767 entstandenen, ältesten Koje Sylts erhalten, zum anderen den Rundweg verkürzen und somit Fauna und Flora beruhigen.

Vogelschutzgebiet Rantum-Becken, Rantum, Führungen täglich (außer montags) um 10.00 Uhr, Gruppen auch nach Vereinbarung.
Biologische Station, List, naturkundliche Führungen durch den Lister Koog, unterschiedliche Zeiten.
Biologische Station, List, biologische Wattwanderungen, unterschiedliche Zeiten (Information über Tel.: 0 46 52/ 13 85).

Steifer Friesentrunk nach kühler Brise

nach Maria Elisabeth Straub (Grönen Aal und Rode Grütt, LN-Verlag Lübeck, 1971)

›Pharisäer‹

Das Getränk macht wegen seines ›harmlosen‹ Äußeren (= Sahnehaube) den Eindruck, als handle es sich um ein übliches Kaffeegetränk ... (siehe auch S. 270).

»Füllen sie eine große Tasse zur Hälfte mit frischem Kaffee, fügen Sie Zucker und Rum zu und häufen Sie obenauf Schlagrahm.«

Zutaten: Pro Person ½ Tasse starker Kaffee, dazu 3 Stück Zucker, 1 großes Schnapsglas Rum, geschlagene süße Sahne.

›Eiergrog‹

»Schlagen Sie das Eigelb mit Zucker schön schaumig und füllen Sie es in ein Glas. Geben Sie Rum dazu und füllen Sie mit sehr heißem Wasser auf.«

Zutaten: Pro Person 1 Eidotter, 1 Eßlöffel Zucker, 1 Gläschen starker Rum (54%), heißes Wasser.

›Arrak-Punsch‹

»Reiben Sie die Zitronenschalen am Würfelzucker ab und lösen Sie diesen dann mit Zitronensaft und dem übrigen Zucker in heißem Tee auf. Fügen Sie Arrak hinzu, erhitzen Sie das Ganze, lassen Sie es aber auf keinen Fall kochen!«

Zutaten: ½ Liter Arrak, 2 Zitonenschalen, Saft von vier Zitronen, 300 Gramm Zucker, 10 Stück Würfelzucker, 1 Liter starker Schwarz-Tee.

Helgoland

Wie kommt man nach Helgoland?

Schiffahrtslinien

Eine ganzjährige Verbindung besteht zwischen Cuxhaven und Helgoland; zur Saison ist die Anreise auch von Hamburg aus möglich.

Auskunft: HADAG Seetouristik und Fährdienst AG
Johannisbollwerk 6–8, 2000 *Hamburg 11,* Tel.: 040/3196-1

Wöchentliche Abfahrten von Anfang Mai bis Ende September von Norderney nach Helgoland, mit Anschlußverbindungen von Juist, Baltrum und Norddeich mit den Seebäderschiffen der Reederei Cassen Eils.

Auskunft: Reederei Cassen Eils
Bei der Alten Liebe 12, 2190 *Cuxhaven,* Tel.: 04721/35082

Dieselbe Reederei führt auch Fahrten von Büsum nach Helgoland durch, ebenso auch von den Inseln Langeoog und Spiekeroog!

Zwischen Bremerhaven und Helgoland verkehrt das Seebäderschiff ›Roland von Bremen‹ (während der Saison).

Auskunft: Bremer Seebäderdienst D. Oltmann GmbH
Martinistraße 21, 2800 *Bremen 1,* Tel.: 0421/3606330 bis 335
(oder Zentrale Oltmann-Haus, Tel.: 0421/36061

Von Wilhelmshaven aus ist Helgoland mit dem Seebäderschiff ›Wilhelmshaven‹ erreichbar (während der Saison).

Auskunft: Schiffahrtsgesellschaft ›Jade‹ mbH
Rathausplatz 7, 2940 *Wilhelmshaven,* Tel.: 04421/26055

Auch zwischen der Insel Wangerooge und Helgoland besteht eine Fährverbindung (während der Saison).

Auskunft: Schiffsdienst der Deutschen Bundesbahn
2946 *Wangerooge,* Tel.: 04469/217

Eine stark frequentierte Route ist jene zwischen Hörnum/Sylt und Helgoland. Die Fahrten werden durchgeführt von der Wyker Dampfschiffs-Reederei, die auch folgende Kurse offeriert:

Wyk (Föhr)/Wittdün (Amrum)	– Helgoland
Husum	– Helgoland
Tönning	– Helgoland
Dagebüll	– Helgoland

Auskunft: Wyker Dampfschiffs-Reederei Föhr-Amrum GmbH
2270 *Wyk* auf Föhr, Tel.: 04681/701

Hinweis

Es würde den Rahmen dieser Zusammenstellung sprengen, würde man die oft recht unterschiedlichen Verkehrszeiten aufführen. Zwecks Erfahrung der Abfahrtszeiten wende man sich an die erwähnten Unternehmen oder auch an die Kurverwaltungen und Reisebüros!

Flugverkehr

Auf dem Luftwege ist Helgoland von Hamburg aus täglich erreichbar. Die Flüge werden durchgeführt von der HADAG AIR; während der Saison wird mehrmals täglich geflogen. Der Flugplatz befindet sich auf der Düne.

Auskunft: HADAG AIR Seebäderflug GmbH & Co., Flughafen
2000 *Hamburg 63,* Tel.: 040/501004 und 501005
(Buchungen auf Helgoland:
Kurverwaltung: Tel.: 04725/70270
Flugplatz: Tel.: 04725/677 und Reisebüros)

Wichtiges über Helgoland

Geographische Lage

Helgoland liegt vor der Weser- und Elbmündung in der Deutschen Bucht. – Die geographischen Koordinaten der Insel (Leuchtturm) sind:
Nördliche Breite
     = 54° 11' (v. Greenwich)
Östliche Länge
     =   7° 54' (v. Greenwich)

Helgoland liegt nicht in der Kette der Friesischen Inseln; bis zur Elbe- und Wesermündung beträgt die Distanz je ca. 70 km; die Nachbarinsel Borkum ist 100 km und die Nordspitze der Insel Sylt ebenfalls 100 km entfernt; bis Cuxhaven sind es ca. 60 km und bis nach Hamburg etwa 150 km.

Fremdenverkehrseinrichtungen

Gemeinde- und Kurverwaltung
     Helgoland, Tel.: 047 25/7 01
Zimmervermietung und Auskunft
     Helgoland, Tel.: 047 25/7 02 53-2 56
Kurmittelhaus und Schwimmbad
     Helgoland, Tel.: 047 25/7 02 64

Haus der Jugend und Jugendherberge
     Helgoland, Tel.: 047 25/3 41
Vorbestellung von Unterkünften dringend empfohlen!

Gezeitenwerte für den Bereich der Deutschen Bucht

(Beispiele)

	Mittlerer Tidenhub m	Mittlerer Springtidenhub m	Mittlerer Nipptidenhub m
Helgoland	2,25	2,56	1,84
Emden	3,02	3,31	2,66
Wilhelmshaven	3,59	3,96	3,06
Hamburg	2,17	2,28	1,99

Hinweis
Unter ›Tidenhub‹ versteht man den Unterschied zwischen mittlerem Niedrigwasser, MTnw und mittlerem Hochwasser, MThw. ›Springflut‹ bedeutet großen Tidenhub mit hohem Hochwasser und tiefem Niedrigwasser. ›Nippflut‹ bezeichnet geringen Tidenhub mit niedrigem Hochwasser und wenig tiefem Niedrigwasser.

Temperaturen

Die mittlere Wassertemperatur zwischen Helgoland und der Düne beträgt (°C):

Monat:	1	2	3	4	5	6	7	8	9	10	11	12
	3,9	2,6	3,1	5,2	8,5	12,3	15,0	16,2	15,6	13,2	9,9	6,5

Die jährliche Schwankung beträgt 13,6 °C.

Durchschnittliche Lufttemperaturen (im Vergleich)

	Jahr	Jan.	Feb.	März	April	Mai	Juni	Juli	Aug.	Sept.	Okt.	Nov.	Dez.
Helgoland	8,2	1,5	1,4	2,5	5,6	9,8	13,3	15,4	15,6	14,2	10,3	6,2	3,1
Westerland	7,9	0,6	0,7	2,1	5,7	10,5	14,0	15,8	15,5	13,5	9,4	5,1	2,2
Wyk (Föhr)	8,0	0,3	0,6	2,3	6,0	10,8	14,6	16,1	15,6	13,4	9,2	4,8	1,9
Hamburg	8,3	−0,3	0,8	3,1	7,3	12,0	15,6	16,9	16,1	13,6	8,8	4,1	1,3
Berlin	8,6	−0,7	0,5	3,2	7,6	13,2	16,7	18,0	17,0	13,8	8,8	3,8	0,7

Unterhaltung und Sport

Bars und Diskotheken lassen auch an regnerischen Tagen keine Langeweile aufkommen; gern besucht werden auch Kurhaus und Nordseehalle. Im Kurmittelgelände kann man **Tennis** und in der Freizeitanlage Nord-Ost alle Gruppenballspielarten spielen. Ein **Minigolf-Platz** ist ebenfalls im Kurmittelgelände vorhanden. Außerdem gibt es gute Möglichkeiten für gymnastische und leicht-athletische Betätigung sowie eine Segel- und Surfschule. Im Filmtheater Nordseehalle laufen neuere Filme. – Das **Meerwasser-Freischwimmbad** ist ganzjährig geöffnet; die Wassertemperatur beträgt konstant 23 °C. Nur im Monat November wird das Schwimmbad für kurze Zeit geschlossen. Durchführung von Inselführungen durch die Kurverwaltung.

Kurhinweise

Gemäß Untersuchungen, die der ›Deutsche Allergikerbund e. V., Heufiberbund‹, durchführen ließ, ist Helgoland bestens geeignet bei Heuschnupfen. Die Insel ist Deutschlands staubfreiester, ozon- und jodreichster Winkel; sogar auf dem Gipfel der Zugspitze findet man pro Kubikzentimeter zehnmal mehr Staubkerne als auf Helgoland.

Unter anderem ist eine Insel-Kur angezeigt bei:

Chronischen Erkrankungen der Atemwege, wie Asthma, Bronchitis, Emphysembronchitis, Rhinitis, Pharyngitis und Laryngitis, außerdem bei Allergien, Abnutzungserscheinungen des Bewegungsapparates und der Wirbelsäule, bei chronischen rheumatischen Erkrankungen, zur Nachbehandlung von Unfallfolgen, bei peripheren Durchblutungsstörungen, zur Nachbehandlung endogener Ekzeme (seborrhoische Dermatosen, chronische Urticaria), bei vegetativen Dystonien und Kreislaufdisregulationen.

Hilfreich können warme Seewasserbäder sein bei rheumatischen Leiden, Stoffwechselerkrankungen und Neuralgien.

Der Kochsalzgehalt von 3 Prozent – in der Wirkung mittelstarken Solbädern vergleichbar – setzt sich im Meereswasser in folgender Weise zusammen:

	In 1000 g Wasser	in % aller Salze
Chlornatrium (Kochsalz), $NaCl$	27,21 g	77,76%
Chlormagnesium, $MgCl_2$	3,81 g	10,88%
Magnesiumsulfat (Bittersalz), $MgSO_4$	1,66 g	4,74%
Calciumsulfat, $CaSo_4$	1,26 g	3,60%
Kaliumsulfat, K_2So_4	0,86 g	2,46%
Calciumcarbonat, $CaCo_3$	0,12 g	0,34%
Magnesiumbromür, $MgBr_2$	0,08 g	0,22%
	Summe 35,00 g	100,00%

Zugvögel, die auf Helgoland Station machen

Jedes Jahr, besonders im Frühling und im Herbst, ziehen große Scharen von Zugvögeln über die Deutsche Bucht und berühren dabei Helgoland. Hier ein Auszug der am meisten vertretenen Vögel:

Amsel
Bachstelze
Bussard
Dreizehenmöwe
Drossel
Ente
Feldlerche
Fink
Gartenrotschwänzchen
Grasmücke
Laubsänger
Rohrsänger
Sandregenpfeifer
Schneeammer
Sperber
Star
Steinschmätzer
Taube (Ringel-, Türken-, Turteltaube)
Turmfalke
Waldohreule

Waldschnepfe
Wiesenpieper

Ein besonders nachhaltiges Erlebnis ist

eine Führung durch den Fanggarten der Vogelwarte. Nicht vergessen, sich den Lummenfels mit der großen Zahl von Lummen anzusehen!

Ein Blick in den friesischen Wortschatz
(nach G. Quedens ›Vögel der Nordsee‹)

See-, Strand- und Wasservögel

Vogelart:	Nordfriesisch:	Helgoländer Friesisch:	Ostfriesisch:
Stockente	Wiil-an	Gri-en (Ente) Green-hoaded-gooar (Erpel)	Graben-aant
Krickente	Uart	Krik-en	Krick
Pfeifente	Smän	Feif-en	Sment (Ente) Fleuter (Erpel)
Spießente	Gräfögel	–	Langhals
Eiderente	Eidergus	Hurn-snoablet-en	Eideraant
Brandgans	Bareg-an	Barger-en	Bargaant
Ringelgans	Rottgus	Radergus	Röttgoos
Austernfischer	Liew	Liiw	Liew
Kiebitz	Liap	Kiiwit	Kiewit
Sandregenpfeifer	Grank	Kiiker	Kriev
Seeregenpfeifer	Mösk	Road-hoadet-kiiker	Kriev
Großer Brachvogel	Rintüüter	Raintüüter	Gülp
Uferschnepfe	Rütjer	Groot maarling	Brun snip
Rotschenkel	Kleer	Roadfutet djuuliut	Tüt
Alpenstrandläufer	Stönerk	Stenik	Strandlooper
Kampfläufer	Walskhan	Bruushen	–
Silbermöwe	Kub	Sölverkub Kathals	Koab
Sturmmöwe	Meew	Buur	Möwke
Lachmöwe	–	Lachebuur	Möwke
Fluß-Seeschwalbe	Baker	Roadfutet ker	Kiir
Küstenseeschwalbe	Dollbaker	Roadnabet ker	Kiir
Zwergseeschwalbe	Sternk	Letj ker	Quitt
Brandseeschwalbe	Huuchsternk	Ker	–

Zollfreie Insel Helgoland

Die exponierte Lage der Insel bringt es mit sich, daß in einem bestimmten Rahmen Käufe getätigt werden können, die bei der Rückkehr ins Zollgebiet nicht verzollt werden müssen. Hier die wichtigsten Richtlinien:

Als Reisemitbringsel sind zollfrei:

Tabakerzeugnisse: 200 Zigaretten oder 100 Zigarillos oder 50 Zigarren oder 250 Gramm Rauchtabak.

Alkoholische Getränke: 1 Liter Spirituosen mit einem Weingeistgehalt von über 22 Vol% oder 2 Liter Spirituosen mit einem Weingeistgehalt von 22 Vol% oder weniger oder 2 Liter Schaumwein, daneben 2 Liter sonstigen Wein.

Kaffee: 250 Gramm Kaffee oder 100 Gramm Kaffeeauszüge oder Kaffee-Essenzen.

Tee: 100 Gramm Tee oder 40 Gramm Teeauszüge oder Tee-Essenzen.

Parfums: 50 Gramm, Toilettenwasser ¼ Liter.

Hinweis

Tabakerzeugnisse, alkoholische Getränke und Kaffee nur für Reisende im Alter von mindestens 17 Jahren!

Kulinarische Spezialitäten Helgolands

Helgoländer Hummercocktail

Etwas ganz Feines aus der Inselküche ist der Helgoländer Hummercocktail. Und wenn das restliche Geld nicht ganz in Spirituosen und dickbäuchigen zollfreien Zigarren aus Kuba oder den Kleinen Antillen aufgegangen ist, so sollte man diese Köstlichkeit einmal probieren. Dabei wird sehr fein geschnittenes Hummerfleisch mit Sellerie und Champignons vermischt und mit einer Mayonnaisensauce gebunden.

Thunfisch auf Helgoländer Art

Eine hervorragende Kennerin der norddeutschen, oft etwas deftigen Küche, die Holsteinerin Maria Elisabeth Straub, weiß da ein ganz vorzügliches Rezept.

Also: man nehme 4 Scheiben frischen Thunfisch von je ungefähr 125 g, Zitronensaft, Salz und Pfeffer, 500 g frisches Miesmuschelfleisch, 3 Zwiebeln, einen Eßlöffel Tomatenmark, ein Glas Weißwein, eine Prise Rosmarinpuder und einen Eßlöffel Öl. Lassen Sie die Thunfischscheiben eine gute halbe Stunde mit Zitronensaft bestrichen liegen, dann geben Sie Salz und Pfeffer darauf. Schmoren Sie die gehackte Zwiebel in Öl an, rühren Sie Tomatenmark hinein und löschen Sie mit Weißwein. Zum Abschmecken wählen Sie Rosmarin. Dann lassen Sie die Soße etwas einkochen. Geben Sie jetzt die Muscheln in den Topf, legen Sie die Thunfischscheiben hinein und lassen Sie alles auf kleinster Flamme gar werden. Körnigen Reis sollten Sie als Beilage verwenden.

Amrum

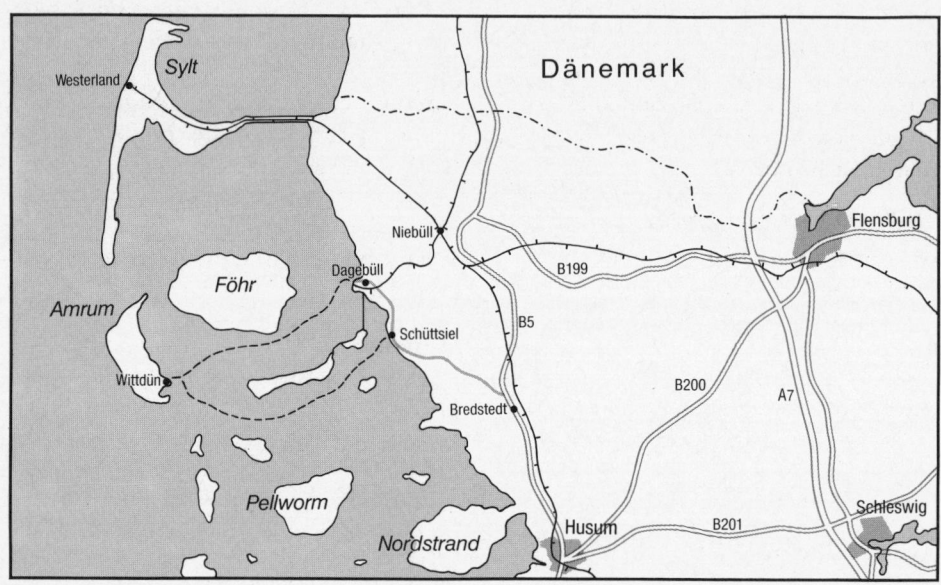

Wie reist man nach Amrum

Mit der Bundesbahn führt der Weg von bzw. über Hamburg, Husum und Niebüll
nach Dagebüll (Mole). Von dort setzt man über mit einem Schiff der Wyker Dampfschiffs-Reederei und erreicht nach ca. zweistündiger Fahrt durch das Wattenmeer
den Hafen des Nordsee-Heil- und Kurbades Wittdün auf Amrum.

Eine weitere Möglichkeit besteht per Bäderzug über Hamburg nach Husum; dort
umsteigen in einen Bus der Bundespost, der nach Schlüttsiel fährt. In Schlüttsiel
steigt man ins Schiff und erreicht nach zweistündiger Überfahrt Wittdün.

Auch mit dem Auto ist Amrum zu erreichen. Man fährt am besten über die Autobahn A 7 / E 3 Hamburg – Flensburg, fährt ab bei der Abfahrt Schuby und weiter
über Husum und Bredstedt nach Schlüttsiel bzw. nach Dagebüll-Mole. Das Fährschiff bringt dann Auto und Personen nach Amrum (Wittdün).

Verständlicherweise reißt man sich auf Amrum nicht gerade um zusätzlichen
Auto-Verkehr. Es wird deshalb verwiesen auf die Möglichkeit, seinen Wagen während der Ferien in Großgaragen in Dagebüll-Hafen unterzustellen; Tel.: 0 46 67 / 3 20
und 255. Auch im Hafen Schlüttsiel gibt es Parkgelegenheiten.

Besondere Unterstellmöglichkeiten für Autos gibt es nicht auf Amrum. Ein unbe-
wachter Parkplatz befindet sich beim Fähranleger in Wittdün.

Auskünfte für die Überfahrt sind erhältlich bei der:
Wyker Dampfschiffs-Reederei Föhr-Amrum GmbH,
2270 *Wyk/Föhr*, Tel.: 04681/701
Geschäftsstelle Wittdün/Amrum, Tel.: 04682/825

Von Wittdün aus gibt es auch sehr gute **Bus-Verbindungen** zu allen Orten und in alle Winkel der Insel. Außerdem besteht die Möglichkeit, sich gegen eine Gebühr ein **Fahrrad** auszuleihen (Auskünfte bei den Kurverwaltungen).

Fremdenverkehrseinrichtungen

Auskünfte und **Prospektmaterial** zu erfragen bei
Bädergemeinschaft Amrum
Postfach 3120, 2279 *Norddorf/Amrum*, Tel.: 04682/811

sowie bei den **Kurverwaltungen** von Wittdün Tel.: 04682/861,
Nebel Tel.: 04682/544 und Norddorf Tel.: 04682/861, von Steenodde und Süddorf.

Die Kurverwaltungen geben gemeinsam jährlich einen Informationsdienst mit dem Titel ›Schaufenster‹ heraus, worin man Aktuelles, Wissenswertes und Interessantes über Amrum erfährt (mit Gezeiten-Kalender und Busfahrplan).

Kurhinweise

Die ca. 20 km² große Insel Amrum eignet sich wegen der Ruhe, der schönen Landschaft und der gesunden Luft besonders gut zum Ferienmachen. Wittdün und Norddorf sind anerkannte Nordseeheilbäder und verfügen über Kurmittelhäuser. Besondere Heilanzeigen: Nervosität, hoher Blutdruck, Abhärtung, Rekonvaleszenz, Erkrankungen der Atemwege, Bronchien und Nebenhöhlen, Ekzeme. (Siehe auch die detaillierten Kurhinweise bei Sylt, die für alle Nordfriesischen Inseln zutreffen ebenso die Hinweise für kurbezogenes Seebaden, S. 277 ff.)

Camping

Die Gemeinde Wittdün besitzt in der Nähe des Leuchtturms einen großen, modern eingerichteten Zeltplatz (Information über die Kurverwaltung).

Strand und Baden

An den bewachten Stränden sind die Warnzeichen der DLRG-Flaggen zu beachten (siehe Sylt, S. 280). Streng untersagt sind die Benutzung von Koffer-Radios, das Spielen mit Flugzeugdrachen sowie das Mitbringen von Hunden. Für alle Orte gibt es Textil- und FKK-Strände (bewacht) mit Strandkorbvermietung.

Sport

Für die Sportangebote im einzelnen wie **Strandgymnastik** und **Tischtennis, Schwimmunterricht** und **Wattenwanderungen** entnehme man die genauen Angaben den örtlichen Bekanntmachungen der Kurverwaltungen. Eine **Tennis**anlage unterhält das Hotel ›Wellkimmen‹ in Norddorf, wo es auch einen **Minigolf**-Platz gibt. Alle 14 Tage veranstaltet der Amrumer Schützenverein ein **Preis-Schießen** für Kurgäste, die näheren Angaben werden durch Plakataushang bekanntgegeben. Amrum ist ein Paradies für Reiter, Fahrradfahrer und Wanderer. Die Reiter sind angehalten, die Reitwege einzuhalten, Auskunft gibt der Reiterverein Amrum. **Pferde** kann man im Reiterhof Jensen, Nebel, Tel.: 04682/2030 und bei Helga Zimmermann, Wittdün, Tel.: 04682/2147 mieten. Bei kühlem Wetter stehen dem Urlauber in Norddorf (Strandstraße) und Wittdün (Richtung Leuchtturm) **beheizte Meerwasser-Freischwimmbäder** mit Einschwimmhallen zur Verfügung. Außer am Wittdüner Hafen kann man auch bei Ottens in Süddorf, Stianoodswai 3, Fahrräder für **Radwanderungen** pro Tag mieten. Der ›Amrum‹-Führer von G. Quedens (erschienen im Breklumer Verlag 1971) enthält vier größere Wanderrouten, die auch mit dem Fahrrad zu bewältigen sind, wenn man bereit ist, das Rad mancherorts durch den Sand zu schieben.

Wanderrouten

1. Von Norddorf rund um die Odde.
2. Von Norddorf zur Vogelkoje, zum jungsteinzeitlichen ›Riesenbett‹ und zum Quermarkenfeuer.
3. Zwischen Nebel und Norddorf am Wattufer entlang oder durch die Heide mit Abstechern zu den bronzezeitlichen Hügelgräbern.
4. Von Wittdün zum Seezeichenhafen, dann nach Steenodde, von dort nach Süddorf und über den großen Leuchtturm zurück nach Wittdün den Strand entlang.

Ausflüge

Die Wyker Dampfschiffs-Reederei Föhr-Amrum GmbH bietet ein Ausflugsprogramm an mit Fahrten von Wittdün (Fähranleger) zu den Nachbarinseln Föhr und Sylt, außerdem zu den Halligen Langeneß und Hooge, Hochseefahrten nach Helgoland und Ausflüge zum dänischen Tondern, nach Sonderburg und zur Insel Alsen sowie zu den Seehundsbänken.

Kreatives Gestalten

Wer sich für das textile Kunsthandwerk interessiert, kann im Atelier Gretel Fieler, Alte Schmiede, Nebel, Tel.: 04682/2328 Kurse für Weben, Färben, Spinnen, Stricken und Häkeln buchen. Die Werkstatt hat auch eine jährliche Verkaufsausstellung, die neben Arbeiten des eigenen Ateliers solche ausländischer Textilkünstler und Töpferwaren zeigt.

Sehenswürdigkeiten

Heimatmuseum: Heimatkundliche Sammlung in der Nebeler Windmühle, die ab Mitte Mai gewöhnlich geöffnet ist. Öffnungszeiten in der Kurverwaltung erfragen. Gegenübergelegen Heimatlosenfriedhof mit namenlosen Holzkreuzen.

Leuchtturm: Warnsignal auf Großdün bei Süddorf, Besichtigung von Juni bis September möglich. Öffnungszeiten in der Kurverwaltung erfragen.

Seezeichenhafen von Wittdün: Die Außenstelle des Wasser- und Schifffahrtsamtes Tönning dient zur Lagerung und Instandhaltung von 140 Seezeichen im Abschnitt Pellworm-Hindenburgdamm. Die Kurgäste können den Hafen besichtigen.

Fahrwasser-Tonnen
Von See kommend bezeichnen die roten Spieren die linke Seite des Fahrwassers (Backbord), die schwarzen Spitztonnen die rechte Seite (Steuerbord)

*Glockentonne
und Leuchttonne*

*Bake und
Ansteuerungstonne*

Seevogelschutzgebiet ›Odde‹: Die örtlichen Aushänge informieren über Führungen, die in den Sommermonaten durchgeführt werden.

Vogelkoje ›Merum‹: Zwischen Norddorf und Nebel gelegen, ist die Vogelkoje ganztägig geöffnet. Entenfang wird heute nicht mehr betrieben.

Windmühle: Bewohnte Windmühle bei Süddorf.

Kirche St. Clemens mit Friedhof in Nebel: Ältestes Bauwerk auf Amrum, ursprünglich eine Filialkirche von St. Johannis zu Nieblum (Föhr), sehenswerte Ausstattung: Taufstein, Sakramentsschrank, Apostelfiguren u. a.

Auf dem Friedhof schöne alte **Grab-stelen:** Die Giebelbilder zeigen Schiffstypen vom Küstenfrachter bis zum Grönlandfahrer. Die Inschriften sind zum Teil eine Art Inselchronik: Lesenswert ist vor allem der Grabstein des Hark Olufs, der als Sechzehnjähriger in die Gewalt türkischer Seeräuber geriet, aber nach 12 Jahren als reicher Mann aus den Diensten des ›Bey zu Constantine‹ nach Hause zurückkehrte.

Vor- und frühzeitliche Denkmale

Jungsteinzeit: 15 Grabkammern, davon sind das ›Riesenbett‹ und die Grabkammer bei Steenodde leicht zu identifizieren.

Bronzezeit: 135 Hügelgräber (deutlich erkennbar etwa 12 Hügel zwischen Norddorf und Steenodde).

Wikingerzeit: Skalnastal, Düvdäl, Hügelgruppe bei Steenodde (ausführliche Informationen siehe das Kapitel: ›Von der Steinzeit bis zu den Wikingern‹, S. 188 ff.).

Brauchtum

Biaken (auf Föhr Biiken):

Alter heidnischer Feuerbrauch am Abend vom 21. zum 22. Februar. Ursprünglich soll er eine Anrufung Wotans gewesen sein, später wurde er christlich umgedeutet. Im 17. und 18. Jahrhundert war das Feuerabbrennen des ›Biaken‹ ein Abschiedsfest der Seefahrer, die dann nach der Winterpause wieder auf Grönlandfahrt oder Handelsschiffsreisen gingen. Heute treiben die Inselbewohner mit dem Biaken und dem Verbrennen von Strohpuppen den Winter aus.

Hulken:

Alter Sylvesterbrauch: Am Abend ziehen die Kinder verkleidet von Haus zu Haus und lassen sich für ihre ›Segent Neijuar‹-Wünsche mit Naschwerk beschenken. Um Mitternacht folgen die Jugendlichen und Erwachsenen. Mit Masken verkleidet, spielen sie kleine Szenen zu lokalen Ereignissen des verflossenen Jahres zu ihren Neujahrswünschen und werden mit Schnaps belohnt.

Wegweiser für die Gäste

Der Verlag Hansen & Hansen, Itzehoe, hat unter dem Titel ›Amrum von A bis Z‹ einen Wegweiser für den Kurgast herausgegeben, der in Kürze über Amrums Sehenswürdigkeiten, Bräuche und Vogelwelt informiert.

Föhr

Reisewege nach Föhr

Eisenbahn- und Autoverkehr

Auf dem Festland führt der Weg per Bahn über Hamburg, Husum und Niebüll nach Dagebüll (siehe auch Anreise/Amrum); in Dagebüll übersetzen nach Wyk. Nach Dagebüll gibt es folgende Kurswagen-Verbindungen:

Köln – Dagebüll – Köln
Hamburg – Dagebüll – Hamburg
Berlin – Dagebüll – Berlin
Frankfurt – Dagebüll – Frankfurt
Mannheim – Dagebüll – Mannheim

Während des Sommers gibt es spezielle Autoreisezüge (Auskunft bei der DB und den DER-Reisebüros).

Fährt man mit dem Auto, so benutzt man die Autobahn von Hamburg in Richtung Flensburg über Neumünster – Rendsburg – Schleswig bis zur Abfahrt Schuby und fährt dann weiter über die B 201 in Richtung Niebüll. Auf der B 5 hinter Bredstedt abbiegen nach Dagebüll-Hafen. (Über die Autoeinstellmöglichkeiten in Dagebüll siehe die Reiseinformationen zu Amrum S. 293).

Die Überfahrt nach Föhr erfolgt durch die Wyker Dampfschiffs-Reederei Föhr-Amrum GmbH, Postfach 1540, 2270 *Wyk/Föhr*; Tel.: 04681/701. Vorherige Anmeldung für Auto-Passagen dringend notwendig!

Flugverkehr

Die Insel Föhr kann auch angeflogen werden. Verbindungen bestehen während der Sommermonate zwischen Hamburg-Fuhlsbüttel und Wyk/Föhr sowie zwischen Westerland und Wyk/Föhr.

Durchführung der Flüge: Westküstenflug.
Nähere Auskünfte über Flugzeiten und Reservierungen:
Föhr-Amrum-Reisebüro, *Wyk,* Mittelstr., Tel.: 04681/3129
Station Westküstenflug *Wyk,* Flugplatz, Tel.: 04681/8139
HADAG AIR, Hamburger Flughafen, Tel.: 040/501004
Über Chartermöglichkeiten informieren die Kurverwaltungen.
Auf Föhr bestehen sehr gute **Bus-Verbindungen** von Wyk aus nach allen Inselorten.

Fremdenverkehrseinrichtungen

Auskünfte und Prospekte sind zu erfragen bei der Fremdenverkehrsgemeinschaft Föhr 2271 *Süderende/Föhr*, Tel.: 04683/444

sowie bei den Kurverwaltungen von Wyk, Tel.: 04681/765, von Nieblum, Tel.: 04681/8559 und von Utersum, Tel.: 04683/346.

Heilanzeigen

Ein Kuraufenthalt wird empfohlen bei: Chronischer Bronchitis, Emphysem, Silikose und Staublunge, Asthma bronchiale, Heuschnupfen, Erkrankungen der oberen Luftwege und der Bronchien, Anfälligkeit gegen Erkältung, Degenerativen Veränderungen der Gelenke, Frau-

enleiden, chronischem Ekzem der Haut, Neurodermitis, Allergischen Hauterkrankungen, Entwicklungs- und Wachstumsverzögerungen im Kindesalter. (Ausführliche Kurhinweise enthalten die praktischen Reiseinformationen zu Sylt, S. 277 ff.)

Langjährig ermittelte Durchschnittstemperaturen (°C)

Monat	Tages-temperatur	Mittags-temperatur	Sonnen-stunden	Wasser-temperatur
Januar	0,7	2,5	1,5	0,8
Februar	0,7	2,9	3,0	0,9
März	2,6	5,5	4,4	3,7
April	6,4	10,0	6,3	8,8
Mai	11,1	15,2	8,1	14,4
Juni	14,4	18,6	8,3	18,0
Juli	16,4	20,5	7,6	18,9
August	16,2	19,8	7,2	18,7
September	13,8	17,3	5,6	16,1
Oktober	9,6	12,1	3,4	11,5
November	5,3	6,9	1,6	6,2
Dezember	2,4	3,9	1,4	2,7

Camping

Ein privater Camping-Platz mit 12 Stellplätzen befindet sich direkt am Meer in Nieblum. Voranmeldung bei Annama-

ria Schmidt, 2271 *Nieblum-Strand*, Tel.: 04681/8181.

Hinweis an die ›Burgenbauer‹

Sandburgen mögen zwar recht idyllisch aussehen, doch hat diese Idylle eine Kehrseite, die man als ›Landratte‹ vielleicht nicht so ernst nimmt; die Inselbewohner jedoch sehen das anders. Wegen des Küstenschutzes ist es nicht gestattet, Strandburgen zu bauen: sie zerstören die Oberfläche der Sandaufspülung, bieten den Winden und dem Meer größere Angriffsflächen, zudem können sie sehr hinderlich sein, wenn bei Sturmfluten die Strandkörbe geborgen werden müssen, und außerdem ist es für die meisten Badegäste nicht besonders lustig, sich im Zick-Zack und Kreisverkehr um die Strandburgen bewegen zu müssen, um endlich zum Meeresstrand vordringen zu können . . .

Die Insel hat Textil- und FKK-Strände, deren Lage in den Prospekten der Kurverwaltungen eingetragen ist.

Sport und Freizeit

Das große Angebot an Sport- und Freizeitbetätigungsmöglichkeiten macht Föhr zu einer idealen Urlaubsinsel. Hier eine Übersicht des vielfältigen Angebots:

Neben **Hochseeangelfahrten,** deren Termine besonderen Ankündigungen in den Kurverwaltungen zu entnehmen sind, kann man nach Beantragung eines Ferienangelscheins in den Kurverwaltungen dem **Angelsport** auf den Inseln ungehindert nachgehen. Nieblum besitzt einen bewaldeten **Golfplatz** mit 9 Löchern, Auskunft erteilt der Golfclub Föhr, Tel.: 04681/3277). Wyk hat eine **Minigolf**-Anlage an der Kurpromenade hinter dem Wellenbad. **Tennis** ist auf Föhr bei gutem Wetter möglich, denn in Wyk gibt es bei der Platzanlage Rugstieg (Tel.: 04681/3747) auch eine Halle; andere Plätze stehen am Südstrand (Tel.: 04681/2570) sowie gegenüber der Mühle (Tel.: 04681/2783) zur Verfügung. In Nieblum befindet sich eine moderne Tennis-Hartplatzanlage (Tel.: 04681/3554) und eine **Windsurfing**-Schule, die alle Ausrüstungsutensilien stellt (Tel.: 04681/466 und 3566). Großer Beliebtheit erfreuen sich auf Föhr vor allem die Sportarten **Segeln,** Reiten und Radwandern. Einen besonderen Hinweis verdient die Friesische Segelschule Föhr, Strandstraße, 2271 *Nieblum*/Föhr, Tel.: 04681/2894. Die Segelschule ist dem Deutschen Segler-Verband angeschlossen. Folgende DSV-Führerscheine können gemacht werden: A (Binnenfahrt), BR (Revierfahrt), BK (Küstenfahrt), C (Allgem. Seefahrt), SBF (Amtl. Sportbootführerschein), SSZ (Sportseeschifferzeugnis).

Im Lerchenhof am Wyker Südstrand (Tel.: 04681/433), im Reitstall King (Tel.: 04681/2242), im Gotinger Reiterhof sowie in der Reithalle des Reit- und Fahrvereins Föhr kann man sich an **Tagesritten** durchs Watt zur Nachbarinsel Amrum und an **Nachtritten** mit Lagerfeuerromantik beteiligen. Die Reitställe veranstalten auch **Kutschenfahrten** durch das Watt und über die Insel. Zu den traditionellen Veranstaltungen der Sommermonate zählt in den Inseldörfern auch das **Ringreiten,** wobei es darum geht, im Galopp mit einer Lanze einen kleinen Ring zu treffen. Der Schützenhof Wyk-Boldixum bietet für die Kurgäste auch die Möglichkeit der **Schießsport**ausübung.

Für **Radwanderungen** kann man in fast allen Orten Fahrräder mieten, die Leihmöglichkeiten sind in den örtlichen Kurverwaltungen plakatiert oder in den alphabetisch gegliederten Informationen aufgeführt. Das Netz von Wanderwegen durch Feld und Wald ist z. T. mit Findlingen als Wegweiser gekennzeichnet.

Für die musisch interessierten Kurgäste empfiehlt sich der Besuch eines Kurses im **Töpfern, Spinnen** und **Bandweben** in der Volkshochschule Föhrland, der in der Midlumer Schule veranstaltet wird (Auskunft: Dr. J. Schönberg, Alkersum, Tel.: 04681/2462).

Sehenswürdigkeiten

Häberlin Friesenmuseum: Die Öffnungszeiten dieses Wyker Museums mit Freilichtanlage sind dem Aushang der Kurverwaltung zu entnehmen. In dem Museum sind Zeugnisse von der Bronze- und Wikingerzeit bis zur friesischen Wohnkultur versammelt.

Stelly's Hüüs: Das kleine Museum in Oldsum mit Meeres-Aquaristik und

der Oldsumer Töpferstube stammt aus dem Jahre 1837.

Alte Kirchen: Föhr besitzt die meisten Kirchen der Nordfriesischen Inseln aus der romanischen Zeit. So sind St. Nicolai in Boldixum, St. Johannis in Nieblum und St. Laurentii in Süderende alle um 1200 entstanden und lohnen wegen ihrer reichen Ausstattung und ihrer alten Grabplatten auf den Friedhöfen einen Besuch (siehe dazu das Kapitel: ›Alte Dörfer auf Föhr‹, S. 201ff. mit detaillierten Informationen).

Goting-Kliff: An der Südküste Föhrs gelegenes landschaftlich reizvolles Kliff, von dessen Kante man einen schönen Blick auf das Wattenmeer mit den Halligen und auf Amrum hat.

Vogelkojen: Föhr besitzt 6 Vogelkojen, in denen man früher den traditionellen Entenfang mit der reusenähnlichen ›Pfeife‹ betrieb.

Holländische Mühle in Wyk: In der Nähe des Friesenmuseums gelegen.

Vor- und frühzeitliche Denkmale

Eine umfangreiche Sammlung wichtiger Bodenfunde befindet sich im **Friesenmuseum.** Die Funde stammen aus den **Hünengräbern,** deren Anlagen besonders eindrucksvoll in der Nähe Gotings zwischen Hedehusum und Utersum zu besichtigen sind.

Ein **Großsteingrab** befindet sich westlich von Utersum, die rechteckige Kammer besitzt keinen Deckstein mehr. Nahe der St. Laurentii-Kirche in Süderende befindet sich ein wikingerzeitliches **Hügelgräberfeld,** das von einem Erdwall umgeben ist. Das wichtigste frühzeitliche Denkmal stellt die **Lembecksburg** in Borgsum dar. Grabungen in dieser ringwallartigen Befestigungsanlage haben zahlreiche Siedlungsspuren aus dem ersten Jahrhundert n. Chr. bis ins Mittelalter zutage gebracht.

Wegweiser für die Gäste

Der Verlag Hansen & Hansen, Itzehoe, hat einen alphabetisch geordneten taschenheftartigen Wegweiser unter dem Titel ›Föhr von A bis Z‹ publiziert.

Trachten

Die Föhrer Tracht entstand in der Zeit der Grönlandfahrten, als sich die reichen Seefahrer die hohen Kosten für die silbergeschmückte Tracht leisten konnten. Beeinflußt von holländischen Trachten, besteht das Föhrer Festkleid aus einem langen weiten Rock, einem kunstvoll gestickten Brusttuch, einer Haube und einem Brustschmuck aus Silberfiligran. Auf den Föhrer Heimatabenden treten Gruppen in der alten Tracht auf, und hier und da sieht man noch ältere Frauen beim Kirchgang in dieser traditionellen Kleidung.

Halligen

Wie erreicht man die Halligen?

Die Fahrt zu den 10 Halligen ist nur per Schiff ab Strucklahnungshörn/Nordstrand oder Schlüttsiel vom Festland aus möglich. Von den Nordfriesischen Inseln (Sylt, Amrum, Föhr) werden regelmäßig Ausflugsfahrten zu den Halligen angeboten. Die Hallig Hooge ist auch per Flugzeug zu erreichen. Flüge veranstaltet der Westküstenflug, Tel.: 04855/412.

Fremdenverkehrseinrichtungen

Ein Fremdenverkehrsbüro besitzen nur die bekannten Ausflugshalligen Hooge und Langeneß.

Hooge: Kurverwaltung ›Uns Hallighus‹, Hanswarft, 2251 *Hallig Hooge,* Tel.: 04849/55
Gemeindeverwaltung, Volkertswarft, Tel.: 04849/34

Langeneß: Fremdenverkehrsbüro Hilligenley, 2251 *Hallig Langeneß,* Tel.: 04684/217
Naturschutzzentrum, Hilligenley, Tel.: 04684/16
Gemeindeverwaltung, Tel.: 04684/24
Auskunft über die Halligen (Gröde, Hooge und Langeneß) gibt auch der Zweckverband Uthlande, Kurverwaltung, 2251 *Pellworm,* Tel.: 04844/544.

Sehenswürdigkeiten und Freizeit

Norderoog: Das *Naturschutzgebiet* der Vogelbrutkolonie darf nur mit besonderer Genehmigung besucht werden.

Hooge: Eingedeichte Hallig mit 10 Warften. Backenswarft, Kirchwarft (mit *Inselkirche*), Hanswarft mit dem berühmten ›*Königspesel*‹ (Besichtigung zwischen 10 und 18 Uhr), Ockenswarft, Ockelützwarft, Mitteltritt/Lorenzwarft, Volkertswarft, Ipkenwarft, Westerwarft, Pohnswarft.

Auf *Kutterfahrten* gibt es die Möglichkeit des Mitfahrens nach Voranmeldung. Schiffsrundfahrten werden durch Anschläge bekanntgegeben.

Sport: Angeln, Segeln und Meerbaden an guten Badeplätzen.

Langeneß: Von den 18 Warften ist vor allem die Hilligenley mit ihrem intakten *Fething* sehenswert, ebenso die *Friesenstube* auf der Honkenswarft (Besichtigung täglich von Mai bis Oktober, Tel.: 04684/34) *Halligkirche* von 1894.

Oland: Die Hallig mit nur einer Warft hat einen Verbindungsdamm nach Langeneß (Motorlore) und zum Festland. Interessante *Halligkirche* aus dem Jahre 1824.

Gröde: Hallig mit der Knutswarft und der Kirchwarft, auf der sich eine sehr sehenswerte *Halligkirche* befindet. Im Juli: Farbenpracht durch *Strandflieder*.

Hamburger Hallig: Das *Naturschutzgebiet* – heute Teil des Festlandes – bietet an seinen grünen Stränden ideale Bademöglichkeiten.

Pellworm

Anreise

Die eingedeichte Insel erreicht man mit dem Schiff über den Hafen Strucklahnungshörn/Nordstrand oder per Flugzeug (Westküstenflug, Tel.: 04844/412; Flugplatz Ütermarkerkoogsdeich: Tel.: 04844/230).

Auskünfte über die Schiffsverbindungen erteilt die Neue Pellwormer Dampfschifffahrts-GmbH, Ostersiel, 2251 *Pellworm,* Tel.: 04844/222 oder 430.

Fremdenverkehrseinrichtungen

Auskünfte und Informationsmaterialien sind zu erfragen bei Zweckverband Uthlande, Kurverwaltung, 2251 *Pellworm,* Am Hafen, Tel.: 04844/544

Amts- und Gemeindeverwaltung, Tammensiel, 2251 *Pellworm,* Tel.: 04844/206

Sehenswürdigkeiten

Kirchturm-Ruine St. Salvator; Alte
und **Neue Kirche** mit reicher Innen-
ausstattung; **Wattenmuseum** des
Halligpostboten Heinrich Liermann.
Zahlreiche schöne **Friesenhäuser** wie
›Haus Schulze‹, ›Momme-Nissen-Haus‹,
›Anton-Heimreich-Haus‹; Holländer
Windmühle aus dem 17. Jahrhundert
und Wrack des nachgebauten Wikin-
gerschiffs ›*Ormen Friske*‹ auf der
Tammwarft.

Freizeit

Gute Sportmöglichkeiten: Angeln,
Minigolf, Reiten, Schießsport und
Wandern. 11 großzügige Badestellen
(auch FKK) und Hallenbad.
Ausflugsfahrten zu den Halligen
(auch **Kutschfahrten** durch das
Watt), Inselwanderungen zur Vogel-
koje im Ütermarkerkoog, zum
Leuchttum (Hunnenkoog) und zum
Waldhusener Tief. Interessante Vo-
gelwelt.

Nordstrand

Anreise

Nach Nordstrand gelangt man über einen 4 km langen Autodamm; er verbindet die
Marschinsel mit dem Festland (Husum / Schobüll / Wobbenbüll).

Fremdenverkehrs-einrichtungen

Auskünfte und Informationen erteilen
Amtsverwaltung, Herrendeich,
  2251 *Norddeich,* Tel.: 04842/318
Zimmernachweis, Nordstrand
  Osterdeich, 2251 *Norddeich,*
  Tel.: 04842/454
Zweckverband Uthlande, Kurverwal-
  tung, 2251 *Pellworm,* Tel.: 04844/
  544

Sehenswürdigkeiten

Einen Besuch lohnen vor allem die St.-
Vincenz-Kirche in Odenbüll mit ihrem
Schnitzaltar der Spätgotik und die Töp-
ferei im Trendermarsch-Koog (Tel.:
04842/8113).

Ausflüge mit dem Schiff oder Pferdefuhrwerk

Von Nordstrand aus kann man Schiffsfahrten zu den Halligen und nach Pellworm buchen. Inselfahrten mit dem
Pferdefuhrwerk sind ebenso beliebt wie
Ausflüge zur Hallig Südfall (in diesem
Naturschutzgebiet leben zahlreiche
Watt- und Wasservogelarten; so findet
man hier auch noch die seltenen Seeschwalben und Lachmöwen). Das Naturschutzgebiet von Südfall kann man jedoch nur mit Führer betreten. Bei den
Ausflügen auf Nordstrand lohnt es sich,
nach den seltenen Wildgänsen Ausschau
zu halten, die sich im Dammbereich
aufhalten. Auskünfte für *Wagenfahr-
ten,* Tel.: 04842/300, für *Wattführun-
gen,* Tel.: 04842/297 und 289.

Nationalpark Wattenmeer

Der schleswig-holsteinische Landtag beschloß am 2. Juli 1985 die Einrichtung eines Nationalparks ›Schleswig-Holsteinisches Wattenmeer‹ zum 1. Oktober d. J. Es handelt sich um den dritten in der Bundesrepublik Deutschland. Er ist etwa 285 000 Hektar groß.

Im Nationalpark sollen nach offizieller Lesart nicht nur wichtige Teile der Natur überlassen bleiben, damit sie sich weitgehend ungestört entwickeln kann, er soll auch den Menschen die in der Welt einmalige Küstenlandschaft sichtbar und erlebbar machen.

Für den **Fremdenverkehr** bedeutet der nach sechzehnjähriger Diskussion ins Leben gerufene Nationalpark:
– Wandern ist mit Ausnahme der Zone 1 (siehe Karte) und bestimmter, besonders gekennzeichneter Flächen der Zone 2 überall erlaubt. Die Schutzbestimmungen in § 5 verlangen, daß die Natur respektiert wird. Der Mensch sollte sich als Gast in der Natur verstehen.
– Baden ist fast überall an den jetzigen Badestellen am Sand oder ›grünen‹ Strand möglich.
– Der Sportverkehr (insbesondere Segeln und Surfen) wird mit seinen bevorzugten Routen im Nationalpark kaum eingeschränkt. Die Insel Sylt ist in dieser Beziehung allein im Königshafen von List betroffen.
– Ausflugsfahrten zu Seehundsbänken und zu den Halligen finden – außerhalb der Schutzzone 1 (absolutes Betretungsverbot) – weiterhin statt.

Im Unterschied zu den Halligen oder dem nordfriesischen Festland ist auf Sylt der Nationalpark kaum umstritten.

Adressen, Telefonnummern und Bestimmungen aller Art können sich aus den verschiedensten Gründen manchmal rasch ändern. Wir bitten dafür um Ihr Verständnis. Verlag und Autor sind daher für jeden ergänzenden Hinweis dankbar (DuMont Buchverlag, Mittelstraße 12–14, 5000 Köln 1).

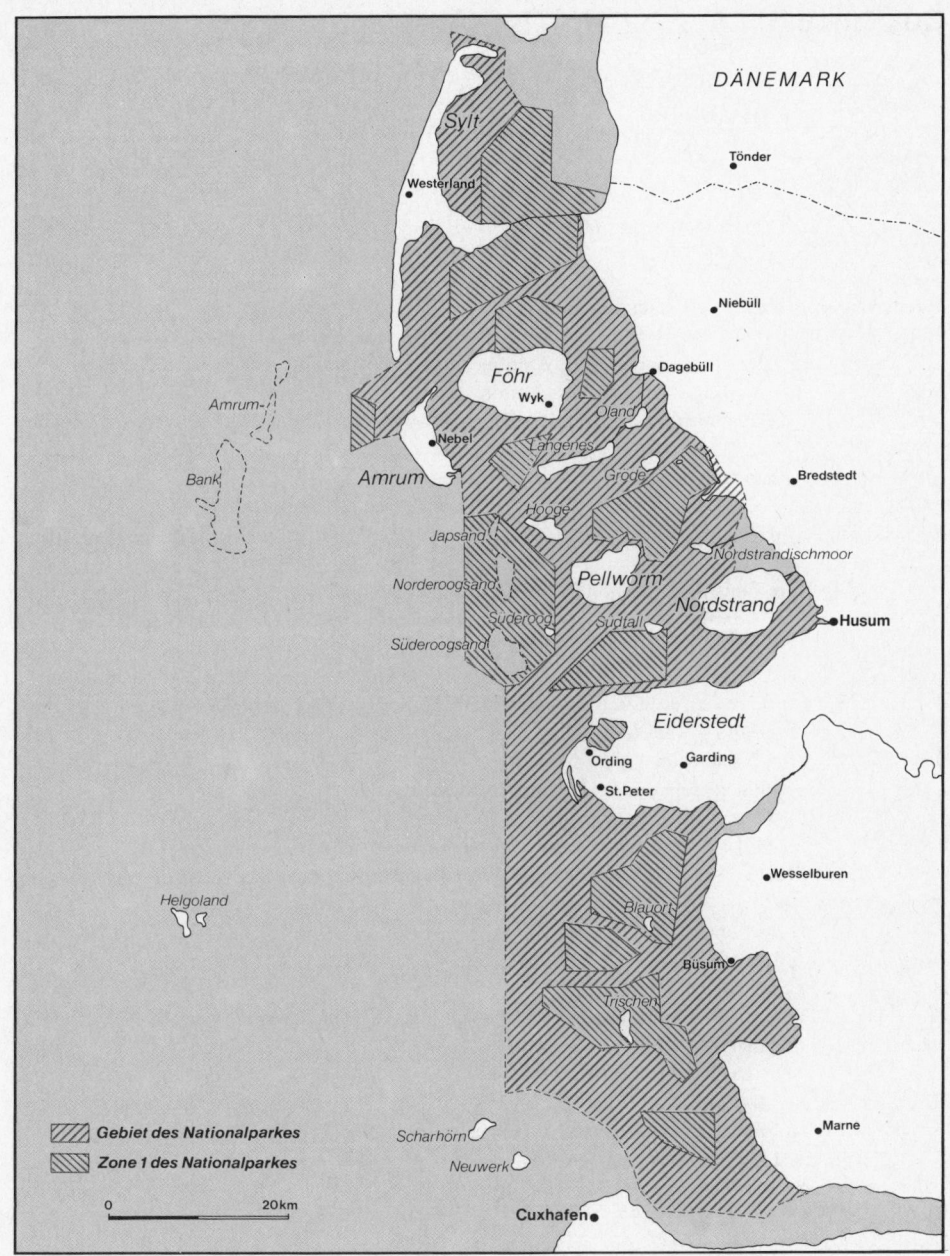

Karte des Nationalparkes Wattenmeer

DÄNEMARK

Tönder

Sylt

Westerland

Niebüll

Föhr

Dagebüll

Wyk

Oland

Amrum-

Nebel

Langeneß

Bredstedt

Bank

Amrum

Groge

Japsand

Hooge

Norderoogsand

Pellworm

Nordstrandischmoor

Süderoog

Nordstrand

Süderoogsand

Sudfall

Husum

Eiderstedt

Ording

Garding

St.Peter

Wesselburen

Helgoland

Blauort

Busum

Trischen

Marne

//// Gebiet des Nationalparkes

\\\\ Zone 1 des Nationalparkes

Scharhörn

0   20km

Neuwerk

Cuxhafen

307

Quellen- und Literaturhinweise (Auswahl)

Århammar, N.: Die syltringer Literatur; in: Sylt, Geschichte und Gestalt einer Insel, Itzehoe 1967

Århammar, N.: Die syltringer Sprache; in: Sylt, Geschichte und Gestalt einer Insel, Itzehoe 1967

Århammar, N.: Die Amringer Sprache; in: Amrum, Geschichte und Gestalt einer Insel, Itzehoe 1964

Århammar, N.: Die Amringer Literatur; in: Amrum, Geschichte und Gestalt einer Insel, Itzehoe 1964

Bahr, M.: Die Veränderungen der Helgoländer Düne und des umgebenden Seegebietes. Jahrb. Hafenbautechn. Ges. Bd. 17, 1938

Becker, Frido: Daheim auf Inseln und Halligen, Hamburg 1976

Beseler, H. (Hrsg.): Kunst-Topographie Schleswig-Holstein, Neumünster 1974

Bock, J.: Wihnachten uun iis Kinnerdjoarn; in: Helgoland, Ein Weihnachtsblatt für Hallunner Moats, 1948

Bode: Fünfzig Jahre Christliches Seehospiz auf Amrum, Bethel 1940

Bodelschwingh, F. v.: Ein Lebensbild vom Gründer der Anstalten in Bethel von G. v. Bodelschwingh, Bethel 1922

Bonsen, U.: Geographie von Föhr; in: Föhr, Geschichte und Gestalt einer Insel, Münsterdorf 1971

Bordel, R.: Die Pflanzenwelt der Insel; in: Föhr, Geschichte und Gestalt einer Insel, Münsterdorf 1971

Brohm, Major: Helgoland in Geschichte und Sage. Seine nachweisbaren Landverluste und seine Erhaltung, Cuxhaven – Helgoland 1907

Deutsche Hydrographische Zeitschrift, Hamburg (fortlaufende Reihe)

Dircksen, R.: Das Wattenmeer, München 1951

Eckert, G., Stöver, H.-J.: Auf Schienen durchs Watt, Hamburg 1977

Emeis, W.: Die Pflanzen- und Tierwelt der Sylter Naturlandschaft; in: Sylt, Geschichte und Gestalt einer Insel, Itzehoe 1967

Fiedler, W.: Sylt, Breklum 1969

Fiedler, W.: Helgoland, Fels im Meer, Breklum 1966

Geßner, F.: Meer und Strand, Berlin 1957

Goedecke, E.: Beiträge zur Hydrographie der Helgoland umgebenden Gewässer; Ann. d. Hydrographie und Maritimen Meteorologie; Heft 4 u. 5, 1939; 12, 1940

Haake, U.: Das neue Helgoland, Flensburg 1967

Haas, H.: Deutsche Nordseeküste. Friesische Inseln und Helgoland, Bielefeld u. Leipzig 1900

Hagmeier, A.: Aufgaben und Bedeutung der Preussischen Biologischen Anstalt auf Helgoland; Der Biologe, Jg. 3, H. 7, 1934

Hallier, E.: Helgoland, Nordseestudien, Hamburg 1869

Hansen, K.: Pellworm, Breklum 1977

Helgoländer wissenschaftliche Meeresuntersuchungen, Hamburg (fortlaufende Reihe)

Herchenröder, J.: Sylt kennen und lieben, Lübeck 1970

Ide, W.: Amrum als Kurinsel; in: Amrum, Geschichte und Gestalt einer Insel, Itzehoe 1964

Ide, W.: Gesundheit durch die Nordsee, Itzehoe – Münsterdorf 1970

Jaacks, G.: Lebende Volksbräuche in Schleswig-Holstein, Heide 1973

Janus, H.: Das Watt, Stuttgart 1976

Jensen, Chr.: Die nordfriesischen Inseln Sylt, Föhr, Amrum, Helgoland und die Halligen vormals und jetzt, Lübeck 1927

Jensen, J.: Die Geschichte der Insel Amrum; in: Amrum, Geschichte und Gestalt einer Insel, Itzehoe 1964

Kamphausen, A.: Unter alten Reetdächern, Hamburg 1977

Kersten, K.: Vorgeschichte der Insel Föhr; in: Föhr, Geschichte und Gestalt einer Insel, Münsterdorf 1971

Kersten, K. und La Baume, P.: Vorgeschichte der nordfriesischen Inseln, Neumünster 1958

Kersten, K.: Vorgeschichte der Insel Sylt; in: Sylt, Geschichte und Gestalt einer Insel, Itzehoe 1967

Kersten, K.: Die Vorzeit der Insel Amrum; in: Amrum, Geschichte und Gestalt einer Insel, Itzehoe 1964

Kinne, O. u. a.: 75 Jahre Biologische Anstalt Helgoland 1892–1967, Hamburg 1967

Koch, J. H.: Schleswig-Holstein. Zwischen Nordsee und Ostsee. Kultur, Geschichte, Landschaft, Köln 1977

Koehn, H.: Die Nordfriesischen Inseln, Hamburg 1961

Kosch, Frieling, Janus: Was find' ich am Strande?, Stuttgart 1973

Kuckuck, P.: Der Strandwanderer, München 1974

Leistner, W.: Das Heilklima der Nordfriesischen Inseln; in: Föhr, Geschichte und Gestalt einer Insel, Münsterdorf 1971

Lindemann, E.: Das Deutsche Helgoland, Berlin 1913

Merian: Sylt – Amrum – Föhr, Hamburg Heft 5/28 Jg.

Mielck, W.: Die Preussische Biologische Anstalt auf Helgoland, Helgoland 1930

Much, H.: Das deutsche Meer, Leipzig 1925

Olshausen, O.: Zur Vorgeschichte Helgolands, Zschr. f. Ethnologie, Bd. 25, 1893

Petersen, L.: Zur Geschichte der Verfassung und Verwaltung auf Helgoland; in: Zschr. d. Ges. f. Schl.-Holst. Gesch., Bd. 67, Neumünster 1939

Pfleiderer, H.: Die Heilkräfte des Meeres und des Meeresklimas; in: Sylt, Geschichte und Gestalt einer Insel, Itzehoe 1967

Polyglott Reiseführer: Nordseeküste und -inseln, München 1977/78

Pratje, O.: Helgoland, Berlin 1923

Pratje, O.: Das veränderte Helgoland; Neues Archiv für Landes- und Volkskunde Niedersachsens, H. 6, 1948

Pratje, O.: Aufbau und Werden der Insel Helgoland; aus: Helgoland ruft, Hamburg 1952

Pratje, O.: Das Werden der Nordsee; Bremer Beiträge zur Naturwissenschaft, Bd. 4, H. 3, 1937

Pratje, O.: Das veränderte Helgoland; Neues Archiv für Landes- und Volkskunde Niedersachsens, H. 6, 1948

Pratje, O.: Geologischer Führer für Helgoland und die umliegenden Meeresgründe, 1923

Prigge, H.: Farbiges Helgoland, Flensburg o. J.

Quedens, G.: Amrum – Aus alter Zeit, Itzehoe 1968

Quedens, G.: Die Vogel- und Kleintierwelt Amrums, in: Amrum, Geschichte und Gestalt einer Insel, Itzehoe 1964

Quedens, G.: Die Föhrer Vogelwelt; in: Föhr, Geschichte und Gestalt einer Insel, Münsterdorf 1971

Quedens, G.: Sylt erzählt, Münsterdorf o. J.

Quedens, Krahmer, Pörksen: Das Seebad Amrum, 75 Jahre Nordseebad 1890–1965

Quedens, G.: Vögel der Nordsee, Breklum 1976

Quedens, G.: Amrum, Breklum 1969

Quedens, G.: Föhr, Breklum 1973

Quedens, G.: Die Halligen, Breklum 1974

Quedens, G.: Die Halligen, Nordstrand und Pellworm erzählen, Münsterdorf o. J.

Reinhardt, G.: Getauft auf den nordfriesischen Inseln, 2300 Friesennamen auf Amrum – Föhr – Sylt, Hamburg 1975

Rickmers, Röper, Huster: Helgoland – 75 Jahre deutsch, Schicksal einer Heimat, Otterndorf/Niederelbe 1965

Schirrmacher, G.: Hallig Hooge, Breklum 1973

Schlee, E.: Leben auf der Insel; in: Föhr, Geschichte und Gestalt einer Insel, Münsterdorf 1971

Schlee, E.: Altes und neues Sylt; das geistige Bild der Insel; in: Sylt, Geschichte und Gestalt einer Insel, Itzehoe 1967

Schmidt-Thomé, P.: Geologische Betrachtungen zu einer Tiefenlinienkarte der Umgebung von Helgoland; Geologie der Meere und Binnengewässer, H. 3, 1939

Schmidt-Thomé, P.: Helgoland vor und nach der Sprengung; Natur und Volk, Bd. 81, H. 7, 1951

Schulz, B.: Die deutsche Nordsee, ihre Küsten und Inseln, Monogr. zur Erdkunde, Bd. 39, Bielefeld und Leipzig 1937

Schreitling, K.-Th.: Im Spülsaum der nordwestdeutschen Flachküste, Kiel 1963

Schumann, W.: Seehunde – geliebt und unbekannt, Hannover 1976

Siebs, Wohlenberg: Helgoland und die Helgoländer, Kiel 1953

Sievers, K. D.: Schleswig-Holsteinische Bauernstuben, Heide 1963

Sjölin, B.: Einführung in das Friesische, Stuttgart 1969

Stahl, Wien: Sylt von 7 bis 7, Hamburg 1976/77

Statistisches Taschenbuch Schleswig-Holstein, diverse Jahrgänge, Kiel, Statistisches Landesamt

Stephan, W.: Die ältesten Karten der Insel Helgoland und die Errichtung des ersten dortigen Leuchtfeuers im Jahre 1630; in: Zschr. d. Ges. f. Schl.-Holst. Gesch., Bd. 60, H. 1, 1930

Straub, M. E.: Grönen Aal und Rode Grütt, Von Tafelfreuden und Trinksitten an der Waterkant, Lübeck 1971

Suhrkamp, P.: Die nordfriesische Insel; in: Sylt, Geschichte und Gestalt einer Insel, Itzehoe 1967

Tank, K. L.: Kampens literarische Welt, Merian, 14. Jg., H. 3, Hamburg 1961

Tholund, J.: Geschichte der Insel Föhr; in: Föhr, Geschichte und Gestalt einer Insel, Münsterdorf 1971

Topographischer Atlas Schleswig-Holstein, Neumünster 1963

Vauk, G.: Die Vögel Helgolands, Hamburg 1972

Vauk, G.: Das Silbermöwenproblem auf Helgoland (Silbermöwe – Trottellumme); Ber. Nr. 2/1962, Intern. Rat für Vogelschutz, S. 1–6

Vauk, G.: Seltene und bemerkenswerte Vogelformen auf Helgoland 1962; Vogelwelt 85/2, S. 58–60, 1964 (zus. mit Gäfe, F.)

Vauk, G.: Zehn Jahre Beringungsarbeit auf Helgoland; 1. Allgem. Teil, Corax 1/1, 1965, S. 53–61

Vauk, G.: Der Lummenfelsen Helgoland, Sonderdruck der Vogelwarte Helgoland über das Naturschutzgebiet, ›Lummenfelsen Helgoland‹, 1966

Vauk, G.: Irrgäste, Invasoren und Brutvögel auf Helgoland im Jahre 1966; Vogelwelt, 88. Jg., H. 6, 1967, S. 173–176

Voigt, Th.: Die zehn Halligen in Wort und Bild

Voigt, Th.: Amrum und seine Seefahrer, Kollmar/über Elsmhorn

Voigt, H.: Die Insel Amrum: Landschaft und Entwicklung; in: Amrum, Geschichte und Gestalt einer Insel, Itzehoe 1964

Voigt, H.: Geschichte der Insel Sylt; in: Sylt, Geschichte und Gestalt einer Insel, Itzehoe 1967

Wasmund, E.: Der unterseeische Rücken von ›Südstrand‹ zwischen Helgoland und Eiderstedt; Geologie der Meere und Binnengewässer, Bd. 1, H. 1, 1937

Wasser- und Schiffahrtsdirektion Kiel: Helgoland – Stützpunkt der Seeschiffahrt, Heide 1952

Wedemeyer, M.: Sylt in der Literatur, Nordfriesland Chronik 1971/72

Wedemeyer, M.: Sylter Literaturgeschichte in einer Stunde, Sylter Beiträge 4, Münsterdorf o. J.

Wenk, H.-G.: Die Natur- und Kulturlandschaft der Insel Sylt; in: Sylt, Geschichte und Gestalt einer Insel, Itzehoe 1967

Wöbbe, H.: Die Pflanzenwelt Amrums; in: Amrum, Geschichte und Gestalt einer Insel, Itzehoe 1964

Diverse Mitteilungen der Gemeinde- und Kurverwaltungen der im Text vorgestellten Orte und Gebiete.

Sehr empfehlenswert ist das jährlich erscheinende Heft ›ALLES über SYLT‹ aus dem Archiv-Verlag Hoppenstedt Dr. Merten KG, Essen und ›SYLT AKTUELL‹ aus dem Verlag H. Möller Söhne, Rendsburg

Abbildungsnachweis

Barkelsby/Eckernförde, Joachim-Eicke-Verlag
  Abb. 21, 22

Düsseldorf, ZEFA   Farbtafel 10, 11, 15, 17, 28, 30

Flaurling/Österreich, Wulf Ligges   Farbtafel 1–4, 6–9, 12–14, 18, 26, 27, 36–42, 61, 62, 64; Abb. 13, 16, 24–29, 36, 38, 45, 55, 57, 58, 69, 72–79 und Fig. S. 200, 210, 215, 259

Gütersloh, meikfoto/H. Kraak   Abb. 61

Hamburg, Dt. Hydrographisches Institut, Vorlage zur Karte auf Seite 307

Hamburg, Deutsche Luftbild KG   Farbtafel 32

Hamburg, Kurt Schröter   Abb. 20

Keitum/Sylt, Werner M. Horst   Abb. 6, 8, 15, 43, 62; Fig. S. 62, 63, 65, 70, 187

Kiel, Landesamt für Denkmalpflege   Abb. 11; Fig. S. 59, 61, 202, 205, 266, 267 und Karte auf der hinteren Umschlaginnenklappe

Köln, Archiv DuMont Buchverlag   Abb. 68 und Fig. S. 68, 118, 251

Köln, Rüdiger Thomas   Farbtafel 5, 35, 63; Abb. 2, 3, 10

Norddorf/Amrum, Georg Quedens   Farbtafel 19–25, 33, 34, 43–60, 65, 66; Abb. 1, 4, 7, 9, 12, 14, 17–19, 23, 30, 31, 33–35, 37, 39–42, 44, 46–54, 56, 59, 60, 63–67, 70, 71 und Fig. S. 53, 61, 182, 183, 206, 209, 257, 265

St. Gallen/Schweiz, Archiv des Autors   Farbtafel 16

Westerland/Sylt, Kurt Struve   Farbtafel 29, 31; Abb. 5, 32

Register

Orte

312

313

Namen

316

Sachbegriffe

317

Inseln und Halligen

Nordfriesland

Amrum – Föhr – Die Halligen – Nordstrand – Pellworm – Sylt

Von Wulf Ligges. Mit einem Text von Klaus Viedebantt. 148 Seiten mit 78 Farb- und 44 Schwarzweiß-Fotos, 12 Karten, Leinen mit Schutzumschlag

»Der Fotoband mit seinen einzigartigen meisterlichen Aufnahmen und seinem kenntnisreichen Text gehört zu den schönsten und eindrucksvollsten Veröffentlichungen, die je über diese Landschaft erschienen sind. Ein wahrer Schatz für alle, die die nordfriesischen Inseln und Halligen lieben oder kennenlernen möchten.«

Elmshorner Nachrichten

DuMont Kunst-Reiseführer

»Kunst- und kulturgeschichtlich Interessierten sind die DuMont Kunst-Reiseführer unentbehrliche Reisebegleiter geworden. Denn sie vermitteln, Text und Bild meist trefflich kombiniert, fundierte Einführungen in Geschichte und Kultur der jeweiligen Länder oder Städte, und sie erweisen sich gleichzeitig als praktische Führer.« *Süddeutsche Zeitung*

Alle Titel in dieser Reihe:

- Ägypten und Sinai
- Albanien
- Algerien
- Belgien
- Die Ardennen
- Bhutan
- Brasilien
- Bulgarien
- Bundesrepublik Deutschland
- Das Allgäu
- Das Bergische Land
- Bodensee und Oberschwaben
- Bonn
- Bremen, Bremerhaven und das nördliche Niedersachsen
- Düsseldorf
- Die Eifel
- Franken
- Freie und Hansestadt Hamburg
- Hannover und das südliche Niedersachsen
- Hessen
- Hunsrück und Naheland
- Köln
- Kölns romanische Kirchen
- Die Mosel
- München
- Münster und das Münsterland
- Zwischen Neckar und Donau
- Oberbayern
- Oberpfalz, Bayerischer Wald, Niederbayern
- Ostfriesland
- Die Pfalz
- Der Rhein von Mainz bis Köln
- Das Ruhrgebiet
- Sauerland
- Schleswig-Holstein
- Der Schwarzwald und das Oberrheinland
- Sylt, Heigoland, Amrum, Föhr
- Der Westerwald
- Östliches Westfalen
- Württemberg-Hohenzollern

- Volksrepublik China
- DDR
- Dänemark
- Frankreich
- Auvergne und Zentralmassiv
- Die Bretagne
- Burgund
- Côte d'Azur
- Das Elsaß
- Frankreich für Pferdefreunde
- Frankreichs gotische Kathedralen
- Romanische Kunst in Frankreich
- Korsika
- Languedoc – Roussillon
- Das Tal der Loire
- Lothringen
- Die Normandie
- Paris und die Ile de France
- Führer Musée d'Orsay, Paris
- Périgord und Atlantikküste
- Das Poitou
- Die Provence
- Drei Jahrtausende Provence
- Savoyen
- Südwest-Frankreich
- Griechenland
- Athen
- Die griechischen Inseln
- Alte Kirchen und Klöster Griechenlands
- Tempel und Stätten der Götter Griechenlands
- Korfu
- Kreta
- Rhodos
- Großbritannien
- Englische Kathedralen
- Die Kanalinseln und die Insel Wight
- London
- Die Orkney- und Shetland-Inseln
- Schottland
- Süd-England
- Wales
- Guatemala

- Holland
- Indien
- Ladakh und Zanskar
- Indonesien
- Bali
- Irland
- Island
- Israel
- Das Heilige Land
- Italien
- Apulien
- Elba
- Emilia-Romagna
- Das etruskische Italien
- Florenz
- Gardasee, Verona, Trentino
- Latium
- Lombardei und Oberitalienische Seen
- Die Marken
- Ober-Italien
- Die italienische Riviera
- Piemont und Aosta-Tal
- Rom – Ein Reisebegleiter
- Rom in 1000 Bildern
- Das antike Rom
- Sardinien
- Südtirol
- Toscana
- Umbrien
- Venedig
- Die Villen im Veneto
- Japan
- Der Jemen
- Jordanien
- Jugoslawien
- Karibische Inseln
- Kenya
- Luxemburg
- Malaysia und Singapur
- Malta und Gozo
- Marokko
- Mexiko
- Mexico auf neuen Wegen
- Namibia und Botswana
- Nepal
- Österreich
- Burgenland
- Kärnten und Steiermark

- Salzburg, Salzkammergut, Oberösterreich
- Tirol
- Vorarlberg und Liechtenstein
- Wien und Umgebung
- Pakistan
- Papua-Neuguinea
- Polen
- Portugal
- Madeira
- Rumänien
- Die Sahara
- Sahel: Senegal, Mauretanien, Mali, Niger
- Die Schweiz
- Tessin
- Das Wallis
- Skandinavien
- Sowjetunion
- Georgien und Armenien
- Moskau und Leningrad
- Sowjetischer Orient
- Spanien
- Die Kanarischen Inseln
- Katalonien
- Mallorca – Menorca
- Nordwestspanien
- Spaniens Südosten – Die Levante
- Südspanien für Pferdefreunde
- Sudan
- Südamerika
- Südkorea
- Syrien
- Thailand und Burma
- Türkei
- Istanbul (Februar '90)
- Tunesien
- USA – Der Südwesten
- Zypern

Alle Bände mit vielen, zum Teil farbigen Abbildungen; dazu Zeichnungen, Karten, Grundrisse, praktische Reisehinweise.

»Richtig reisen«

Ägypten
Algerische Sahara
Amsterdam
Arabische Halbinsel
Australien
Bahamas
Von Bangkok nach Bali
Belgien mit dem Rad
Berlin
Bornholm
»Richtig wandern«: Bretagne
Budapest
»Richtig wandern«: Burgund
Cuba
Elsaß
Ferner Osten
Finnland
Florida
Frankreich für Feinschmecker
Friaul – Triest – Venetien
Graz und die Steiermark
Griechenland
Delphi, Athen, Nord- und Mittel-
griechenland, Inseln
Griechische Inseln
Großbritannien
Hawaii
Holland
Hongkong
Mit Macau und Kanton
Ibiza/Formentera
Indonesien
Irland
Istanbul
Italien
Jamaica
Kairo
Kalifornien
Kanada und Alaska
Ost-Kanada
West-Kanada und Alaska
Kreta
»Richtig wandern«: Kykladen
Lanzarote
London
Los Angeles
Madagaskar
Malediven
»Richtig wandern«: Mallorca

Marokko
Mauritius
Mexiko
Moskau
München
Neapel – Küsten und Inseln
Nepal
Neu-England
Neuseeland
New Orleans
und die Südstaaten Louisiana, Mississippi,
Alabama, Tennessee, Georgia
New York
Nord-Indien
Norwegen
Ostafrika
Kenya und Tanzania mit Uganda,
Rwanda und Burundi
Paris
Peru und Bolivien
Philippinen
Portugal
Réunion
»Richtig wandern«: Rhodos
Rom
San Francisco
»Richtig wandern«: Schottland
Schweden
Die Schweiz und ihre Städte
Seychellen
Sinai und Rotes Meer
Sizilien
Spanien
Sri Lanka (Ceylon)
Südamerika 2
Argentinien, Chile, Uruguay, Paraguay
»Richtig wandern«: Südtirol
Südwesten – USA
Arizona · New Mexico · Utah · Nevada
Teneriffa
Texas
Thailand
Toscana
»Richtig wandern«: Toscana und Latium
Türkei
Tunesien
Venedig
Wallis
Wien
Zypern